21世纪职业教育教材·旅游管理系列

酒店应用文写作

主　编	李　展	曹启勇	
副主编	雷　鸣	刘林凯	
顾　问	严胜道	廖金泽	
编　委	张二艳	滕海涛	李会军
	任秋菊	郑高峰	

内 容 简 介

本书立足酒店行业的应用文书写作实际，对接酒店写作的技能要求，以为企业培养出色的文职人员为目标，具有较强的创新性和实用性。该书按照《党政机关公文处理工作条例》的要求进行编写，同时吸收了有关应用文写作的最新研究成果。

本书全面解析了酒店行政文书、酒店事务文书、酒店公关文书、酒店经济文书、酒店会务文书、酒店书信文书、酒店职场文书等写作知识，每节均有范文示例、拓展阅读，突出实训特色，是一部容量大、信息多的酒店写作教科书。

本书可作为高职高专旅游类专业及其他相关专业的教材，也可作为旅游从业人员、特别是酒店从业者的参考用书，供广大在职人员自学或进修。

图书在版编目（CIP）数据

酒店应用文写作/李展，曹启勇主编．—北京：北京大学出版社，2013.9
（全国高职高专规划教材·旅游系列）
ISBN 978-7-301-22877-7

Ⅰ．①酒… Ⅱ．①李…②曹… Ⅲ．①饭店—应用文—写作—高等职业教育—教材 Ⅳ．①H152.3

中国版本图书馆 CIP 数据核字（2013）第 165018 号

书　　　　名：	酒店应用文写作
著作责任者：	李　展　曹启勇　主　编
策划编辑：	李　玥
责任编辑：	李　玥
标准书号：	ISBN 978-7-301-22877-7/G·3665
出版发行：	北京大学出版社
地　　　址：	北京市海淀区成府路 205 号　100871
电　　　话：	邮购部 62752015　发行部 62750672　编辑部 62765126　出版部 62754962
网　　　址：	http：//www.pup.cn　新浪官方微博：@北京大学出版社
电子信箱：	zyjy@pup.cn
印　　　刷　者：	大厂回族自治县彩虹印刷有限公司
经　　　销　者：	新华书店

　　　　　　787 毫米×1092 毫米　16 开本　16.25 印张　395 千字
　　　　　　2013 年 9 月第 1 版　2023 年 1 月第 9 次印刷

定　　价：45.00 元

未经许可，不得以任何方式复制或抄袭本书之部分或全部内容。
版权所有，侵权必究
举报电话：010-62752024　电子信箱：fd@pup.pku.edu.cn

前　　言

　　2012年年初,笔者所在学校召开酒店管理专业建设指导委员会年会,多位星级酒店的高层管理人员应邀参加。会议上,大家普遍反映目前酒店写作人才严重缺乏。有的酒店总经理甚至坦言,由于秘书写作水平太差,自己的很多讲话、文件都要亲自起草,而自己又分身乏术,十分苦恼。会后,笔者广泛联系相关院校,针对酒店管理、酒店服务与管理、饭店服务与管理、餐饮服务与管理等专业的课程开设情况进行了调研。同时,选择了北京、上海、深圳、杭州、东莞、郑州、武汉、南京、烟台等地15家中高端酒店进行了调研,重点分析了酒店秘书类写作岗位的工作内容。

　　通过调研,笔者发现,目前酒店秘书类写作岗位的人才缺乏十分普遍。这主要是因为几乎所有院校都把人才培养目标定位于基层服务人员(如传菜员、客房服务员、迎宾员、收银员、前台接待员等),而非管理岗位人员,更非秘书。在课程开设方面,仅有部分学校开设了应用文写作课程,而又由于应用文写作教材缺乏专业针对性和适用性,与酒店写作实际相去甚远,学生学习后收效寥寥,课程形同虚设。在酒店层面,一方面是秘书写作人才缺乏,另一方面是写作培训教材缺乏,缺少紧贴酒店培训的写作书籍。针对这种状况,笔者萌生了编写本书的想法。

　　随后,笔者在北京大学出版社的支持下组建了编委会。同时有幸邀请到了广州锦派酒店管理咨询有限公司董事总经理、酒店职业经理人杂志社副社长、《国际酒店领袖》杂志副总编辑严胜道先生,上海廖金泽企业管理咨询有限公司董事长兼总经理、著名培训专家廖金泽先生担任顾问。编委会经过大量深入细致的酒店岗位调研,并根据酒店中高级管理人员的意见,反复推敲、讨论、修改,最终确定了本书的编写大纲和编写体例。本书完稿后,先后有两位酒店总经理、四位酒店总监,及四位部门经理对稿件进行了审读,并提出了修改意见。根据这些意见,编委会又多次修改书稿。

　　总体来说,本书具有以下特点。

　　一是贴近酒店岗位实际。编者编写本书的灵感来自酒店行业的呼声。编者在编写前进行了大量企业调研,在编写过程中和完稿后,又广泛听取和采纳了酒店行业专业人员的建议。可以说,本书萌芽于行业,成长于行业,定稿于行业,自始至终相伴于行业。因此,本书具有较强的针对性和酒店行业的实用性。

　　二是弱化理论,突出实战。编者在本书理论知识的选择上,抛弃了一般应用文写作教材惯用的编写内容和体例,对文种的特点、作用等一笔带过,突出了具体的写作方法的讲授。同时,在实践内容方面,本书既有可资借鉴的例文,也有大量文体实践案例和写作经验介绍。这些例文和案例均来自酒店,因而参考意义较大。

　　三是在文种的选择上与众不同。由于采纳了酒店管理人员的意见,因而选择的文种都是酒店工作实际中经常使用的。例如,鉴于酒店人员流失频繁,本书包含了"辞职信""招聘启事(招聘简章)"的写法;针对酒店服务行业的特点,本书包含了"道歉信""贺词"的写法,等等。

本书由李展、曹启勇担任主编，由雷鸣、刘林凯担任副主编，严胜道、廖金泽担任顾问，张二艳、滕海涛、李会军、任秋菊、郑高峰担任编委。具体的编写分工如下：李展（郑州铁路职业技术学院）编写第一章；曹启勇（郑州铁路职业技术学院）编写第二章；任秋菊（河南商业高等专科学校）编写第三章；雷鸣（河南牧业经济学院）编写第四章第一～第四节；郑高峰（河南牧业经济学院）编写第四章第五～第九节；张二艳（郑州职业技术学院）编写第五章；李会军（河南艺术职业学院）编写第六章；刘林凯（河南省体育运动学校）编写第七章；滕海涛（郑州职业技术学院）编写第八章。全书由主编统一审定。

本书在编写过程中，编者参考了大量的文献资料，吸收了最新的研究成果，特别是援引、借鉴、改编了大量的网络资料。在此，编者向有关作者一并表示感谢和致敬。同时，对于北京大学出版社的信任和支持，表示诚挚的谢意。

由于时间有限，本书难免有错漏，编者诚恳地期望读者提出宝贵意见。意见请发送至 lizhan850@126.com，使之修订时更趋完善。谢谢！

李 展

2013 年 6 月 16 日

目 录

第一章 应用文写作概论 ·· 1
  第一节 应用文的内涵与特征 ································· 1
  第二节 应用文的构成要素 ··································· 2

第二章 酒店行政文书写作 ·· 7
  第一节 决定 ··· 7
  第二节 通知 ··· 11
  第三节 通报 ··· 15
  第四节 请示 ··· 19
  第五节 批复 ··· 23
  第六节 条例 ··· 26
  第七节 规定 ··· 29
  第八节 办法 ··· 32

第三章 酒店事务文书写作 ·· 36
  第一节 计划 ··· 36
  第二节 总结 ··· 42
  第三节 应急预案 ··· 47
  第四节 条据 ··· 52
  第五节 传真 ··· 56
  第六节 大事记 ··· 59
  第七节 备忘录 ··· 64
  第八节 调查报告 ··· 67

第四章 酒店公关文书写作 ·· 75
  第一节 消息 ··· 75
  第二节 通讯 ··· 81
  第三节 解说词 ··· 88
  第四节 广告词 ··· 93
  第五节 海报 ··· 98
  第六节 简报 ··· 102
  第七节 公司简介 ··· 107
  第八节 对联 ··· 110
  第九节 请柬 ··· 114

第五章 酒店经济文书写作 …… 118
第一节 意向书 …… 118
第二节 合同 …… 124
第三节 招标书 …… 129
第四节 投标书 …… 134
第五节 订货单 …… 139

第六章 酒店会务文书写作 …… 143
第一节 会议主持词 …… 143
第二节 开幕词 …… 150
第三节 闭幕词 …… 154
第四节 讲话稿 …… 158
第五节 演讲稿 …… 161
第六节 会议记录 …… 166
第七节 纪要 …… 170

第七章 酒店书信文书写作 …… 176
第一节 策划书 …… 176
第二节 建议书 …… 180
第三节 倡议书 …… 186
第四节 申请书 …… 189
第五节 保证书 …… 192
第六节 责任书 …… 196
第七节 表扬信 …… 201
第八节 慰问信 …… 205
第九节 道歉信 …… 208
第十节 贺词 …… 211

第八章 酒店职场文书写作 …… 215
第一节 招聘启事和招聘简章 …… 215
第二节 个人简历 …… 219
第三节 求职信 …… 223
第四节 述职报告 …… 228
第五节 辞职信 …… 232
第六节 岗位职责 …… 235
第七节 岗位说明书 …… 239

附录一 《党政机关公文处理工作条例》 …… 245
附录二 常用校对符号及其用法 …… 251
主要参考文献 …… 253

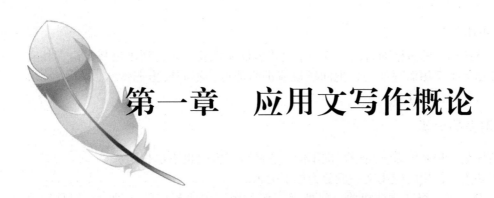

第一章 应用文写作概论

第一节 应用文的内涵与特征

一、应用文的含义

写作,是人们在感受、认识客观事物的过程中,用语言符号把思维结果有选择地记录、表达出来的创造性的精神劳动。

应用文写作,是以实用为目的的写作。应用文是应用写作的文字表现形态。应用文是国家党政机关、企事业单位、社会团体或个人在工作、学习和生活中使用的,用以处理公私事务、传播信息、表述意愿而撰写的具有一定的惯用体式的实用性文体。

二、应用文的特点

（一）实用性

实用性是应用文最本质的特点。应用文为解决实际问题或达到某种目的而写,对象明确,因而具有更强烈、更鲜明、更直接的实用性。

（二）针对性

所谓针对性,其一是说应用文的内容都具有极强的针对性,其内容都是直接反映社会生活的方方面面,为解决各种各样的问题而写作的,写作的目的明确而具体,不是泛泛而论。其二是指所有的应用文都是针对一定的读者而写的,都有确定的阅读范围、阅读对象。

（三）时效性

应用文都是为解决实际需要而写的,而社会需要总是处于运动变化中的,它的解决是有时效性的。也就是说,要限定在一定的时间和范围内来处理解决,这就决定了应用文具有时效性这一特点。时效性要求应用文的写作必须及时、适时。

（四）规范性

大部分的应用文体在长期的使用中都逐渐形成了比较固定的格式。这里所说的格式,包括书写、排印、行款式样、结构环节、习惯用语、称谓、签署等。这些格式或由国家明文规定,或由人们约定俗成,使得各种文体清晰醒目、界限分明,便于写作、阅读、处理（分类、立卷、归档、查询等）。对于应用文的规范格式,要重视遵守,不可任意变动。

（五）平实性

平实性是就应用文的风格而言的，其要求是内容简明扼要，表达清晰流畅，语言朴实平易。应用文是为了实用而写作的，把问题说清讲明即可，不需要拖泥带水、言不及义，更不能微言大义、晦涩难懂。

三、应用文的分类

应用文的体裁、种类繁多。由于标准不同，它的分类方式也不尽相同。

根据使用功用，常用的应用文一般分为如下七种。

（1）法定公文类。指《党政机关公文处理工作条例》中所规定的文种。它们是行政机关在行政管理过程中形成的具有法定效力和规范体式的文书，是依法行政和进行公务活动的重要工具，包括决议、决定、命令、公报、公告、意见、通知、通报、报告、请示、批复、议案、函和纪要等。

（2）事务文书类。指党政机关、社会团体、企事业单位处理日常事务，用以沟通信息、总结经验、研究问题、规范行为的文书。它们虽然也用于办理公务，但却无特定的体式、规范的执行程序及严格的行文规则，一般也无法定的行政效力，包括工作计划、工作总结、简报、调查报告、述职报告、会议文书等。

（3）新闻文书类。指用以进行信息传播和宣传报道的文书，包括消息、通讯、特写、专访等。

（4）科技文书类。指用于科学技术、学术研究和科技管理等方面的文书，包括学术论文、毕业论文、实验报告、科技综述、产品说明书等。

（5）财经文书类。指在经贸活动中使用的，用以处理经济事务、研究经济问题、反映经济活动的具有一定格式的应用文书，包括经济活动分析报告、审计报告、市场预测报告、可行性研究报告、投标书、招标书、广告、合同等。

（6）司法文书类。指在司法工作中形成的处理各种诉讼案件及非诉讼案件的具有法律效力或法律意义的文书，包括起诉状、上诉状、申诉状、答辩状等。

（7）礼仪文书类。指为了礼仪社交目的或在礼仪场合使用的文书，包括请柬、欢迎词、祝酒词、答谢词、欢送词、告别词等。

本书根据酒店具体工作实际，把应用文分成了酒店行政文书、酒店事务文书、酒店公关文书、酒店经济文书、酒店会务文书、酒店书信文书和酒店职场文书等七个类型。

第二节 应用文的构成要素

一、主题

（一）主题的含义

主题与材料是应用文书内容的基本要素。主题，又称主旨、题旨、立意等。具体地说，主题就是通过文章的具体材料所表达的中心思想、基本观点或要说明的主要问题，是作者对客观事物的评价和态度。

（二）主题的来源

主题主要来源于三个方面：一是来源于社会生活的客观需要，为了解决现实问题，指导实际工作;二是来源于本单位、本部门或个人处理公私事务时的需要;三是来源于党和政府的方针政策与有关决策意图。

(三) 主题的表现方法

(1) 显现法。又叫直接法,是在文章的某一部位,用明确而简练的语言,直截了当地把主题表述出来。

(2) 对比法。是通过文章不同侧面或不同性质内容的对比来揭示主题。

(四) 主题的写作要求

(1) 正确。主题正确是撰写应用文的基本要求。应用文主题要以马列主义、毛泽东思想、邓小平理论为指导,符合党和国家的方针政策、法律、法规,同时也要符合客观实际,反映出客观事物的本质与规律。

(2) 集中。主题集中指应用文要集中表达一个主题,即重点要突出。围绕一个中心思想把问题说深说透,不要试图在一篇文章中表达许多意图,也不要在一篇文章中使用许多与主题无关的材料,使主题分散、零乱。

(3) 深刻。撰写应用文要求揭示所反映事物的本质及其内部规律,提出推进社会发展的有益见解。

(4) 鲜明。指应用文的观点必须明确。文章肯定什么,反对什么,作者要态度鲜明,表述得清清楚楚、明明白白,决不能够模棱两可、含糊其词,使读者不容易理解。

二、材料

(一) 材料的含义

材料,是指作者为了某种写作目的,从实际工作、学习、生活中搜集到的或写入文章中的一系列事实根据和理论根据,如人物、事件、数据、例证、原因、道理等。它包括经过作者选择提炼后写进具体文章中的材料,以及作者在写作之前搜集积累的原始材料。

(二) 主题与材料的关系

材料是文章的内容,主题是文章的思想,两者要统一;主题要统帅材料,围绕主题选择材料;材料必须能够证实主题,材料与主题一致。

(三) 材料的选择和使用

1. 收集材料

收集材料要求全面、深入、细致,具体方法如下。

(1) 观察,即作者凭借自己的感觉对对象进行有目的、有计划、比较持久的感知,记录所得的材料,包括总体观察、细节观察、比较观察和过程观察等,都是由表及里、由现象到本质的深入过程。这是取得第一手材料的主要途径。

(2) 体验,即置身于对象所处的环境之中,用整个身心去感受。通过体验,获得切身感受,以积累素材。

(3) 调查访问,即通过向知情人、有经验的人询问,以了解真实情况,获得材料。可以综合运用观察、体验、查询、阅读等手段,采用开座谈会、个别访问、现场了解、蹲点调查、问卷调查等方法有目的、有计划地采集材料。

(4) 间接摄取,包括两种方法:一是阅读观听,就是从各种文献、音像资料中获取材料；二是计算机检索，它是当今最便利、最普遍的搜集材料的方法。

2. 选择材料

要紧扣主题选择真实、典型和新颖的材料。材料必须真实，应当对所选材料的真伪加以甄别，对材料中的地点、时间、人物、事件的过程及具体的数据须加以核实。要选择典型的材料，因为典型材料反映事物的共性和特征，能够揭示事物的本质和规律，对证明观点有很强的说服力。要选择新颖的材料，因为新材料往往反映新事物、新情况、新思想，更符合时代的特点，容易引起人们的共鸣，给读者以思想上的启示。

3. 材料的使用

使用材料直接关系到主题的表达和文章的质量。要根据应用文的不同性质决定材料的使用方式。材料的使用方式有二：一是作为撰写应用文的依据，具体材料并不写入文章；二是作为文章的论据或消息的主体，这些材料就必须写入文章。材料的使用还有详略问题，应当根据文章的撰写目的，确定材料使用的详略。

三、结构

（一）结构的含义

结构是指文章内部的组织和构造，是作者按照主题的需要，对材料进行的有机组合和编排，又称谋篇布局。文章的结构具有两重含义：一是宏观结构，即文章的总体构思、大体框架；二是微观结构，即对文章的层次、段落、开头、结尾、过渡、照应和主次的具体设计。

（二）结构的内容

1. 开头与结尾

（1）常见的开头方式：陈述目的式、说明根据式、交待缘由式、概述情况式、提出问题式、引述来文式。

（2）常见的结尾方式：自然收尾式、总结归纳式、特别强调式、补充说明式、期望号召式、惯用语式。

2. 层次与段落

（1）安排层次的常见方式：① 纵式层次结构，即思路纵向展开的结构方式，具体有两种类型——时间顺序式和逻辑顺序式；② 横式层次结构，即思维横向发展的结构方式；③ 纵横结合式层次结构，即将纵向推进和横向展开结合起来交叉安排层次的结构方式。

（2）划分段落要注意保持段意的单一性、完整性，注意段落的有序性及段落的长短。

3. 过渡与照应

（1）过渡。应用文写作中，需要过渡的情况大致有三种：① 从一层意思转换到另一层意思，从一件事情转换到另一件事情时；② 当内容由总到分或由分到总时；③ 表达方式变化时，由叙到议或由议到叙时。

过渡的形式有明渡和暗渡两种。明渡指有明显标志的过渡，常用的形式有过渡段、过渡句或过渡词语。暗渡指无明显标志的过渡，主要靠层次、段落间的逻辑关系来过渡。

（2）照应。常用的照应方法有首尾照应、文题照应、文中照应。

四、语言

（一）语言的表述要求

应用文的语言运用要求，总的来说，表述要准确、恰当，不能使记载与传递的信息变异、失真或导致歧义，从而贻误工作。应用文的语言表述，根据不同文体，须遵循下述要求。

（1）严谨庄重。具体要求：使用规范化的书面语言，使用含义明确而具有限定性的词语，使用专用词语。

（2）准确恰当。应用文的语言表述必须符合客观实际，符合逻辑，即概念明确，判断和推理正确而恰当，同时还要符合语法修辞的规范。

（3）朴实得体。朴实，即文风要朴实无华，语言实在，强调直接叙述，不追求华丽辞藻，也不搞形象描写，更不用含蓄、虚构的写作技巧。得体，即指应用文的语言要适应不同种类应用文的需要，说话有分寸，适度。

（4）简明生动。应用文用语必须简明精练，用尽可能少的文字，浓缩大量的信息，做到言简意赅。

（二）应用文专门用语

（1）称谓词。在应用文写作中，若涉及机关或个人时，通常应直呼机关的全称或规范化的简称，以及对方的职务或"××同志"、"××先生"。在表述指代关系的称谓时，一般用下列专门用语。第一人称："本"、"我"，后面加上所代表的单位简称。第二人称："贵"、"你"，后面加上所代表的单位简称。第三人称："该"，"该"在应用文中使用广泛，可用于指代人、单位或事物。

（2）领叙词。常用的领叙词如下：根据、按照、为了、接……、前接或近接……、遵照、敬悉、收悉、查、为……特……、……现……如下等。领叙词多用于文章开端，引出法规、政策或上级文件等作为行文的根据或事实依据，有的也用于文章中间，起前后过渡、衔接的作用。

（3）追叙词。追叙词是用以引出所追叙事实的词。写作中有时需要简要追叙有关事件的办理过程，为使追叙的内容出现得自然，通常使用追叙性词语，如业经、前经、均经、即经、复经等。

（4）承转词。承转词又称过渡用语，是承接上文转入下文时使用的关联、过渡词语，主要用于陈述理由及事实，引出作者的意见和方案等。承转词不仅有利于文辞简明，而且可以起到前后照应的作用。例如，为此、据此、故此、鉴此、综上所述、总而言之、概言之等。

（5）祈请词。祈请词又称期请词、请示词，用于向受文者表示请求与希望。例如，希、即希、敬希、请、望、敬请、烦请、恳请、要求等。

（6）商洽词。商洽词又称询问词，用于征询对方意见和态度，具有探询语气。例如，是否可行、妥否、当否、是否妥当、是否同意、意见如何等。

（7）受事词。受事词即向对方表示感谢、感激时使用的词语，如蒙、承蒙等。

（8）命令词。命令词即表示命令或告诫语气的词语，目的在于增强公文的严肃性与权威性，引起受文者的高度注意。例如，着、着令、特命、责成、令其、迅即、切切、毋违、切实执行、不得有误、严格办理等。

（9）目的词。目的词是直接交待行文目的的词语。用这类词简明直接地表示行文目的，以便受文者正确理解并按时办理。例如，请批复、请函复、请批示、请告知、请批转、请查照办理、请遵照办理、请参照执行、望周知、请备案、请审阅等。

（10）表态词。表态词又称回复用语，即针对对方的请示、问函，表示明确的意见时使用的词语。例如，应、应当、同意、不同意、准予备案、请即试行、按照执行、可行、不可行、迅即办理等。

（11）结尾词。结尾词即置于正文最后，表示正文结束的词语。有用以结束上文的词语，如特此报告、特此通知、特此批复、特此函复、特此函告、特予、此致、谨此、此令、此复等；有再次明确行文的具体目的与要求的词语，如……为要、……为盼、……是荷、……为荷等；有表示敬意、谢意、希望的词语，如敬礼、致以谢意、谨致谢忱等。

（三）语言的表达方式

（1）叙述。叙述方式有顺叙、倒叙、插叙、分叙等。文章中记叙事件的发展过程，介绍单位的基本情况，一般都是按顺叙，即以时间先后为序来叙述。倒叙、插叙、分叙等用得较少，只在通讯、消息、调查报告的写作中才用得上。

（2）说明。说明在应用文写作中使用广泛，如解说词、广告词、说明书、简介等文体。文体如经济文书、科技文书、诉讼文书、行政公文等，也常常借助说明的方法解释和剖析事理。

（3）议论。调查报告、简报、嘉奖令、总结、通报等文体，经常在叙述事实、说明情况的基础上，表明对人物、事件、问题的评价。指示、决议、会议纪要等公文，也常用议论来阐明党和国家的方针、政策，让下级机关和群众理解和执行。

第二章 酒店行政文书写作

第一节 决 定

> **关于对湖南××大酒店第四届员工服务技能比武**
> **大赛优胜者予以表彰的决定**
>
> 　　为提升员工业务素质和酒店服务水平，我店于7月31日、8月1日组织开展了"湖南××大酒店第四届员工服务技能比武大赛"。活动中，参赛选手遵守纪律、严格要求，达到了预期目的，涌现出了一大批技术能手。为表彰先进、树立典型，按照公平、公正的原则，经评委评议，总经理室决定，授予以下选手"湖南××大酒店第四届员工服务技能比武大赛金（银）牌明星"的荣誉称号。
> 　　金牌明星：胡旭珍（产品推荐）、邓芝艳（中餐摆台）、熊婧颖（走姿）、蔡欣（托盘）、刘耀（中式铺床）、李艳辉（结账）、陈军生（机器拆装）、张名清（刀工）、陈亮（车辆指挥与打水带）、蒋庆（登记入住）。
> 　　银牌明星：易敏霞（走姿）、胡程（托盘）。
> 　　希望受到表彰的员工，戒骄戒躁，热心传教，再做新贡献，再创新辉煌。全店员工要以先进为榜样，学习他们爱岗敬业、争创一流的精神，不断提高技能水平，认真做好各项工作，为酒店整体专业技能的提高做出更大的贡献。
>
> 湖南××大酒店
二〇一〇年八月一日

一、决定的含义

　　根据国务院《党政机关公文处理工作条例》的规定，决定"适用于对重要事项作出决策和部署、奖惩有关单位和人员、变更或撤销下设机关不适当的决定事项"。

行政公文中的决定，具有领导性、决定性、指挥性、规定性、管理性等特点，可以规范人们的行为。决定要求受文机关与有关人员（包括决策者自身）必须严格遵照执行。

二、决定的类型

（一）指挥性决定

指挥性决定是对重要或重大行动作出安排的决定，包括对重要事项作出安排的决定和对重大行动作出安排部署的决定两类。前者的事项，既可以具有法规性，也可以具有知照性。后者是针对某项重大行动，为统一认识，保障执行力，作出的具有很强的规定性和约束性的安排和部署。

（二）奖惩性决定

奖惩性决定是对有关单位和人员进行奖励或惩戒的决定。

（三）更改性决定

更改性决定是指对某些不适应当前形势、与现行法律法规有冲突或者对某项行动产生不利影响的重大事项提出变更、修改或者撤销的决定。

三、决定的结构和写法

决定通常由首部、正文、尾部等部分组成。

（一）首部

首部包括标题和主送机关。

（1）标题。标题通常采用完全式表达，由发文机关、事由和文种三部分组成，如《××酒店关于对蒙晓艳同志的表彰决定》，也可以不写做决定的单位名称，由事由和文种构成，如《关于不得在酒店周围燃放鞭炮的决定》。决定的标题，多采用"关于……的决定"来表述。

会议通过的决定，应该用题注的形式标明何时由何会议通过，并加括号，标识在标题的下一行。有题注的决定可不再标识成文日期。

（2）主送机关。主送机关根据文件的发文情况来确定。如果发文范围广泛，可以不写主送机关；如果是向某些单位发文，就要写清楚具体的单位名称。

（二）正文

决定的正文包括缘由、事项和结尾三部分。不同种类的决定，正文有不同的表述方式。

对于安排部署性决定，要在正文中明确表述决定的依据、目的和具体内容，最后提出希望或号召。

对于奖惩性决定，要首先简要介绍奖惩对象的情况，再写需要奖惩的措施，最后提出希望或号召。

对于更改性决定，一般要写明更改的原因、更改的单位或何种会议通过的决定，最后要写明更改生效的时间及所修改的文件予以相应调整的内容。

（三）尾部

决定的尾部包括署名和日期。

（1）署名。署名按照惯例写在正文之后，当标题已注明发文机关的名称时，文尾可以写,也可以不写。

(2) 日期。决定的日期也有两种写法:一是直接写在文尾的署名下面;二是写在标题之下,同样要用汉字,不能与阿拉伯数字混用。

四、写作提示

(一) 不能滥用决定行文

决定的内容要与"决定"文种相符,不能滥发决定。要注意区分决定和通知,不要把二者混同。有些单位以为用决定才能引起注意,把该用"通知"行文的内容,用"决定"行文。这种滥用决定的情况应当尽量避免。

(二) 决定缘由充分、准确、合理

决定的缘由是决定事项的依据、理由。要注意交待清楚,做到既简明扼要,又有理有据,令人信服。

(三) 决定事项要具体、明确、清楚

决定事项是决定的主要内容,有关机关据此贯彻执行。因此,决定事项要求具体、明确,明明白白地讲清应当如何贯彻执行。内容比较复杂的决定,事项部分要分条列项表述,把主要的、重要的放在前面,次要的放在后面。结构要合理,层次要分明,内容要合乎逻辑。

(四) 标题要完整,时间标注要准确

决定的标题,一般应写明发文机关、事由、文种,而且要规范、准确,特别是事由要能准确概括决定的主要内容。决定的时间标注要注意两个问题:一是成文时间要以会议通过的日期或领导人签发的日期为准;二是决定的时间一般要标注在标题下方,可用括号括起来。

拓展阅读

劳动合同到期未终止,酒店作出的离职决定被撤销

金霞于 2007 年 2 月 13 日入职于外资酒店后,经过自己的努力被酒店聘为总监,月工资 1 万元。2008 年 2 月 14 日,酒店与金霞签订了期限为 2008 年 2 月 14 日—2009 年 2 月 15 日的劳动合同。2009 年 2 月 15 日该劳动合同到期后,酒店既未与金霞终止劳动合同,也未为金霞续订劳动合同。

2009 年 3 月 11 日,金霞在工作时,酒店人事部向金霞送达了《续签劳动合同通知书》并要求金霞续签一式三份的劳动合同,金霞发现该劳动合同中除合同期限及工资降为 5 000 元的条款有变化外,其余条款与原劳动合同一致。金霞在一式三份续签的劳动合同书中签上了自己的姓名并同时在该劳动合同书上注明"不同意降低工资"之字样后交给酒店人事部。金霞在《签收回执》上明确标明"本人同意续签劳动合同"。

2009 年 3 月 12 日,酒店人事部通知金霞办理离职手续,在金霞的要求下酒店向

其送达了办理离职手续的《通知书》和标有"本人对以上通知内容不予认可，不符合法律规定"字样的《签收回执》。

2009年3月13日，金霞向劳动仲裁委员会提出申请，要求仲裁委撤销酒店作出的离职决定并继续履行劳动合同。

劳动仲裁委员会经调查认为，依据《北京市劳动合同规定》第40条"劳动合同期限届满前，用人单位应当提前30日将终止或者续订劳动合同意向以书面形式通知劳动者，经协商办理终止或者续订劳动合同手续"、第45条"劳动合同期限届满，因用人单位的原因未办理终止劳动合同手续，劳动者与用人单位仍存在劳动关系的，视为续延劳动合同"，《中华人民共和国劳动合同法》第48条"用人单位违反本法规定解除或者终止劳动合同，劳动者要求继续履行劳动合同的，用人单位应当继续履行"之规定，酒店与金霞签订的期限为2008年2月14日—2009年2月15日的劳动合同，在2009年2月15日期满后，酒店未按法定程序与金霞办理终止或续订劳动合同手续而形成了事实劳动关系，视为双方同意以原条件继续履行劳动合同。

2009年3月11日，酒店在金霞续签的一式三份劳动合同内容中，未与金霞协商一致，强行变更劳动合同中的条款，因金霞就工资数额之条款提出书面异议，酒店就于次日要求金霞离职的行为明显属于违法解除劳动合同的行为。

所以，依据《中华人民共和国劳动合同法》第48条之规定，2009年7月16日，劳动仲裁委员会裁决如下：撤销酒店于2009年3月12日对金霞作出的离职决定并继续履行劳动合同。

（资料来源：http://www.doc88.com/p-272403834656.html）

写作悟语：决定的拟定既要遵守其写作、格式方面的要求，同时还要符合国家有关的规定，以及特殊的程序要求，避免出现与现行制度相抵触的情况。

文体实训

1. 年终岁尾，海天酒店要对一年来的优秀工作者和先进个人进行表彰。请拟写一份表彰决定。

2. 认真阅读下面的一篇决定，分析并指出其中存在的问题。

关于表彰2010年年度"优秀员工"的决定

各部门：

鼎故辞旧，万象更新！2010年，我们酒店在领导的正确指引下，在全体员工的共同努力下立足本职，求真务实，开拓创新，各项工作得到顺利开展，取得了较好的成绩。一年来，公司涌现了一批为公司发展不辞辛苦、爱岗敬业、无私奉献，工作上细致、认真的优秀员工。为了鼓励先进、发扬成绩，进一步激发广大员工的积极性和创造性，经研究决定，对他们进行表彰奖励，并对符合条件的优秀员工优先安排入户深圳。

此决定。

附件：2010年"优秀员工"名单。
谢水长、姚敦峰、郑泽鹏、蒲桂花、王宜思、郭春平、吕东锋、梁爱国。

深圳市××酒店
2012年1月25日

第二节 通 知

酒店调价通知

尊敬的宾客：

您好！

首先感谢您一直以来对京仪大酒店的支持和钟爱。我酒店自2008年开业以来，以富丽精致的硬件设施及优质周到的服务，受到了社会各界人士好评。

近日来，受市场环境影响，我酒店决定将"非凡会"会员价格调整如下：标准大床房由原价398元调整为438元，其他房型价格不变。此外，酒店留有部分特惠房型，价格仍保持不变，为398元，请提前抢订。

调价时间：2011年10月14日—2011年12月31日。2011年10月14日中午12：00起开始执行。

关于此次房价调整，如有任何疑问，请随时致电010-6216××××。希望您能理解并继续支持北京京仪大酒店。我们将一如既往地给您提供温馨周到的服务，给您带来舒适、愉悦、彻底放松的极致享受！

北京京仪大酒店
二〇一一年十月十三日

写作知识

一、通知的含义

通知是向特定受文对象告知或转达有关事项或文件，让对象知道或执行的知照性公文。

通知具有使用范围广、使用频率高、时效性强等特点。适用于批转下级机关的公文，转发上级机关和不相隶属机关的公文；发布规章，传达要求下级机关办理和有关单位、人员需要周知或共同执行的事项；任免和聘用干部等。

二、通知的类型

根据适用范围的不同，通知可以分为六大类。

（一）发布性通知

发布性通知用于发布行政规章制度及党内规章制度等。

（二）批转性通知

批转性通知又称转发性通知。领导机关用批转、转发的方式发布某些法规，要求下级周知或贯彻执行，批转下级机关送来的工作报告、建议、计划等，以及沟通情况，指导工作。

（三）指示性通知

指示性通知用于直接发布行政法规和对下级某项工作的指示、要求，带有强制性、指挥性和决策性。

（四）任免性通知

任免性通知用于任免和聘用干部、人员等。上级机关对任免的人员用通知的形式告知下级机关。

（五）事务性通知

事务性通知用于处理日常工作中带事务性的事情，常把有关信息或要求，以通知的形式传达给有关机构或人员。

（六）晓谕性通知

晓谕性通知又称知照性通知，用于告知各有关方面周知的事项等。这类通知发送对象广泛，对下级、平级均可发送。

三、通知的结构和写法

通知，一般由首部、正文、尾部三个部分组成。

（一）首部

首部包括通知的标题和主送机关（受文对象）两部分。

（1）标题。通知的标题一般采用公文标题的常规写法，由发文机关＋主要内容＋文种组成。如《长沙新华大酒店招聘通知》。发布规章的通知，所发布的规章名称要出现在标题的主要内容部分，并使用书名号。批转和转发文件的公文，所转发的文件内容要出现在标题中，但不一定使用书名号。

（2）主送机关。通知的发文对象比较广泛，因此，主送机关较多，要注意主送机关排列的规范性。在报纸等新闻媒体上公布的晓谕性通知，可免去主送机关。

（二）正文

正文包括通知缘由、通知事项和执行要求三个部分。

（1）通知缘由。发布指示、安排工作的通知，主要用来表述有关背景、根据、目的、意义等。晓谕性的通知，也可参照上述写法。批转、转发文件的通知，根据情况，可以在开头表述通知缘由，但多数以直接表达转发对象和转发决定为开头，无须说明缘由。发布规章的通知，多数情况下篇段合一，无明显的开头部分，一般也不交待缘由。

（2）通知事项。这是通知的主体部分，所发布的指示，安排的工作，提出的方法、措施和步骤等，都在这一部分中有条理地组织表达。内容复杂的需要分条列款。晓谕性通知，有时需要列出新成立的组织的成员名单，以及改变名称或隶属关系之后职权的变动等。

（3）执行要求。发布指示、安排工作的通知，可以在结尾处提出贯彻执行的有关要求，如无必要，可以没有这一部分。

（三）尾部

尾部即落款，写出发文机关名称和发文时间。如已在标题中写了机关名称和时间，这里可以省略不写。

四、写作提示

（一）通知事项具体明确，切实可行

无论是对有关情况的介绍和评价，还是对有关单位和人员的要求，都要符合实际，切合受文者的情况，以便办理执行。特别是涉及方针政策方面的事项，更要具体明确，严密周详，以免受文者在执行、办理中出现偏差。

（二）语言准确简明，语气恳切庄重

通知的语言切忌含混不清，否则会影响受文者对通知精神的正确理解和全面把握。通知的语气既要庄重，又要切忌语言平淡无味；既要体现出发文机关的权威性和公文的严肃性，又不可"板着面孔"，"乱打官腔"，有碍大局。当通知对象为平级时，应注意缓和语气，用告知性语言。

拓展阅读

> **山东省经济和信息化委员会发通知要求宾馆**
> **酒店行业逐步取消一次性日用品**
>
> 2010年，山东省经济和信息化委员会发布《关于逐步取消宾馆酒店行业一次性日用品的通知》，要求从2011年6月1日起，在山东省内宾馆酒店行业正式取消免

费提供一次性日用品，改为明码标价，有偿提供。记者于8月23日采访了岛城部分连锁酒店和星级酒店发现，这一举措在岛城还未完全实施。

《通知》中要求，2010年12月1日—2011年5月31日为过渡期，2011年6月1日起，在山东省内的宾馆酒店行业正式取消免费提供一次性日用品，记者于8月23日调查了岛城13家酒店发现，其中仅有两家连锁酒店取消了部分"六小件"，而只要是星级酒店，依然会免费为客人提供一次性日用品。

一家经济连锁酒店的工作人员称，他们酒店从去年开始已经不提供牙具和肥皂，只提供洗发液和沐浴乳。洗发液和沐浴乳也不是一次性包装，而是统一存放在卫生间的压缩桶里，由顾客自行取用。该工作人员称："现在倡导这样的环保理念，我们就积极响应，不再提供一些耗费比较高的一次性用品。"

在调查的8家星级酒店中，没有一家取消一次性用品。一家五星级酒店的客房部经理称，他们酒店一直为顾客提供各种一次性用品，从来没有取消过。一开始，他们曾经考虑取消部分一次性用品，可前来入住的顾客因为不知情，给他们带来了不便。"我们担心取消会造成客源流失，或者因为顾客不理解而对我们评价下降，所以现在还没有取消'六小件'。"

据青岛饭店协会资料显示，国内星级饭店每天消耗一次性洗漱用品120万套。一次性用品难以回收，社会还面临着二次处理所带来的浪费。

"六小件"是指饭店为住店客人提供的牙膏、牙刷、香皂、洗发液、浴帽、拖鞋这些易耗用品。

（资料来源：侯健. 谁还在用一次性日用品　日照检查宾馆酒店. 大众网　[2011-8-24]）

写作悟语：有的通知带有一定的指示性，要求相关单位执行，特别是一些政府主管部门或上级部门发布的通知。受文单位一定要严格遵照执行，确保政令畅通。

文体实训

1. 阅读下面的材料，分析并指出其中的不当之处。

关于2011年新价格体系调整的通知

为了更好地保证并提升我酒店产品及对客服务的品质，我酒店将于2011年5月15日起，对我酒店现有价格体系做出相应上调。感谢您对我酒店长期以来的支持与厚爱！

详情垂询：010-8928××××转销售部

文体实训

2. 旅游旺季将至，假设你是某酒店办公室的秘书，请你拟写一则通知，告知广大宾客为避免出现客满无房可住的现象，需要提前三天登陆酒店官网或打客房部电话预订房间。

3. 通知要注意使用习惯用语，如正文开头末尾写"通知如下："，正文结尾写"特此通知"。而在同一份文件中，只允许使用以上任一习惯用语，你觉得对不对，为什么？

第三节　通　报

范文示例

通　报

酒店各部门：

　　10月22日，我酒店休闲部员工吴飘在打扫棋牌室3101室时，发现客人遗忘的现金人民币6 000元。她不仅没有为之心动，还主动与当班领导联系，将现金送交收银台，并亲自寻找失主。事后成功与失主取得联系。

　　吴飘作为一个普普通通的服务员，拾金不昧，用自己的实际行动证明了自身品格与酒店品质。她的行为是新业所有员工综合素质亮点的体现，她的事迹为酒店所有员工树立了榜样，这种精神值得我们每个人学习，酒店为有这样的员工而骄傲。

　　为树立典型，表彰先进，经研究，公司决定对吴飘进行通报表扬，奖励现金100元，并号召全体员工向她学习，学习她拾金不昧的精神和认真负责的工作责任心，在平凡岗位上体现不平凡的价值，共同为酒店的发展做出更大的贡献。

上海新业大厦商务有限公司
二〇一〇年十月二十四日

写作知识

一、通报的含义

　　通报是上级单位、部门对下级单位、部门或有关人员进行表彰、批评、传达重要精神或者情况时使用的一种指导性文件。

通报具有典型性、教育性、针对性等特点，可以用来表彰先进、批评错误、传达精神、沟通情况。

二、通报的类型

根据内容的不同，通报可以分为表彰性通报、批评性通报和情况通报三种。

（一）表彰性通报

表彰性通报是用来表彰先进单位和个人，介绍先进经验或事迹，树立典型，号召大家学习的通报。

（二）批评性通报

批评性通报是用来批评某种严重错误或带有普遍性的不良风气和行为，以示警戒，要求被通报者和大家吸取教训的通报。

（三）情况通报

情况通报是在一定范围内传达重要情况和动向，以指导工作为目的的通报。

三、通报的结构和写法

通报一般由首部、正文和尾部三部分组成。写法大致如下。

（一）首部

首部包括标题和主送机关两项内容。

（1）标题。通常有两种构成形式：一种是由发文机关名称＋事由＋文种组成，如《××酒店关于给不顾个人安危勇于救人的王纲同志记功表彰的通报》；另外一种是由事由和文种构成，省略发文机关。

（2）主送机关。除普发性的通报外，一般通报应该标明主送机关。

（二）正文

通报正文的结构通常由开头、主体和结尾3部分组成。

通报开头部分说明通报缘由；主体部分说明通报决定；结尾处提出希望和要求。不同类别的通报，其具体内容和写法又有所区别，大体写法如下。

（1）表彰性通报。一般在开头部分概述事件情况，说明通报缘由。这部分要求叙述清楚、语言概括、详略得当、重点突出；主体部分通过对先进事迹的客观分析，在阐明所述事件性质和意义的基础上，写明给予精神或物质奖励的决定；结尾部分明确提出希望和要求，号召大家向先进学习。

（2）批评性通报。分为两种情况：一种是对个人的通报批评，其写法与表彰性通报基本相同；另一种是对某一单位或集体的批评通报，旨在通过对恶性事故的性质、后果，特别是酿成事故的原因的分析，总结教训，达到指导工作的目的。正文写法主要包括错误事实、原因教训、提出要求和改进措施等内容。

（3）情况通报。先概述总的情况，再具体介绍情况特点，或分析形成某种情况的原因，或阐述某种情况的意义。最后提出指导性意见或要求。如果情况复杂，可以对其进行综合分类，分别介绍情况的各个方面并分析其意义，最后提出要求。

（三）尾部

尾部包括发文机关署名和成文时间两项内容。在标题中已标明发文机关名称的通报，这里不必再写。

四、写作提示

（一）内容必须真实

书写通报前要对有关情况和事例进行认真核对，保证通报事实和材料的真实无误。

（二）突出时代感

通报的内容，无论是表彰先进、批评落后还是告知情况，都必须以党的方针政策和国家的法律法规为基础，与当前形势，也就是当前经济工作中心和思想教育中心结合起来，从而对广大干部职工起到教育指导作用。

（三）语言简洁庄重，恰如其分

通报中的叙述要简明扼要，不使用文学手法；议论分析要公正中肯，讲究分寸，定性要准确，态度要明朗。

拓展阅读

成都一职员因故辞职　酒店发出通报引起争议

市内各酒店：

兹有原成都响水阁大酒店员工杨×，女，23岁，身份证号（略），在担任响水阁大酒店迎宾领班期间，未能有效督导员工，目睹员工损坏酒店杯具器皿后，作为管理人员，该员工未能向上级汇报，听之任之。酒店餐饮部遂根据酒店有关规定作出对杨×罚款30元的处罚。

3月4日，杨×在办理完辞职手续后，趁下午2点餐厅下班无人之际，悄悄潜入二楼包房砸烂8个玻璃水杯，被酒店值班员工发现并制止后，匆忙逃离现场。获悉这一情况后，酒店有关人员当即找到杨×本人，指出其错误行为并要求其赔偿损失。但杨×不但不予理睬，反而出言不逊，并威胁出面处理的工作人员，在酒店业中造成恶劣影响。

特此通报

成都响水阁大酒店

二〇〇〇年三月七日

律师说法：通报是否侵权各有见解

就响水阁大酒店向业内发通报一事，法律界人士的观点并不一致。

成都迪泰律师事务所杨庐松律师认为，法律上没有限制企业向别的企业散发关于员工问题的通报，所以此行为不违法。若通报内容属实，就没对杨小姐构成名誉侵害。

但他认为，在具体操作中，由于酒店等以私人名义向同行业发通报，容易出现有人故意利用此方式诽谤他人的情况，所以最好由行业协会根据相关制度统一发放，保证其公正性。

四川联合律师事务所吴洪波律师则认为，酒店向同行散发通报，其出发点就是让杨小姐的人品、声誉受到影响，让她在行业内难以立足。这显然构成了侵权。他认为酒楼以私人名义发通报和行业协会向自己的会员单位发通报的性质完全不同。行业协会为保护行业正当利益、根据协会章程，向行业内部的上层管理人员发通报，则不构成侵权。

业内人士：客观通报可完善用人体制

一火锅店老总则对记者说，不论杨小姐在职期间表现怎样，但有这种表现就令人反感，应受惩罚，他表示用人会谨慎。该老总还对该酒店的通报方式表示认可。他说通过客观通报，不但可给同行业其他用人单位提供参考，对于所有的从业人员都是一个警示，而且在人才流动频繁的今天，如操作得当，这种方式将是对用人体制的完善。因为在现实中，确实普遍存在离职员工对原单位有造成不同程度危害的现象。

餐饮协会：将对当事人再次通报

昨日记者就响水阁与领班之间的这场纠纷，采访了餐饮业及相关部门人士。据省餐饮娱乐行业协会有关负责人称，发生在响水阁的事其实也常出现在其他酒楼，且还有一些更严重的事发生，如偷盗等。他认为这种报复行为触犯了"行规"。为此该协会将在4月上旬以简报形式再次将杨小姐违规一事向业内通报，同时该协会将与有关政府部门联手，共同制止类似违规现象。市劳动监察大队有关负责人认为，虽然他们不赞成业内造违规人员"黑名单"的做法，但员工辞职后采取报复行为损坏公物肯定不对，可交由治安管理部门处理。

当事人：酒店通报不属实，已侵犯其名誉权

新千年蓉城餐饮业第一份违约人员"黑名单"3月23日从响水阁大酒店发向了蓉城各大酒楼。据了解，响水阁意欲通过向业内通报酒楼违规人员的方式，达到"封杀"违规领班的目的。

23日，记者与杨小姐取得了联系。她对响水阁向别的酒店发送通报一事大感意外。她认为这份通报不属实。她称，在她辞职时，酒店扣了她30元钱。这30元并不是对她"作为管理人员，对员工损坏酒店杯具器皿的行为不向上级汇报"的处罚，而是扣的杯具器皿损坏费。另外该酒店每月还扣了她8元钱的器皿损坏费。她称自己从未打坏过杯具器皿，却扣了这么多钱，所以"干脆打烂几个泄愤"。她说并没威胁酒店工作人员。

对酒店发通报这一做法，杨小姐不以为然。她认为虽然自己暂无工作，但别的酒店负责人不可能只听一面之词就拒绝她在这个行业中继续谋生。同时她表示，该通报已侵犯她的名誉权，她将在适当时候向劳动部门反映此事。

（资料来源：《成都商报》2000年3月24日）

写作悟语：通报作为一种指导性公文，主要用来表彰先进、批评错误、传达精神、沟通情况。在具体应用中的叙述要简明扼要，不使用文学手法；议论分析要公正中肯，讲究分寸，定性要准确，态度要明朗。批评错误的通报要有理有据，依法而行。

文体实训

1. 阅读下面的材料，代替××酒店撰写一则通报，给予两位服务员每人100元现金奖励，在酒店网站通报表扬。

2010年7月5日，××旅行社组织长白山、镜泊湖4日游团队客人入住酒店，客房部蔡雪、柳林同志在客人多、事情杂的情况下，态度热情，积极认真地帮助客人解决问题，使入住酒店客人有宾至如归的感觉，得到了大家的一致好评。

2. 阳光大酒店客房部服务员×××，在客房打扫卫生时敷衍了事，没有按照房间清洁标准做好清洁，多次被客人投诉，酒店客房部主管多次对其进行批评教育，但其仍没有很好地认识到自己的错误。

请为该酒店起草一份通报批评，责令其改正，并以此事为戒要求酒店员工认真履行岗位职责，积极做好各项服务工作，如有违规将严肃处理。

3. 白天鹅大酒店要通报表彰一批在管理、服务工作中涌现出来的先进个人和集体。请代为拟写通报稿，具体情节可虚拟。

第四节 请　　示

范文示例

巩义市盛祥餐饮有限公司关于宴天下精品酒店悬挂门牌的请示

巩义市人民政府：

近年来随着我市经济快速发展，餐饮业已经成为一个与人民群众生活密切相关的、潜力巨大的朝阳产业。巩义市盛祥餐饮有限公司是一家集中餐、快餐、火锅、特色美食为一体的大型综合性餐饮公司。自成立以来，在上级有关部门的领导与支持下，本着"以人为本，创新发展、服务社会，造福巩义"的宗旨，潜心钻研特色菜系，以弘扬华夏民族博大精深的餐饮文化，促进巩义市第三产业快速发展，繁荣巩义市餐饮市场为己任，高标准、严要求、抓质量、重管理，在消费者群体及业界获得了良好的口碑。

公司包括辣婆婆中餐厅、维多利亚渔港、原味永和豆浆星月店及装修中的宴天下精品酒店等四家分公司，总营业面积8 000 m²，现有员工300人。其中辣婆婆中餐厅和宴天下精品酒店可同时承办千人以上的婚宴、庆典及商业酒会，是广大消费者家人团圆、朋友欢聚、婚宴、庆典及商业聚会的理想场所。

公司通过提供高雅的就餐环境、优质的食材料理、贴心的餐饮服务、严格的卫生条件、独特的用餐情调，通过不断吸取国内外先进烹饪经验和现代科技成果，使菜品风味独特、品种繁多，在巩义独树一帜，早已深入人心，成为消费者日常生活不可或缺的一部分。

　　公司还非常重视培养餐饮技术人才，为餐饮业经营管理和技术创新提供了人才保障，使员工都有一技之长，能更好地服务社会，安居乐业，有所作为。为促进富裕巩义、和谐巩义、魅力巩义、文化巩义的建设，为增加就业、增加税收、促进巩义市第三产业发展，开创我市餐饮业快速发展的新局面，促进待业青年就业，解决下岗职工再就业，促进平安巩义建设、构建和谐社会做出了应有的贡献。

　　为不断满足人民群众多层次消费需求，使人民群众能够得到更加优质、便捷、安全、高效的餐饮服务，让人民群众共享餐饮业改革发展的丰硕成果，公司应广大消费者要求，依据人们对餐饮消费求新、求精的特点，着力改善经营环境，注入餐饮情趣，增加文化品位，开拓新的消费领域，近日在东区惠民南路，建国酒店东面开办了宴天下精品酒店，酒店的前期装修工作已经告一段落。

　　目前，公司面临宴天下精品酒店急待解决面向惠民路悬挂门头标牌的审批问题。对于该门头标牌的设计与安装，公司考虑到市容建设的要求及酒店的形象问题，非常重视，专门聘请洛阳专业设计公司设计制作并安装，有关细节问题必将严格把关。开业后的宴天下精品酒店，将与建国酒店、艺术中心及周边的建筑群落相辅相成、互为补充，成为市民、游人、客商赏玩就餐、休闲娱乐的理想场所，成为巩义市的新名片和新地标，亮化东区的优美风光，为巩义增光添彩。请市政府有关领导和部门考察周边环境，落实相关政策，准予及早挂牌营业。

　　妥否，请批示。

巩义市盛祥餐饮有限公司
二〇一一年十二月六日

写作知识

一、请示的含义

　　请示是下级机关向上级机关请求指示和批准的公文文种。请示主要用于在实际工作中，遇到缺乏明确政策规定的情况需要处理；工作中遇到需要上级批准才能办理的事情；超出本部门职权，涉及多个部门和地区的事情，请示上级予以指示等方面。

　　请示必须具备以下三个条件：一是必须是下级机关向上级机关的行文，属上行文；二是请示的问题必须是自己无权作出决定和处理的；三是必须是自己向上级请示要求批准的。

　　请示具有时间性强、一事一请示、主送针对性强、要逐级请示不得越级等特点。

二、请示的类型

根据不同内容和写作意图,请示分为以下三类。

(一) 请求指示的请示

此类请示一般是政策性请示,是下级机关需要上级机关对原有政策规定作出明确解释,对变通处理的问题作出审查认定,对如何处理突发事件或新情况、新问题作出明确指示的请示。

(二) 请求批准的请示

此类请示是下级机关针对某些具体事宜向上级机关请求批准的请示,主要目的是为了解决某些实际困难和具体问题。

(三) 请求批转的请示

下级机关就某一涉及面广的事项提出处理意见和办法,需各有关方面协同办理,但按规定又不能指令平级机关或不相隶属部门办理,需上级机关审定后批转执行,这样的请示就属此类。

三、请示的结构和写法

请示一般由首部、正文和尾部三个部分组成,其各部分的格式、内容和写法要求如下。

(一) 首部

首部主要包括标题和主送机关两个项目内容。

(1) 标题。请示的标题一般有两种构成形式:一种是由发文机关名称、事由和文种构成,如《××酒店关于工程维修项目的请示》;另一种是由事由和文种构成,如《关于举办十周年店庆的请示》。

(2) 主送机关。请示的主送机关是指负责受理和答复该文件的机关。每件请示只能写一个主送机关,不能多头请示。

(二) 正文

其结构一般由开头、主体和结语等部分组成。

(1) 开头。主要交待请示的缘由。它是请示事项能否成立的前提条件,也是上级机关批复的根据。原因讲得客观、具体,理由讲得合理、充分,上级机关才好及时决断,予以有针对性的批复。

(2) 主体。主要说明请求事项。它是向上级机关提出的具体请求,也是陈述缘由的目的所在。这部分内容要单一,只宜请求一件事。另外请示事项要写得具体、明确、条理清楚,以便上级机关给予明确批复。

(3) 结语。应另起段,习惯用语一般有"当否,请批示","妥否,请批复","以上请示,请予审批"或"以上请示如无不妥,请批转各地区、各部门研究执行"等。

(三) 尾部

尾部一般包括署名和成文时间两个项目内容。标题写明发文机关的,这里可不再署名,但需加盖单位公章,成文时间注明年、月、日。

四、写作提示

(1) 请求的内容若涉及其他部门或地区时,在正常情况下应事先进行协商,必要时还可联合行文,如有关方面意见不一致,应如实在请示中反映出来。

(2)请求拨款的应附预算表;请求批准规章制度的,应附规章制度的内容;请示处理问题的,本单位应先明确表态。正式印发请示送上级机关时,应在文头注明签发人姓名。

(3)请示和报告既有相同之处,又有区别。相同之处是两个都是写给上级的上行文,公文里都有陈述意见,反映情况的内容。区别如下。

第一,时间有别。请示跟报告相比,时间要求更紧迫。请示写的情况是未解决的,属于将来时,报告写的情况是已做过的,属于过去时。

第二,内容的侧重点有别。请示着重于请示批准,报告着重于汇报工作。

第三,要求有别,请示要求上级必须回复,报告则不必,只供上级参考。

拓展阅读

这家酒店太"急躁"　申请未批复就涨价

本报讯(记者　刘莘瑜　实习生　何政霖)针对市民反映的宾馆、酒店及部分停车场擅自提高收费"起步价"问题,昨(20)日下午,市物价部门已经开始介入调查××酒店违规收费的情况。

"2小时内收费10元/次,每超过1小时加收费2元,24小时内最高30元;酒店住店客人过夜车辆收费10元。"在市涪江路××酒店地下停车场,一块关于"××酒店停车收费标准"的提示张贴在入口旁。

事实上,从2011年2月开始,××酒店就已经开始执行这一收费标准了。不少车主对此表示收费标准过高,让其无法接受,只好另选他处停车。也有少数车主被迫接受宾馆的收费价格。

而按照市物价部门《关于规范南充市辖三城区车辆停放服务收费标准的通知》规定,该市市辖三区的车辆停放保管收费标准,小汽车的停放在普通停车场(院内露天)停车费起步价是2元/4小时·次,超过4小时按每4小时滚动一次计费;市内停车场(楼层、地下)则是3元/4小时·次,超过4小时按每4小时滚动一次计费。

对于擅自提高停车费"起步价",酒店相关负责人表示,这样操作属于违规,但又情非得已。该负责人解释称,南充××物业管理有限公司下属的市内停车场位于商家聚集、商业繁华的五星花园,高密度的车流量加大了停车场的管理难度,101个车位连酒店本身的客人停车需求都难以满足,而每天下午4时许,逛商场、超市购物的社会车辆也相继涌入车位有限的停车场地,让他们也感到棘手。于是希望通过价格杠杆,"拒绝"部分社会车辆,以满足酒店客人的需要。2011年1月,物业管理公司就向有关部门提交了《关于提高停车场收费标准的请示》。但申请至今未经批准。

对此,市物价部门相关负责人表示,××酒店调整收费标准的请示在未得到批准的情况下,就擅自提高收费标准的行为,已经属于违规收费,物价部门正在介入调查。

(资料来源:《南充日报》2011年4月21日)

写作悟语:请示作为一种上行文,请示的问题请示部门自己无权作出决定和处理，必须等上级部门作出批复之后才可以按照批复来办理，否则就会出现违规现象。

文体实训

1. ××酒店因为业务发展的需要，须新建一个西餐厅和风味餐厅，现在需要向上级主管部门市旅游局请示此事，请你以××酒店的名义撰写一份请示，具体情节可以虚拟。

2. 张琳是一家酒店的行政助理，她在工作中遇到了以下几个问题，请帮助她完成。
（1）给入职满三个月的六位员工加薪，需要向酒店领导递交一份请示。
（2）拟举办酒店春节联欢晚会，需要向酒店领导递交一份请示。
（3）为了给酒店员工配发夏季工装，需要向酒店领导递交一份请示。

第五节 批 复

范文示例

关于同意乾坤大酒店为三星级旅游饭店的批复

宣城市旅游星级饭店评定委员会：

根据乾坤大酒店的申请和宣城市旅游星级饭店评定委员会推荐，安徽省旅游星级饭店评定委员会办公室按照中华人民共和国国家标准 GB/T 14308—2003《旅游饭店星级的划分与评定》，委派星评员对乾坤大酒店进行了正式评定。评定结果认为，该酒店已达到三星级饭店标准。经研究，批准乾坤大酒店为三星级旅游饭店。

此复

安徽省旅游星级饭店评定委员会
二〇一〇年四月二日

写作知识

一、批复的含义

批复是"答复下级机关的请示事项"时使用的文种。它是机关应用写作活动中的一种常用公务文书，属于下行文。

批复具有行文的被动性、内容的针对性、效用的权威性、态度的明确性等特点，主要用来答复下级机关请示事项。

二、批复的类型

根据内容的不同，批复可以分为审批事项批复、审批法规批复和阐述政策的批复三种。根据性质的不同，批复可以分为肯定性批复、否定性批复和解答性批复三种。

三、批复的结构和写法

批复一般由首部、正文、尾部三部分构成。

（一）首部

首部包括标题和主送机关。

（1）标题。标题的写法最常见的是完全式的标题，即由发文机关、事由和文种构成。在事由中一般将下级机关及请示的事由和问题写进去。还有一种完全式的标题是，发文机关＋表态词＋请示事项＋文种，这种较为简明、全面和常用。也有的批复只写事由和文种。

（2）主送机关。主送机关一般只有一个，是报送请示的下级机关。其位置同一般行政公文，写于标题之下，正文之前，左起顶格。批复不能越级行文，当所请示的机关不能答复下级机关的问题而需要向更上一级机关转报"请示"时，更上一级机关所作批复的主送机关不应是原请示机关，而是"转报机关"。如果批复的内容同时涉及其他的机关和单位，则要采用抄送的形式送达。

（二）正文

正文包括批复引语、批复意见和批复要求3部分。

（1）批复引语。要点出批复对象，一般称收到某文，或某文收悉。要写明是对于何时、何文号、关于何事的请示的答复（时间和文号可省略）。

（2）批复意见。是针对请示中提出的问题所作的答复和指示，意思要明确，语气要适当，什么同意，什么不同意，为什么某些条款不同意，注意事项等都要写清楚。

（3）批复要求。是从上级机关的角度提出的一些补充性意见，或是表明希望、提出号召。如果同意，可写要求；不同意，亦可提供其他解决办法。批复要求也可以单独算做结尾。

（三）尾部

批复的尾部主要是落款，这部分写在批复正文右下方，署发文机关和成文日期并加盖公章，成文日期用汉字，标全年月日。标题中已明确发文机关的，此处可不写。

四、写作提示

（一）及时慎重

批复既是上级机关指示性、政策性较强的公文，又是对下级单位请求指示、批准的答复性公文。因此，撰写批复要慎重及时，根据现行政策法令及办事准则，及时给予答复。

（二）态度明确

撰写时，不管同意与否，批复意见必须十分清楚明白、态度明朗。不能含糊其词、模棱两可，以免下级无所适从。

（三）一文一批复

批复必须有针对性的一文一批复，请示要求解决什么问题，批复就答复什么问题。

拓展阅读

华天酒店收购资产方案获批复

华天酒店5日公告称，公司2月4日收到中国证券监督管理委员会核发的《关于核准湖南华天大酒店股份有限公司重大资产重组方案的批复》，该批复核准公司本次重大资产重组方案。

根据华天酒店2008年10月披露的重大资产购买报告书，公司拟收购长春吉安房地产开发有限公司和自然人张晓明分别持有的长春华天酒店管理有限公司98.8%的股权和1.2%的股权。本次拟购买长春华天酒店管理有限公司100%股权的价格为40 000万元，其中支付给长春吉安房地产开发有限公司的股权转让价款为39 520万元，支付给张晓明的股权转让价款为480万元。

华天酒店表示，通过本次交易，符合公司由湖南省逐步向全国中心城市酒店市场拓展的战略目标。

（资料来源：《中国证券网》2009年2月5日，记者：徐锐）

写作悟语：批复作为答复下级机关的请示事项时使用的文种，在具体使用中要认真对待。下级机关要严格按照批复内容执行，不得擅作主张。

文体实训

1. 阅读下面这份批复，指出存在的问题，并写出修改稿。

关于同意××市酒店行业自行车运动协会的批复

××市酒店行业自行车运动协会筹备组：

你们提出的关于要求成立××市酒店行业自行车运动协会的请示收悉。根据目前我市自行车运动发展情况，经研究，同意成立××市酒店行业自行车运动协会，并同意由谢辰、陈冰等同志为筹备组负责人。希望你们能认真履行协会《章程》，严格按照业务主管部门提出的具体要求和相关规定，自觉遵守国家法律法规，配合各级体育职能部门工作，共同为××市社会体育事业发展做出贡献。

二〇一〇年六月十二日

2. 以下作为批复的标题不正确的是哪一个，为什么？
   A. 中华全国总工会关于铁路工会经费上交和留用比例的批复
   B. ××省教委对《××学院关于建造学生宿舍楼的请示》的批复
   C. 国务院关于同意江苏省设立无锡市马山区给江苏省人民政府的批复
   D. 国务院关于江苏省设立无锡市马山区给江苏省人民政府的批复

第六节 条 例

范文示例

泰达大酒店人事管理条例

1. 凡新员工入职，必须凭本人身份证、学历证明书、一寸彩色近照三张，先交报名费30元，押金200元，方可办理有关手续（公关部人员、芬兰馆技工另定）。

2. 招工条件：年满十六周岁以上，初中以上文化程度，五官端正，身体健康，服务员女身高1.58米以上，男身高1.70米以上，迎宾1.65米左右，保安队员1.70米以上。

3. 培训期：凡新入职员工必须经过人事培训部培训，培训期一般为十五天（由人事培训部根据培训与部门需要确定），培训合格方可进入试用期，培训不合格者不予录用，培训期内一律享受培训期工资。

4. 试用期：凡新员工必须经过一个月试用工作（到职当月出勤天数超过二十天的，当月为试用期，不足二十天的，由到职之日至第二月底为试用期），试用合格者录用，由部门书面通知人事部办理手续转为正式员工，签订员工合同；不合格者，到人事部办理有关离职手续，如无违反酒店规章制度可退还押金。试用期一律享受试用期工资。

5. 员工每月实际出勤有27天的（31天的出勤按28天计）为全勤，可享受全勤奖。

6. 员工每月享受带薪假期三天，由部门每月根据实际情况安排，如无特殊情况不安排连休，月假不休不另算工薪。

7. 部长以上级员工休假需由部门至少提前一天报请人事部审批备案，否则作旷工处理。

8. 请假制度：员工请假十天以内的由部门批准执行，并作好考勤记录，请假十天以上的（含十天），部门同意后，务必报请人事部审批备案，部长以上员工十天以上（含十天），需由人事部报请总经理室审批后方有效，否则作旷工处理（工作时间未到半年一律不能请十天以上假期，工作良好的优秀员工除外），旷工一天扣二天工资，旷工三天作自动离职处理，不发放任何款项。

9. 调动与升职：凡员工调动或升职，必须由部门主管向人事部提出申请，清楚说明其本人工作状况与调动（升职）的理由，经批准由人事部通知其办理有关手续后方为有效（部长以上的调动与升职由人事部报请总经理室批准后执行）。

10. 凡经总经理室研究决定招收的员工，部门务必遵照配合接纳，凡因人事需要，经总经理室研究决定对员工的调动，部门务必遵照办理。

11. 辞职。

（1）员工辞职必须提前十五天递交辞职书，经部门经理批准后，送交人事部审批，辞职期以人事部批准之日为准（凡辞工期不够，一律不办理离职手续，若因特殊情况需办理离职手续的，不返还押金）。

（2）凡未够一年期，提出辞职的，经本部门和人事部批准后，可结算工资，不返还押金（平时工作良好，优秀员工除外）。

（3）合同员工依照合同规定办理。

12. 解雇或辞退员工，由部门向人事部提出申请，并注明解雇或辞退理由，由人事部查实后，下达解雇或辞退通知书。

13. 裁员：公司因特殊情况需要裁减的员工，离职结算时一律返还押金并补助七天工资（合同员工依照合同规定办理）。

14. 离职手续：员工的辞职得到批准，收到解雇或辞退通知书后，必须到有关部门交回公物，凭部门考勤表及有关交物单据，带上本人工卡、饭卡、宿舍锁匙、押金单，按规定的日期到人事部办理有关离职手续。逾期不办理者，不返还任何款项，交由保安部督促其离开酒店。人事部根据部门手续移交情况，给离职员工开具工资结算通知单，凭单到财务部结算工资。

15. 凡在办理离职手续时，未退交工卡、宿舍锁匙、饭卡其中任何一项物品者，不返还押金。

16. 如不服从酒店合理的人事安排及工作调动，或与部门闹个人情绪者，作自动离职处理，不结算工资，不返还押金。

17. 离职员工一旦办理离职手续，必须按人事部规定的日期离开酒店，否则由保安督促执行。

泰达大酒店
二〇〇五年五月一日

一、条例的含义

条例是企事业单位依照政策和法令而制定并发布的，针对政治、经济、文化等各个领域内的某些具体事项而作出的，比较全面系统、具有长期执行效力的法规性公文。

条例具有内容的法规性、时效的稳定性、制发的独特性等特点。条例在颁布前，可以有一个试行的阶段。经过试行以后，加以修改充实，作为正式文件颁布施行，成为在一定范围内具有法规性和约束力的文件。

二、条例的类型

条例按照其内容性质可以分为组织规章性条例、法律实施条例、行政管理条例。

三、条例的结构和写法

条例一般由标题、正文两部分组成。

（一）标题及题下标示

（1）标题。由制发机关、事由和文种类别（条例）组成，有的可省去发文机关，或在文种类别前加"暂行"等表示性质的限定词。如果标题中不标明发文机关，必须在正文之后增加落款，署上发文机关和日期。

（2）题下标示。主要标明会议通过或发布日期。

（二）正文

条例正文的写法，可分为总则、分则和附则来组织结构。

（1）总则。总则或相当于总则的部分，多有一段导入语，简要说明条例制发的目的、意义、法律依据、适用范围等。

（2）分则。分则是分章节或条目，分列条例的具体内容。

（3）附则。附则部分是对分则的补充说明，多用以说明条例的生效日期、适用对象、解释权限，以及与相关的法令政策的关系等。

条例正文有两种表达形式：一种是条款式，全文按序列排列；另一种是章条式，多用于内容庞杂的条例。

四、写作提示

（一）内容完备

制定目的、适用范围、主管部门、具体规范、奖惩办法和法律责任、施行日期等，属于必备的内容，不能遗漏。

（二）结构严谨

条例的章节条款前后顺序要有条理，要显现得纲目清楚，全用条文表达。法规性公文条文的层次，最多的可分章、节、条、款、项、目六级。

（三）语言准确简洁

条例在写作时要注意语义的准确性、单一性，防止产生歧义；语义界限要明确、清晰，不能模棱两可。

拓展阅读

条例的写作技巧

条例的写作必须符合国家法律法规，符合党的方针政策。制定条例时，要以维护国家、集体的根本利益为前提，所以在制定前，要充分进行调查研究，充分领会国家的有关政策精神和了解本地区、本单位的实际情况，不能有疏漏。

条例的种类很多，必须要有明确的权限。要注意条例的使用范围，不可越权制定。

条例的最大特点是分条列项，条目要从头贯穿到底，所以要注意结构严谨、条目清晰。凡经有关部门或会议肯定的，首先要把内容和事项搞清楚，抓住主要问题和基本精神，采取分章、分条、分款的办法，用简洁、准确、具体的文字，把内容一一表达清楚、明白，切不可模棱两可、含糊不清，更不能有遗漏，特别注意未经决定或有分歧的意见，一概不可写入条例中。

写作悟语： 条例往往带有很强的指导性，一般是由政府机关或者行业主管部门发布，从业者必须遵照执行。因而，在制定时要严谨准确。

文体实训

1. 方圆大酒店是一家刚刚组建的四星级酒店，很多规章制度都需要建立和完善。假设你是方圆大酒店的办公室秘书，请完成以下任务。
（1）起草一份酒店员工奖惩条例。
（2）起草一份酒店消防安全管理条例。
（3）起草一份酒店安全管理条例。
2. 广泛搜集酒店各类管理条例，分析其主要内容，并召开一次专题研讨会，比较不同酒店同类管理条例的差别。

第七节 规 定

**范文示例**

酒店考勤管理规定

第一条 考勤记录

1. 各部门实行点名考勤，月底由部门主管将考勤表交到财务部，负责统计考勤的人不得徇私舞弊。

2. 考勤表是财务部制定员工工资的重要依据。

第二条 考勤类别

1. 迟到。凡超过上班时间5～30分钟未到工作岗位者，视为迟到，将被扣罚5～30元。

2. 早退。凡未向主管领导请假，提前5～30分钟离开工作岗位者，视为早退，将被扣罚5～30元。

3. 旷工。凡属下列情形之一者均按旷工处理。

（1）迟到、早退，一次时间超过30分钟或当日迟到、早退时间累计超过30分钟者，按累计缺勤时间的2倍处理。超过2小时按旷工1天处理。

（2）未出具休假、事假证明者，按实际天数计算旷工。休假未经批准，逾期不返回工作单位者按实际天数计算旷工。

（3）轮班、调班不服从安排，强行自由休假者，按实际天数计算旷工。

（4）请假未经批准，擅自离岗者，按实际天数计算旷工。

（5）不服从工作安排，调动未到岗者，按实际天数计算旷工。

（6）不请假离岗者，按实际天数计算旷工。

（7）旷工采取3倍罚款办法。

4. 事假。员工因事请假，应提前填写请假条。事假实行无薪制度。准假权限如下。

（1）员工在8∶00～17∶00请假以小时为单位计算工资（如外出办事、回家等）。

（2）请假2天（含2天）以内由部门主管批准。

（3）请假3天（含3天）以上由部门主管签字报总经理审批。

（4）管理人员请假需报请总经理批准。

写作知识

一、规定的含义

规定是机关或部门对于某项工作或活动作出原则性的规范或约束的一种常用文体。规定是一种法规性文件，用以制定某项工作的实施细则或具体管理措施，属于下行公文。

二、规定的类型

根据内容的不同，规定可以分为政策性规定、管理性规定、实施性规定、补充性规定等几种类型。

三、规定的结构和写法

规定的结构包括标题、正文和签署三部分。

（一）标题

规定的标题，一般由发文机关、事由和文种类别组成。但有时也可省略标题中的发文机关，改为文尾签署。规定如属"暂行"性的，标题中要标明。

（二）正文

规定正文一般由原由、规范、说明三部分组成。不同类型的规定，其内容构成及具体写法也不尽相同。

（1）政策性规定。政策性规定着重于界限划分、明确范围、提出要求和惩处情况，解决"应当怎样"和"不应怎样"的问题。

（2）管理性规定。管理性规定侧重于规定管理原则、管理职责、质量标准、措施、办法、管理范围及要求。

（3）实施性规定。实施性规定写法和实施办法、实施细则大体类似。它侧重于对实施文件的有关事项作出规定，对原件条款作出解释，提出具体的实施意见。

（4）补充性规定。补充性规定主要就原件中某些提法不够明确、不够具体的方面加以明确，加以补充或解释，以便实施。

（三）签署

签署发文机关和日期。如标题中已标明发文机关，标题下已标明发文日期的，可省去这部分。

四、写作提示

在写作规定时要注意三个方面。

一是制作、使用者，主要是党的机关、行政机关及其部门。企业、事业单位也可以使用规定，主要用于制定单位有关方面管理工作的规章。

二是在内容构成上，规定一般用于对某项工作作出部分限定，往往涉及一些政策性、界限性的内容，因而限定性强。

三是在文种类属上，规定是党的机关文种之一，也是一种行政法规性公文，作为对国家法律的重要补充，也是企业、事业单位作为制定内部规章的主要文种。

拓展阅读

旅客酒店房间自缢　入住登记错误酒店有责

患有严重精神疾病的小奕，于2004年8月11日写下遗书后不知去向。其父母立即向公安机关报案并推测小奕可能去酒店投宿。随后，警方在某市旅客网上搜索，也没有小奕的住宿登记。几天后，小奕在一家酒店的客房内自缢身亡。经调查得知，小奕离家出走后，凭身份证复印件入住了该酒店，而酒店在登记时将小奕名字中的"奕"字错输为"弈"，导致警方无法在网上搜索到小奕的入住登记。小奕父母认为，由于酒店的不负责任，才导致他们无法及时找到寻求自杀的小奕，酒店应当对小奕的死亡承担一定的责任，因此要求酒店赔偿其各项损失共计34万余元。

法院经审理认为，根据该市旅馆业的相关行业规定，酒店须将当日旅客住宿状况及时登录到《旅客住宿登记簿》。酒店疏于谨慎执行规章规定，发生失误行为，属未尽到合理限度范围内的安全保障义务，一定程度上导致了小奕的死亡，与其死亡后果间有相当因果关系。综合酒店方的自身过错、事件的偶发性及酒店的经营等级等具体情节，法院酌定酒店承担10%的责任，赔偿丧葬费1 219元、死亡赔偿金33 366元，共计34 585元。

写作悟语： 规定作为一种法规性公文，是要求从业者遵照执行的，在具体应用中带有一定的强制性。

文体实训

1. "麒麟大酒店对学徒工转正后关于工资问题的规定"这个文件的标题正确吗？应该怎么改？请帮助其拟定正确的标题。
2. 假设你是东方大酒店的一名客房部经理，请你拟写一份《酒店客房安全管理规定》。
3. 搜集不同酒店关于同一工作的管理规定，分析其异同。

第八节 办 法

范文示例

酒店办公用品管理办法

为了保障酒店工作的正常进行，控制办公用品的采购和使用，实现规范管理，特制定办公用品管理办法如下。

第一条 办公用品的范围

1. 按期发放类：稿纸本、笔类、记事本、胶水、曲别针、大头针、订书钉等。
2. 按需计划类：打印机碳粉、墨盒、文件夹、档案袋、印台、印台油、订书器、电池、计算器、复写纸、软盘、支票夹等。
3. 集中管理使用类：办公设备耗材。

第二条 办公用品的采购

根据各部门的申请，库房结合办公用品的使用情况，由保管员提出申购单，交主管会计审核，交总经理批准。

第三条　办公用品的发放
1. 员工入职时每人发放圆珠笔1支，笔芯以旧换新。
2. 每个部门每月发放1本稿纸。
3. 部门负责人每人半年发放1本记事本，员工3个月发放1本记事本。
4. 胶水和订书钉、曲别针、大头针等按需领用，不得浪费。
5. 办公用打印纸、墨盒、碳粉等需节约使用，按需领用。

一、办法的含义

办法是国家机关、社会团体、企事业单位用于对某项工作或活动的进行作出具体规定的文件。其目的明确，要求具体，具有较强的行政约束力。

二、办法的类型

办法一般可以分为实施法律、条例和计划的办法，实施行政管理的办法两种。

三、办法的结构和写法

办法的结构由标题（包括题下标示）、正文两部分构成。

（一）标题及题下标示

办法的标题一般由发文机关、事由和文种构成，也有省略发文机关的。如果是试行或暂行，在标题中要写明。属会议通过或需标明发布日期的，可在标题下加括号注明。也有的在题下标示中同时标明发文机关，但这时不能再在标题或落款中有发文机关重复出现。

（二）正文

（1）内容复杂的办法，可采用总则、分则、附则式写法。

总则写明制定办法的目的、依据、意义、适用范围、实施部门等；分则列出具体的方法、步骤、措施、要求等，可分若干章展开；附则用来写特殊规定、补充规定和生效时间。

（2）内容简单的办法，直接分条即可。前若干条写目的、依据、宗旨等，中间较多的条款写方法、步骤、措施等，最后一两条写补充规定和实施要求。

四、写作提示

办法和条例、规定是比较近似的文种。它们都有法规性，分章列条的外部形式也比较接近。它们之间的区别体现在以下方面。

条例的制作单位级别高，意义重大，内容全面、系统、有原则。规定的制作单位没有条例那么严格，内容比较局部化，方法、步骤、措施比较详细。而办法由分管某方面工作的职能部门制定，内容更为具体。但这些区别不是绝对的，彼此之间的界限很难划分清楚。

拓展阅读

浅谈对客人服务的人性化与制度化

案例一

某酒店8032房间只登记了一位客人——程先生，而实际上程先生携带一女子住在房内。两天后的早上9:30，服务员小刘看见程先生和其女友准备下楼用早餐，小刘礼貌地为客人送梯。约15分钟后，其女友匆匆返回楼层，要求小刘为她开门帮房主程先生拿电脑下楼，并详细告知客人的姓名、证件名称、手提电脑的位置。服务员基于该女子已入住了两三天时间，且各方面的资料均吻合的情况，没有进一步要求其取得房主同意便开了门。下午17:00多程先生返店发现电脑和其他一些物品不见了，追问酒店的责任。问：为什么未经房主的许可给其开门？并报案要求索赔。

我们先站在员工的角度来分析这个案例。程先生和该女子已住了两天，客人又没有特别的说明，小刘便以为该女子是和他一起的，并认为如果万一没有给她开门，造成投诉：为什么住了这么长时间还不认识客人？而程先生认为：登记的房主只有一位，且在房主没有主动授权的情况下，就只应该给房主开门，因酒店工作人员未遵守制度造成的损失应由酒店承担。

以上分析似乎都有各自的道理，但站在管理的角度看，在对客人服务过程中，当制度化和人性化的服务相冲突时，我们首先应当遵循制度化的原则，耐心地向客人解释，告诉客人我们是站在他们的角度着想的。这样做最终会取得客人的谅解。又或是总台在入住登记时也可委婉地提醒客人做一张房卡还是两张房卡。

案例二

林先生在某酒店18楼已经入住了一个星期，他每天早出晚归，不苟言笑，忙忙碌碌的。服务员小袁是个热情细心的姑娘，这天早上她在做卫生时发现客人将换下的衣裤放在面盆旁边，小袁心想客人肯定忙，没时间洗，不如我来帮帮他……晚上林先生回房后发现他的衣服被洗了，大发雷霆，质问服务员为什么没有经过他的允许擅自动他的物品。原想是做了一件好事会得到客人表扬的小袁，此时已委屈得眼泪汪汪了……

我们再来分析一下：每个客人性格是不一样的，这就要求服务人员提供的服务也是不一样的。有的客人喜欢热情主动，希望服务员能帮助客人排忧解难；有的客人则讲究隐私性，不喜欢和服务员过分地寒暄。针对前一种客人，服务是很好开展的，那么对于第二种客人提供服务的前提是严格按规定的程序操作，未经客人允许不得随意动客人物品。如果经过细心观察，发现客人有可能要求服务人员主动服务时，可事先征询客人意见，切不可鲁莽行事。

对客人服务是一门艺术，是一门学问。在讲究个性化、人性化服务的时候千万不能忽略这个底线：要严格按服务的基本程序操作，只有在基本程序到位的前提下，才能尽可能地提供更细腻与温情的服务。这就要求服务人员细心观察、用心揣摩，不同的客人有不同的服务需求，而不是千篇一律，这朵服务的艺术之花才会开得那么纯粹，沁人心脾。

（资料来源：http://www.hoteljob.cn/a/20080428/9583856.shtml，略有删改）

写作悟语：办法作为规章制度的一种，在现实生活中起着约束人们言行的重要作用，一经出台，就要求严格执行，不能出现偏差。

文体实训

1. 下面是一家酒店的管理办法，认真阅读，分析指出其不当之处。

关于私藏客人酒水、烟的处罚办法

为避免员工私留客人酒水、烟等而导致客人不满、投诉现象发生，使剩余酒水物有所用，去向明确，特制定本处罚办法如下。

第一条 营业中、营业后所有未开启酒水（包括白酒、果酒、饮料、啤酒等）必须主动为客人退掉，并报告领班。

第二条 已开启的剩余白酒按照酒水档次进行归类，由吧台统一登记，保存使用。

第三条 对上述规定有违反者按以下条款进行处罚。

① 私留酒水按售价进行处罚。

② 私留客人招待用烟按照售价的2倍进行罚款。

2. 搜集几家酒店的房间管理办法、低值易耗品管理办法、现金及流动资金管理办法等，比较其差异。

第三章 酒店事务文书写作

第一节 计　　划

范文示例

酒店下半年工作计划

按照总公司7月份工作会议精神及指示，我店结合实际情况，在下半年将围绕以下几个方面展开工作。

一、保安全，促经营

在当前形势下，为了保证酒店的各项工作能正常进行，经营不受任何政策性的影响，酒店将严格按照要求办事。首先要求前台接待处把好登记关、上传关，按照市公安局及辖区派出所的规定对每位入住的客人进行入住登记，并将资料输入电脑，认真执行公安局下发的其他各项通知。其次，对全员强化各项安全应急知识的培训，做到外松内紧，不给客人带来任何感官上的紧张感和不安全感。在食品安全上，出台了一系列的安全卫生要求和规定，以及有关食品卫生安全的应急程序，保证奥运期间不发生一起中毒事件；在治安方面，夜间增岗添兵，增加巡查次数，对可疑人、可疑物做到详细询问和登记。

二、抓培训，提素质

业务知识与服务技巧体现一个酒店的管理水平，要想将业务知识与服务技巧保持在一定水平之上，培训必不可少。如果培训工作不跟上，新老员工的更新又快，将很容易导致员工对工作缺乏热情与业务水平下降，特别是对一个经营六年的企业来说，这会直接影响到其品牌。下半年度的员工培训将以总公司及酒店的发展和岗位需求为目标，提高员工认识培训工作的重要性，积极引导员工自觉学习，磨砺技能，增强竞争岗位投身下一步企业各项改革的自信心。我们要培养一支服务优质、技能有特色的高素质员工队伍，稳固企业在秦皇岛市场中的良好口碑和社会效益。达到从标准化服务到人性化服务再到感动性服务的逐步升华。为此，酒店计划每月进行一次必要的培训，培训方式主要是偏向授课与现场模拟方法。

三、坚持创新，培养创新意识

创新是酒店生存的动力和灵魂，有创新才有活力和生机，有创新才能感受到酒店成长的乐趣。在目前对酒店产品、营销手段大胆创新的基础上，在新的市场形势下，要大力培养全员创新意识，加大创新举措，对陈旧落后的体制要进行创新，对硬件及软件产品要进行创新，对营销方式、目标市场的选择也要创新。再进一步开展创新活动，让酒店在创新中得到不断的进步与发展。例如酒店马上要举行的出品装盘比赛，目的就是让厨师从思想上懂得什么叫艺术装盘的同时又节约了成本，提高了菜肴的整体档次。在保证眼下推出的"5515"基础上，还要创新出很多类似的卖点和思路，进一步走在市场的最前列，影响市场。

四、严格成本控制，加强细化核算

控制各项成本支出，就是增收创收。因此，今年下半年酒店将加强成本控制力度，对各部门的各项成本支出进行细分管理，由原来的每月进行的盘点物资改为每周盘点一次。对各项消耗品的使用提出改进意见和建议，从而强化员工的成本控制意识，真正做好酒店各项成本控制工作。

五、加强设备设施维修，稳定星级服务

酒店经历了6年的风风雨雨，硬件设施也跟着陈旧、老化，面对竞争很激烈的市场，也可说是任重道远。酒店时常因为工程问题影响对客人的正常服务，加上客租频率高，维保不及时，造成设施设备维修量增大。高档次的客人会随着市场上装修新颖、豪华酒店的出现而流失一部分。为此，酒店在有计划地考虑年底更换客房、餐厅部分区域地毯，部分木制装饰喷漆和局部粉刷。尽可能地为酒店争取住客率，提高酒店的经济效益。

希望全体员工认真工作，认真执行任务，争取完成下半年的工作任务，把酒店的各项业务水平提高到一个新高度。

（资料来源：http://www.027art.com/fanwen/xiabannian/380320.html，略有删改）

一、计划的含义

计划是某一单位、部门或个人，对预计在一定时期内所做工作或所完成任务加以书面化、条理化和具体化的一种文书。

计划具有预想性、可行性、针对性和指导性等特点。

二、计划的类型

按照不同的分类标准，计划可以分为多种类型。

（1）按内容分，有学习计划、工作计划、教学计划、生产计划、科研计划、财务计划、销售计划等。

（2）按时限分，有长期计划（一般指10年以上的计划）、中期计划（一般指5年以上的计划）、短期计划，如年度计划、季度计划、月份计划、学年计划、学期计划等。

（3）按范围分，有国家计划、地区计划、单位计划、部门计划、班组计划、个人计划等。

（4）按指挥性强弱分，有指令性计划、指导性计划。

（5）按形式分，有条文式计划、表格式计划、条文表格式计划。

（6）按计划时间和内容要求的不同，有规划、设想、安排、要点、方案等。

① 规划。指带有全局性、方向性的宏观方面的计划，时间较长，是计划中最宏大的一种。从时间上说，一般都要在三五年以上；从范围上说，大都是全局性工作或涉及面较广的重要工作项目；从内容和写法上说，往往是粗线条的，比较概括等。

② 设想。一种初步的、粗线条的、时间长而又非正式的计划，是计划中最粗略的一种。在内容上是初步的，多是不太成熟的想法；在写法上是概括地、粗线条地勾勒。但时间不一定都是远的，范围也不一定都是宏大的。一般说来，时间长远些的称"设想"；范围较广泛的称为"构想"；时间不太长、范围也不太大的则称为"思路"或"打算"。设想是为制定某些规划、计划作出准备，是一些初步想法。

③ 安排。时间较短，内容较单一、具体。安排是计划中最为具体的一种格式，由于其工作比较确切、单一，不作具体安排就不能达到目的，所以其内容要写得详细一些，这样容易使人把握。

④ 要点。领导机关向所属单位布置一个阶段或一项重要工作时，交待有关政策，提出具体要求，比较简明、概括。要点是计划的摘要，即经过整理，把主要内容摘出来的计划。一般以文件下发的计划都采用"要点"的形式。

⑤ 方案。非常具体、成熟的计划，是计划中内容最为复杂的一种。由于一些具有某种职能的具体工作比较复杂，不作全面部署不足以说明问题，因而公文内容构成势必烦琐一些，一般有指导思想、主要目标、工作重点、实施步骤、政策措施、具体要求等项目。如《××酒店五年发展规划总体方案》。

三、计划的结构和写法

（一）标题

标题一般由单位名称、时限、事由、文种四个要素组成，如《××酒店2012年度工作计划》、《××公司2011年工作计划》。

（二）正文

正文由前言、主体、结尾三部分组成。

（1）前言。简要地表达制订计划的背景、指导思想、根据、目的、意义等，对本单位或个人的基本情况进行分析，也可对前一段的工作进行概括总结和评价。

（2）主体。这部分是全文的核心部分，要提出工作的具体任务、具体目标、要求、方法、措施，明确先做什么，后做什么，怎样去做，做到什么程度，由谁负责，什么时间完成，完成各项任务的措施、方法等。可以用序码和小标题分层次和条款，使整个脉络清晰、有条理。

（3）结尾。可以明确工作重点和执行要求、展望未来、发出简短的号召，也可以不写专门的结尾，在主体部分后结束全文。

（三）落款

写明制订计划的单位名称和制订计划的时间，如果标题中已经注明，可以不再写，一般可在标题下括号内注明具体的制文时间。

四、写作提示

（一）顾大局，可操作

制订计划要符合上级的政策、指示和相关要求，同时结合自身实际，目标明确，具体的方法、步骤具有可操作性。

（二）留有余地

计划是事先制订的，具体实施受客观条件的制约，而客观条件是处在不断变化之中的，还有一些潜在因素无法预见。因此，计划中提出的目标、要求、任务不能过高或过低，要有一定的弹性，这样的计划才科学、可行。

（三）语言精练，表达准确

计划的制订者和实施者大都是分离的，需要互相协作才能完成。因此，计划中的任务、措施、办法、步骤都要明确具体。涉及质量、数量、完成时限、协作等要求时，要准确表达，便于执行和及时检查。

拓展阅读

酒店营销战略计划与前厅推销语言技巧

战略计划主要是指酒店的长期计划，它要解决企业未来3～5年的发展目标和经营战略。营销战略计划必须包括计划概要、企业现状分析、机会和威胁的分析、目标和问题、制订的营销方案。

一、计划概要

营销战略计划概要通过简单的描述与说明，将计划的目标、主要内容，以及实现的手段、营销措施，昭示给计划的使用者。它是营销战略计划的纲要，让使用者能迅速掌握计划的核心与要点。

二、酒店现状的分析

在战略计划中，这一部分的内容是非常重要的，通过对饭店现状的分析，能充分认识自己，认识市场和竞争者。只有做到知己知彼，才能为下一步找出有利或不利的因素打下基础。

（一）酒店内部现状分析

（1）资金分析。通过分析酒店资金投放的方向是否合理，以及今后几年内将有多少流动资金用来扩大与发展酒店。通过这样的资金分析将为制订方案提供依据。

（2）员工素质分析。酒店现有员工的服务技能、专业知识、礼节、礼貌是否已经达到了酒店服务的标准要求，员工素质中存在哪些需要解决的问题。通过对员工素质的分析，能找出酒店服务质量与同行的差距，与星级标准的差距，以便更好地提高服务质量。

（3）硬件分析。酒店的有形设施包括本身的建筑、内部与装修，是否高于竞争者或是在品味上高于竞争者。如果不是，则需要进一步更新，以增加客源吸引力，刺激其消费。

（二）市场与宏观环境分析

（1）有形设施和无形服务是否符合市场需求。根据美国《饭店工业杂志》报道，未来的餐旅业、商业旅游、会议餐旅、政府团体会议将会增多。那么，面对市场这一变化，作为酒店就必须分析酒店硬件设施是否具备了召开国际大型商会的场所，是否可以提供现代的会议厅，现代通信设备与电脑信息系统是否完备，等等。从中可以确定我们需要改建和增加哪些具体项目。为了满足客人的享受心理，我们提供的无形服务是星级服务吗？

（2）销售能力与销售渠道分析。酒店销售人员是否具有很好的销售能力，销售渠道是否正确，竞争对手的销售能力是否很强大。通过这样的分析能看出不足之处。

（3）竞争形势分析。饭店应确立谁是主要竞争对手，并详细收集、分析和评价对方。详细分析竞争对手的规模实力、市场份额、服务标准与范围、定价促销等营销策略等。从中判明，竞争对手对我们可能构成的威胁与影响，以及将会为我们提供怎样的机会。

（4）宏观环境分析。这主要是研究人口、经济、技术、法律、社会文化的变化发展过程，对酒店会产生怎样的影响。

三、机会和威胁分析

在市场营销中，机会与威胁是饭店不可控制的，它是对酒店发展造成有利或者不利的外部环境因素。机会是指因环境变动而产生的，给酒店市场营销带来或可能带来的有利条件和时机。威胁是指环境中某些因素的变化给酒店市场营销造成或可能造成的压力和危害。

（1）科学分析营销机会。很多酒店经理都不断地思考：面对竞争对手，我们有哪些优势？面对市场我们又可以争取到哪些营销机会呢？

（2）科学分析营销威胁。尽管经营威胁是任何一个酒店都尽力回避的，但市场竞争中，威胁总是现实的、存在的。我们必须正确认识威胁并积极采取措施。在饭店制订战略计划中，对机会与威胁的分析是十分关键的。

四、目标和问题分析

目标是一个饭店在一定时期内经营发展的方向，制订战略计划时应详细分析以下方面。

（1）财务目标。要确立总销售额度，并使酒店全体职工了解本酒店经济指标。

（2）营销目标。酒店的财务目标，都必须转化为具体的营销目标。为实现营销目标，我们必须确定：如何提高服务质量？是否有必要开拓新的服务项目？内容是什么？如何定价？我们怎样扩大市场份额？采取何种形式来实现？

（3）问题分析。根据营销威胁的分析，积极发现问题，解决问题。

五、制订营销方案

营销方案是指企业在今后数年内特别是下一年将采用的各种营销策略。确定目标后，营销经理就必须考虑制订实现目标的相应营销方案。作为营销方案，需要解决以下两个问题。

（1）针对目标制定营销策略，并予简要说明。例如酒店的目标客人、市场定位、服务价格、广告和促销、服务项目等问题的策略。酒店的市场营销策略多种多样，如产品策略、价格策略、分销策略、促销策略等。

（2）营销方案是营销目标的进一步具体化，它必须非常具体地规定出实现目标。各部门该做些什么，什么时候去做，何人去负责。只有这样才能保证计划的执行反馈和控制，此外，还应设立行动日程使任务更加具体化。

（资料来源：http://www.canyin168.com/glyy/yxch/ppyx/201104/29388.html，略有删改）

写作悟语：很多情况下，计划总是要比实际完成的结果理想化一些。因此，我们要结合自己的实际来制订计划。计划一旦确定，不能拖延滞后，而应积极推进，确保顺利完成。

文体实训

一、阅读下文，并进行修改。

客房部周工作计划

对于上周工作现做以下几点总结：

1. 员工的心态调整问题。由于开业前工程改进问题比较多，员工的工作量相对比较少，致使员工形成一种散漫的心态，在开业以后大部分的员工心态还未能及时调整过来。

2. 客房的卫生质量。经过这一周的检查，发现客房质量还存在一些细节问题，影响了整个客房的质量。

3. 做房的流程。在跟进做房时发现员工没有严格的按照客房的工作流程进行，使得员工在时间和体力上都比较消耗。

4. 工作车上物品的摆放及工具的清洁。发现员工的工作车上物品摆放没有按照标准进行摆放，如，无干湿抹布的区分；在下班后没有及时对工作车上的工具进行清洗。

针对上周工作中出现的不足，现对本周进行计划：

1. 尽量做好与员工之间的沟通与交流，帮助员工调整好心态，使员工尽快投入到工作中去。

2. 加强对员工的岗位培训，严格按照客房的卫生标准进行做房。

3. 继续跟进做房，发现问题及时与员工进行沟通讨论，严格按照客房的工作流程进行工作。

4. 随时检查员工的工作车整理及物品摆放，下班后检查工具的清洗及摆放。

总结以上问题及计划主要还是由于对员工的岗位培训不到位，现如今入住率不是很高，所以本周主要是对员工在工作流程及客房标准进行培训。

二、2月14日是情人节，如果你是一家西餐厅企划部的部长，你将会举行怎样的活动？请写出你的活动方案。要求：内容具体，具有可行性。

第二节 总　　结

范文示例

酒店客房部上半年工作总结

本酒店客房部上半年以来，紧紧围绕酒店的大纲和部门要求，在上级领导的指导帮助下完成了各项工作。现将上半年的工作总结如下。

一、培训方面

1. 每月完成两个SOP（stardard operation procedure，标准作业程序）流程的学习和考核，岗位统一组织员工进行培训，各班组分管领班对班组员工进行强化考核，增强了员工的业务技能，提升了员工的素质和专业水平。

2. 集团明查应知应会知识的培训和考核，根据部门的要求制订了培训计划表，安排员工根据计划表的进度进行学习，班组再进行考核。

3. 针对工作中存在的不足，安排专题培训。暗访中发现物品摆放不规范的情况，由领班组织员工进行现场培训和指导；针对一段时间以来遗留物品较多的问题，安排员工进行查房培训，指导员工发现查房中容易忽略的盲点。

二、管理方面

1. 上半年以来住客率高，特别是在三四月份，为了克服人员严重不足的困难，全员加班加点，互帮互助，完成卫生的清扫和各项对客服务工作。岗位领班缺编，导致分管区域过大，影响了管控的质量。从四月份开始，将7～9三个楼层划分给柯林公司协助检查和把控，减少了领班的工作量。配合以来，卫生质量和个性化服务均较稳定。

2. 上半年总体服务质量较稳定，1～5月的集团问卷均超出部门考核指标，并且各个月的宾调分数也较稳定，没有出现大起大落的情况；在密函和网评上均能体现我们优秀的服务，获得了宾客一致好评。特别是在今年，网络散客的入住量大幅上升，对我们来说有较大的压力，特别是8号楼的整体硬件水平不足，我们通过各项个性化服务提高了宾客的满意度，赢得了良好的口碑。在2月和5月，8号楼客房岗和8号楼房务接待岗获得了酒店优秀服务团队的称号，这是对我们服务质量的肯定。

3. 专项计划卫生的开展，对房间的卫生死角起补台的作用。针对上半年以来的卫生质量下降及由于人员不足导致各项计划卫生无法开展的情况，岗位制订了专项计划——卫生计划，要求每位员工在完成本身工作量的同时，还要完成一间的专项计划，虽然一开始遇到了一些的阻力，但是通过不断的宣导，最终还是得到了各位员工的理解。

三、接待服务方面

（1）顺利完成各个黄金周的接待工作，各个岗位密切配合，根据预案做好跟进，均完成了各项考核指标，基本实现了服务质量"零"投诉，安全事故"零"发生，同时也积累了一定的黄金周接待经验。

（2）5月以来福—厦动车的开通，给我们带来了较大的客流。通过一段时间的接待工作，岗位针对动车客户梳理并制定了一份动车客户接待小结和思路，为下阶段的工作提供了指导。

（3）政府管家服务的有效跟进。上半年以来岗位派出了多批次的管家对VIP客人及团组进行跟进，取得了良好的口碑。各位管家在做好接待工作的同时积极推销酒店的房餐和其他卖品，增加了收入，同时积极协助酒店会议管家做好会议助手管家的工作，完成了各批次的会议接待工作。

客房部在取得成绩的同时，工作上也存在一定的不足。第一，人员不足，员工工作量大，使员工存在一定的怨言和误解，在工作量安排上存在一定压力。第二，培训效果不尽如人意，二级SOP流程考核成绩不稳定，员工接受度不高，同时也存在班组跟进不到位的问题。第三，员工的个性化服务还是处于被动状态，需要管理者的督导和检查，检查时发现没有做的情况屡次发生。针对上半年存在的问题进行以下思路的调整：首先是着重加强质检的奖惩力度；其次是继续做好专项计划卫生的跟进检查，提高专项计划卫生的质量；最后是做好人员的补充和培训，后备人才的提拔和培养，缓解人员压力。

（资料来源：http://wenku.baidu.com/view/6425c34a2b160b4e767fcf87.html）

写作知识

一、总结的含义

总结是指对过去一段时间里自身实践活动所作的回顾和评价，就是把某一时期已经做过的工作，进行一次全面系统的总检查、总评价，进行一次具体的总分析、总研究，看看取得了哪些成绩，存在哪些缺点和不足，有什么经验。

总结具有实践性和理论性的特点。

二、总结的类型

根据不同的划分方法，总结可以分为不同的类型。按内容分，有工作总结、生产总结、学习总结、科研总结、经营总结、会议总结等。按工作参与的范畴分，有个人总结、单位总结、部门总结、各级政府总结等。按时间分，有年度总结、季度总结、月份总结、阶段总结、周小结、日小结等。按性质分，有综合性总结、专题总结。以下简要介绍后两种。

（1）综合性总结。又称全面总结，是单位、部门对一定时限内所做的各方面工作进行的综合性的分析、总结，是全方位、多角度、深层次的总结。它反映的是工作的全貌，内容包括基本情况、过程、成绩、经验、缺点、教训等诸多方面。

（2）专题性总结。专题性总结是就某方面的单项工作进行的总结。这类总结内容集中单一、重点突出、针对性强，偏重于总结经验，有一定的思想深度。

三、总结的结构和写法

(一)标题

总结的标题常见的有以下 3 种形式。

(1)公文式标题。由单位名称、时限、事由、文种构成,如《××酒店关于 2011 年度的工作总结》。这种标题多用于综合性总结。

(2)文章式标题。即概括文章的内容或基本观点的标题。标题中不出现文种"总结"两字。这种标题一般用于专题总结,如《股份制使酒店走上成功之路》。

(3)双标题。这种标题的正题揭示主题或概括经验体会,副题标明单位、时限、事由和文种等,如《一本书一页纸一句话——××酒店职业技能考证学习方法浅谈》。

(二)正文

总结的正文有其特定的内容。

(1)开头。开头又称前言,要求概述基本情况,通常简述工作或任务是在什么形势下,遵循什么思想或方针完成的,有哪些主要成绩,存在哪些主要问题。介绍时要有所侧重,或重在单位基本情况,或重在指出成绩。不论哪种形式,前言都要开门见山,简明扼要、紧扣中心、统领全文、有吸引力。

(2)主体。主体主要包括以下方面。

① 基本做法、成绩和经验。多数总结把这部分内容作为重点。要写明在什么思想指导下,做了哪些工作,采取了哪些措施,取得了哪些成绩,其主客观原因是什么,有哪些体会等。成绩、做法是基础材料,经验体会是重点。要点面结合、重点突出、数据具体,具有较强的说服力。切忌面面俱到、不分主次,或者写成流水账。

② 问题与教训。要求以一分为二的观点看问题,写出工作中存在的问题与不足,并分析其主客观原因,及由此得出的教训等。不同的总结,可以有不同的侧重。如果是着重反映问题的总结,就要把这部分作为重点来写;如果是典型经验总结,或者工作中确无大的失误,这部分就不必写。也可以把这部分内容合并到"努力方向"中去写,如果是常规工作总结,就要概括写存在的主要问题。

③ 今后的工作和努力的方向。这部分内容要写得简单明了。

(三)落款

在正文右下方署上单位名称,名称下面标明时间。如果单位名称已署在标题下面,则可省略单位名称。

四、写作提示

(一)要坚持实事求是的原则

实事求是,一切从实际出发,这是总结写作的基本原则,但在总结写作实践中,违反这一原则的情况却屡见不鲜。有人认为"三分工作七分吹",在总结中夸大成绩,隐瞒缺点,"报喜不报忧"。这种弄虚作假、浮夸邀功的坏作风,对单位、对国家、对事业、对个人都没有任何益处,必须坚决防止。

(二)要注意共性、把握个性

总结很容易写得千篇一律、缺乏个性。当然,总结不是文学作品,无须刻意追求个性特色,但千部一腔的文章是不会有独到价值的,因而也是不受人欢迎的。要写出个性,总结就要有独到的发现、独到的体会、新鲜的角度、新颖的材料。

(三) 要详略得当,突出重点

有人写总结总想把一切成绩都写进去,不肯舍弃所有的正面材料,结果文章写得臃肿拖沓,没有重点,不能给人留下深刻印象。总结的选材不求全贪多、主次不分,要根据实际情况和总结的目的,把那些既能显示本单位、本地区特点,又有一定普遍性的材料作为重点选用,写得详细、具体。而一般性的材料则要略写或舍弃。

拓展阅读

年终总结的"六脉神剑"

庞大的年终总结需求使各类"网上代写"定制服务悄然走红,生意异常火爆。例如,在百度上"代写年终总结"相关链接达47万多条,其中还不乏专业的代写网站和淘宝网(微博)店。在淘宝网上,尽管价格不菲,代写业务的销量却一路攀升,销量排名靠前的10家网店最近一个月的成交量都在100单以上。但已经购买该服务的消费者纷纷反映"内容一般"、"还得自己亲手改"。既然网上的资料终不尽如人意,那么,我们倒不如掌握年终总结的写法,自己动手,丰衣足食。以下就是书写年终总结的"六要点",姑且称之为年终总结的"六脉神剑"吧。

(1) 要充分认识到总结的要义。总结是最好的老师,没有总结就没有进步,总结是一面镜子,通过总结可以全面地对自己的成绩与教训、长处与不足、困难与机遇进行客观评判,为下一步工作理清思路,明确目标,制定措施,提供参考和保障。所以总结不仅仅是给领导看的,更是对自己进行的全方位剖析。

(2) 对一年来工作的回顾,对一年来各项工作的完成情况进行总结,全面总结成绩。各项计划完成了多少、销售指标(销量、销售额、回款、利润)完成情况,与去年同期相比各项任务是否有增长。如果作为团队领导还要总结团队建设、培训学习等方面的内容。

(3) 分析取得成绩的原因。没有人会随随便便成功,每一个成功的后面都是付出的艰辛努力。认真分析取得成绩的原因,总结经验,并使之得以传承,是实现工作业绩持续提升的前提和基础。

(4) 分析导致工作目标没有达成的失误和问题。人贵有自知之明,年度总结并不是要总结得形势一片大好,必须认真客观地分析在工作中的失误和存在的问题。通过分析问题,查找原因,认识不足,不断改进和提高,实现工作质量的持续提高,反思自己为什么没有进步。一般来说工作中往往会存在以下失误和问题。

① 主观认识不足,思想不够高度重视。
② 自身没有远大理想与目标,对自己不能严格要求,对下属和自己过于放任。
③ 计划制订得不合理,脱离客观实际。
④ 对计划的分解不到位,执行和过程监控不到位。

⑤ 对竞争对手的跟踪分析不深入,对市场的反应滞后。
⑥ 团队管理能力差、个体成员素质差,不能胜任工作的要求。

(5) 对当前形势的展望与分析。总结不仅要回顾过去,还要展望未来。要对当前的形势现状与未来的发展进行客观深入的分析。

① 外界宏观与微观环境分析。行业发展现状与发展、竞争对手现状与动向预测、区域市场现状与发展、渠道组织与关系现状、消费者的满意度和忠诚度总体评价。

② 内部环境分析。企业的战略正确性和明晰性,企业在产品、价格、促销、品牌等资源方面的匹配程度。

③ 自身现状分析。自身的目标与定位、工作思路和理念、个人素质方面的优势与差距。通过对现状与未来的客观分析,能够更加清楚所面临的困难和机遇。从而对困难有清醒的认识和深刻的分析,找到解决困难的方法,对机遇有较强的洞察力,及早做好抢抓机遇的各项准备。

(6) 下一年度工作计划与安排。总结上年工作当然是年度总结的重点,但更好地筹划和安排下一年工作才是总结的目的,所以下一年度工作计划和安排同等重要。

① 明确工作的主要思路。战略决定命运,思路决定出路,良好的业绩必须要有清楚正确的思路的支撑。否则人就变成了无头苍蝇,偏离了方向和轨道,就会越走越远。

② 新一年度工作的具体目标。
③ 完成计划的具体方案。

(资料来源:http://info.tjkx.com/detail/876055.htm,略有删改)

写作悟语:一份好的工作总结往往会给工作成绩锦上添花。年终总结做不好,即使业绩做得再好,恐怕也会使公司领导的评价大打折扣。因此,要重视总结的写作,做好各项总结。

文体实训

1. 阅读下文,指出不当之处,并进行修改。

酒店培训工作总结

今年,部门在员工的培训上也下了很大的功夫。

(1) 部门每周两次岗位英语的培训,使员工熟练地掌握一些日常用语,激发员工对英语学习的兴趣。

(2) 多名领班以上人员参加了中饭公司举办的"斯坦福"英语的培训。

(3) 4月请韩万国先生对部门所有员工进行了一次"如何提高服务质量"的培训,使每位员工对自己从事的工作有了新的感悟。

(4) 洗衣部组织员工参观其他兄弟酒店，把别人好的东西学习借鉴过来，运用到我们的实际工作中去，取得了不错的效果。

(5) 部门每月定期举办业务知识的专项培训。

(6) 洗衣部客衣组的员工每周利用午休时间请培训部的老师结合实际工作，进行英语培训，取得了初步的效果。

2. 针对本章第一节个人所写的情人节活动方案，写一篇总结。

第三节 应急预案

酒店突发事件应急预案

一、目的和依据

本着在发生突发事件时酒店能及时、有效地组织救援，把损失减少到最小的目的，根据《中华人民共和国突发事件应对法》和有关部门的要求，结合酒店实际情况，拟定本预案。

二、机构设置

为了保证本预案的实施，把责任落实到各责任人，特成立突发事件应急处置小组，小组的成员构成参照酒店安全管理委员会现有模式。

1. 小组成员名单

组　　长：总经理

副组长：副总经理

成　　员：总经理助理兼财务总监、总经理助理、餐饮总监、综合管理部经理、前厅部经理、房务部经理、安保部经理、工程部经理

2. 小组各成员职责

组　　长：负责突发事件应急处置小组的组织、指挥、协调。

副组长：负责突发事件应急措施落实情况的检查、指导。

成　　员：负责所辖部门应急措施的落实、组织救援和善后处置，协助小组处置各类突发事件。

三、突发事件的范围

1. 治安：抢劫、绑架、斗殴、凶杀、自然死亡、坠楼、恐怖活动。

2. 消防：火灾、技防失效。

3. 自然灾害：水灾、雷击、暴风、地震。

4. 食品卫生：中毒。

四、突发事件应急措施

（一）治安

1. 抢劫案件应急措施（略）
2. 绑架人质案件应急措施（略）
3. 斗殴案件应急措施（略）
4. 凶杀、自然死亡、坠楼案件应急措施（略）
5. 恐怖活动案件应急措施（略）

（二）消防

1. 火灾应急措施（略）
2. 技防失效应急措施（略）

（三）自然灾害应急措施（略）

（四）食品卫生中毒事件应急措施

1. 在酒店内发现任何人有中毒症状，无论是误服或故意服毒，应立即报警，并向总经理汇报。
2. 由大堂副理拨打急救中心电话"120"呼救，等待医务人员救援。
3. 经警方同意后查看中毒者证件等物品，由警方通知中毒者的单位或亲友。
4. 保护中毒者所在现场，不要让任何人触摸有毒或可疑有毒的物品（如药物、容器、饮品及食物、呕吐物等）。
5. 前厅部在大堂车道上安排好车位以便警车和救护车到达及离开时使用。
6. 将中毒者的私人物品登记、保管或按警方要求交给警方，并签收。
7. 安保部将有关资料（警车、救护车车号，到达及离开的时间，警方负责人姓名等资料）登记备案。
8. 发现投毒者或可疑人员时立即滞留，交警方处理。
9. 属在酒店用餐客人的，除做好以上工作外，还应把客人用餐的菜肴和餐具及残渣封存，交由警方化验、鉴定。

五、在以上突发事件范围以外的特殊事件的应急处理参照以上措施进行安排

六、此预案的演练由酒店安全管理委员会负责组织、实施

（资料来源：http://wenku.baidu.com/view/cf37395a804d2b160b4ec020.html）

写作知识

一、应急预案的含义

应急预案是指面对自然灾害、重特大事故、环境公害及人为破坏等突发事件，为降低事故造成的人身、财产与环境损失，预先做出的应急管理、指挥、救援计划等。

二、应急预案的类型

根据制定主体的不同,可以将应急预案分为企业预案和政府预案。企业预案由企业根据自身情况制定,由企业负责;政府预案由政府组织制定,由相应级别的政府负责。

根据事故影响范围不同,可以将预案分为现场预案和场外预案。现场预案又可以分为不同等级,如车间级、工厂级等;而场外预案按事故影响范围的不同,又可以分为区县级、地市级、省级、区域级和国家级。

三、应急预案的结构和写法

应急预案主要内容应包括以下方面。

（一）总则

总则说明编制预案的目的、工作原则、编制依据、适用范围等。

（二）组织指挥体系及职责

组织指挥体系指明确各组织机构的职责、权利和义务,以突发事故应急响应全过程为主线,明确事故发生、报警、响应、结束、善后处理处置等环节的主管部门与协作部门。组织指挥职责指以应急准备及保障机构为支线,明确各参与部门的职责。

（三）预警和预防机制

预警和预防机制包括信息监测与报告、预警预防行动、预警支持系统、预警级别及发布（建议分为四级预警）。

（四）应急响应

应急响应包括分级响应程序（原则上按一般、较大、重大、特别重大四级启动相应预案）,信息共享和处理,通信,指挥和协调,紧急处置,应急人员的安全防护,群众的安全防护,社会力量动员与参与,事故调查分析、检测与后果评估,新闻报道,应急结束等11个要素。

（五）后期处置

后期处置包括善后处置、社会救助、保险、事故调查报告和经验教训总结及改进建议。

（六）保障措施

保障措施包括通信与信息保障,应急支援与装备保障,技术储备与保障,宣传、培训和演习,监督检查等。

（七）附则

附则包括有关术语、定义,预案管理与更新,国际沟通与协作,奖励与责任,制定与解释部门,预案实施或生效时间等。

（八）附录

附录包括相关的应急预案、预案总体目录、分预案目录、各种规范化格式文本,相关机构和人员通讯录等。

四、写作提示

（一）组建编制队伍

预案从编制、维护到实施都应该有各级各部门的广泛参与。在预案实际编制工作中往往会由编制组执笔，但是在编制过程中或编制完成之后，要征求各部门的意见，包括高层管理人员、中层管理人员，人力资源部门，工程与维修部门，安全、卫生和环境保护部门，邻近社区，市场销售部门，法律顾问，财务部门等。

（二）做好法律法规分析

分析国家法律、地方政府法规与规章，如安全生产与职业卫生法律、法规，环境保护法律、法规，消防法律、法规与规程，应急管理规定等。做好现有预案调研。调研的现有预案内容包括政府与本单位的预案，如疏散预案、消防预案、工厂停产关闭的规定、员工手册、危险品预案、安全评价程序、风险管理预案、资金投入方案、互助协议等。

（三）做好风险分析

风险分析通常应考虑下列因素。

（1）历史情况。本单位及其他兄弟单位，所在社区以往发生过的紧急情况，包括火灾、危险物质泄漏、极端天气、交通事故、地震、飓风、龙卷风等。

（2）地理因素。单位所处地理位置，如邻近洪水区域、地震断裂带和大坝，邻近危险化学品的生产、贮存、使用和运输企业，邻近重大交通干线和机场，邻近核电厂等。

（3）技术问题。某工艺或系统出现故障可能产生的后果，包括火灾、爆炸和危险品事故，安全系统失灵，通信系统失灵，计算机系统失灵，电力故障，加热和冷却系统故障等。

（4）人的因素。人的失误可能是由下列原因造成的：培训不足、工作没有连续性、粗心大意、错误操作、疲劳等。

（5）物理因素。考虑设施建设的物理条件、危险工艺和副产品、易燃品的贮存、设备的布置、照明、紧急通道与出口、避难场所邻近区域等。

（6）管制因素。彻底分析紧急情况，考虑如下情况的后果：出入禁区、电力故障、通信电缆中断、燃气管道破裂、水害、烟害、结构受损、空气或水污染、爆炸、建筑物倒塌、化学品泄漏等。

（四）做好应急能力分析

对每一紧急情况应考虑如下问题。

（1）所需要的资源与能力是否配备齐全。

（2）外部资源能否在需要时及时到位。

（3）是否还有其他可以优先利用的资源。

拓展阅读

哈尔滨波斯特酒店库房失火　无一人伤亡

东北网3月23日讯（记者陈静）　2010年3月22日12时15分许，哈尔滨市南岗区邮政街波斯特酒店二楼餐厅内一库房发生火灾。酒店内百余客人及员工安全疏散，消防救援人员迅速将火扑灭，火灾未造成人员伤亡。目前，火灾原因正在调查中。

13时许，记者看到，楼内明火已被扑灭，百余名客人及员工聚集在一楼大堂。酒店二楼餐厅内烟气刺鼻，楼内电源已被切断，餐厅内能见度极差。起火点位于该餐厅仓库。南岗消防大队和辖区派出所民警正在现场勘查，仓库内的啤酒、白酒、饮料等货物及棚顶被烧得面目全非，满屋一片狼藉。

据酒店员工叙述，12时14分许，消防报警装置监测到火情，随即自动报警。酒店员工立即组织疏散楼内人员，砸开仓库内一扇窗户玻璃排烟。几分钟后，南岗消防中队赶到现场疏散酒店内的人员并迅速将火扑灭。酒店内的人员都及时、安全地疏散到了安全地带，火灾中没有人员受伤。

据介绍，此次火灾之所以没有人员伤亡，得益于酒店应急预案制定详细，并且酒店多次组织突发事件应急预案的演练。

写作悟语：详细、完备的应急预案对于减少损失至关重要。因而，在制定时要充分考虑各种因素，并做好有效应对。

文体实训

1. 阅读下面的材料，完成训练要求。

株洲一酒店失火，3楼逃生情况乱作一团。周虹选择的逃生点位于酒店后门，他从3楼后窗爬到2楼一根下水管上，正准备向下爬时，一个人窜出窗台，一脚踩在周虹脸上，周虹从2楼摔了下来。在他头顶，还有100余名惊慌失措的逃生者。大家乱作一团，都想往外逃。在这个逃生点，一个55岁左右的中年男人选择从3楼跳下来，摔成颅内出血，成为此次火灾中记者所了解到的受伤最严重的一个。记者也在现场看到，靠近逃生出口处，卷筒纸和座椅十分凌乱。市田心医院、市二医院、市骨伤科医院的相关病室，住了一些伤者，受伤原因大多是吸入过多烟尘。

如果让你为该酒店制定一个突发火灾预案，你会考虑哪些方面的因素？

2. 假如你所在的酒店在开业一周年的时候，要举行庆典活动，请你写出开业庆典活动应急预案。

第四节 条 据

借 条

今借到海天酒店人民币壹万元整，2012年12月31日前还清。
　　　此据

立据人：陈小刚
二〇一二年三月六日

请假条

张经理：
　　我因感冒发烧不能到酒店上班，请假一天，请予以批准。
　　此致
敬礼

客房部员工：王明
二〇一二年三月十日

一、条据的含义

条据是作为某种凭据的便条。它是日常生活中最常见而又最简便的应用文。常用的条据有请假条、留言条、收条、借条、领条等。它们都有固定的格式。

二、条据的类型

根据内容和性质的不同，条据通常可分为以下两类：一类是说明性条据，如请假条、留言条、托事条、意见条等；另一类是凭证性条据，如借条、欠条、收条、领条等。

两者的详细情况见表3-1。

表 3-1　各类条据的使用情况与特点

分类	名称	使用情形	特点
说明性条据	请假条	因事、因病不能上课、上班、参加活动而用以说明原因的条据	写明请假的原因和起始时间，最好附上相关证明
说明性条据	留言条	拜访他人但因各种原因未能见面时，或是不能久候他人而先行离去时所撰写的向对方说明事由的条据	可不用标题，应说清事由，通常需留下自己的姓名、身份和联络方式
说明性条据	托事条	委托他人帮忙办理某事时所写的条据	可不用标题，但要语言礼貌、翔实地说明所托之人、事和自己的要求等
说明性条据	意见条	不便当众或当场提出意见、建议时所写的条据	可不用标题，但要礼貌简要地说明自己的意见和建议
凭证性条据	借条	向他人或单位借财物时写给对方用作凭证的条据	又称"借据"，是一种非正式契约。所借财物归还后立据方应收回借条或当场销毁
凭证性条据	欠条	单位或个人不能全部交付应付财物时写给对方用作凭证的条据	应简单说明欠财物的原因；所欠财物付清后立据方应收回欠条或当场销毁。如欠条遗失则应由被欠方开具收条，以明责任
凭证性条据	收条	单位或个人收到应付财物时写给对方用作凭证的条据	又称"收据"，要求写明何时何地接收何人何物及数量特质等。如代替单位或个人接收，标题则写为"代收条"
凭证性条据	领条	单位或个人领取另一单位所发放财物时写给对方用作凭证的条据	要求写明何时何地领取何单位何物及数量特质等。如代替单位或个人领取，标题则写为"代领条"

三、条据的结构和写法

（一）说明性条据的结构和写法

（1）标题。除不用标题的情形外，应按性质直接写明条据名称，如"请假条"，字号一般要比正文略大。

（2）称谓。顶格写明收据方的姓名、称呼（单位则写其名称）。

（3）正文。具体写明以下事项：首先，简洁概括地写明事由，包括原因、依据、目的等；其次，明确说明具体事项，包括时间、地点、期限、要求等相关信息；最后，结尾根据不同情形写上"恳请准假"等语及致敬语。

（4）落款。在条据结尾的右下方签上立据方的姓名（单位则写其名称）和日期。托事条等通常还要在后面附上立据者的联系方式。

（二）凭证性条据的结构与写法

（1）标题。按性质直接写明条据名称，如"欠条"，字号一般要比正文略大。

（2）正文。正文前一般没有称谓。首先，写上"今借到"、"今收到"、"今领到"等语，确认条据性质；其次，明确具体事项，包括对方的姓名、称呼（单位则写其名称）和财物的名称、性质、种类、数额、特征等相关信息；最后，结尾写上"此据"。

（3）落款。在条据的右下方签上立据人姓名或立据单位名称（加盖公章），同时写明日期。立据方之前通常加上"立据人"、"借款人"、"经手人"、"领款（物）单位"等语。

四、写作提示

（1）条据的称谓应用个人全名或单位全称。

（2）条据应使用笔迹为蓝色或黑色的钢笔、签字笔书写，通常不能使用铅笔和其他颜色的笔迹。

（3）如涉及金额应采用大写汉字书写，并加"整"字，前后不留空白。大写汉字数字如下：壹、贰、叁、肆、伍、陆、柒、捌、玖、拾、佰、仟、万、亿。

（4）文面应干净，不可涂改。如不得不涂改时，涂改处必须加盖印章（公章、私章）或签名。

（5）手写条据需用正楷字体书写，字迹端正。

（6）凭证性条据结尾不使用致敬语。

拓展阅读

案例一： 　　　　　　　　　因借据潦草辨认不清告错人

　　包某开了一个酒店，经常在一个经销商张某那里买酒，从未发生过拖欠。有一次，包某买了一万多元的酒料，但货款不够了。经协商，由包某给张某写了一张欠款4040元的欠条，并署上了"包中平"的名字。

　　但此后半年多，再也没有见到包某的人影，张某着急了，拿着张某的欠条到公安局查阅，因欠条上"包中平"三字非常潦草，同去的人仔细看后都认为欠款人是"包中年"，查阅中发现有一名字为包中年的人，便以包中年为被告将其告上法院。在外打工的包中年莫名其妙地赶回参加诉讼，张某和包中年在法院一见面方知告错了人。在法院的调解下，由张某赔偿包中年1500元损失而结束。

　　写借据是要确认双方之间的债权债务关系的，首先要明确债务人确有其人并且能找得到债务人，如果债权人不知道债务人的真实姓名，在茫茫人海中，债权人何处去寻呢？即便寻得到，又该花去多少成本呢？其实，让债务人写清楚自己的姓名、住址，最好写清楚他的身份证号码，这个问题就解决了。

案例二： 　　　　　　　　　借据不是当面所写

　　于某和胡某都是经营酒店的商人，平时在业务上都互相有照应。有一次，于某去外地进货急需2万元，请求胡某帮忙筹集。胡某按照双方约定的时间如数筹集了2万元。于某在上门取2万元的同时，从随身的口袋里拿出事先写好的向于某借款2万元的借条递到胡某手中，而后迅速离去。

　　到了借条上的还款日期胡某还不见于某还钱，便拿着借条找到于某。于某却是一脸的委屈，还大骂是谁这么缺德冒名自己坑害人。

　　无奈之下，胡某诉讼到法院要求于某还钱，但经过鉴定，字迹并非于某所写。法院以证据不足为由，驳回了胡某的诉讼请求。

　　其实，许多人可能未曾预料到，借据上所写的借款人姓名并不一定就能证明是真正的借款人。尤其是在没有其他证据，仅以借据上所写的借款人姓名为据并不妥当。特别是在借款人不承认自己曾借过款，经过鉴定又不是借款人的签字的情况下，这在证据上就不能证明借条上所写的借款人是债务人。因此，债权人要求债务人写借条一定要当面写，这样才能保证借条的字迹和签名是债务人本人的，才有证明力。

写作悟语：条据的写作虽然简单，但一定要注意它适用的场合，要正确书写，尽量避免产生法律纠纷。

文体实训

1. 改正下面一则领条中的错误之处。

领 条

今领到计算器一个，此据。

领用人：王××
二〇一二年四月九日

2. 分析下面一则案例，这则案例给了你什么启示？请分析在实际工作中写作条据应注意的问题。

酒店员工丁某向周某借款20000元，周某自己将借条写好，丁某看借款金额无误，遂在借条上签了名字。后周某持丁某所签名欠条起诉丁某，要求其归还借款120 000元。丁某欲辩无言。后查明，周某在20 000前面留了适当空隙，在丁某签名后便在后加了"1"。

3. 情境写作。

2011年3月6日（星期二）早晨，某酒店财务部助理陈小刚于早上8：30准时回到公司上班。他先到行政部领取了10本18栏明细账本和两个印台。刚回到财务部接收完下属营业部的年度财务报表，他就接到妈妈的电话：爸爸突然中风入院了，妈妈正在医院等他拿钱去办入院手续。

于是，陈小刚把去××审计师事务所取审计报告的事委托给同事曾蓉，然后经领导同意向公司出纳借了10 000元，并写了请假条给财务部张经理后，到银行取出了自己仅有的15 000元存款就直奔省人民医院。到了医院才知道要交30 000元，于是他想到了住在离医院不远的表哥。等他赶到表哥家时已经是11：00了，不巧的是表哥已经外出了。他匆匆地写下一张请表哥帮忙筹钱的纸条后又回到医院。陈小刚在城里没有什么亲戚，表哥又一时联系不上，他急出了一身汗。这时他突然想起该医院主管财务的陈敏副院长和他曾经开过一次研讨会，而且与他是同乡。在陈副院长的帮助下，陈小刚终于为父亲办理好了入院手续，不足的那5 000元则由陈副院长担保，由陈小刚向医院签下字据。

请根据以上情况，列出陈小刚需要写作的条据，并一一写出。

第五节 传 真

天际大酒店传真

收件人：钟怡
单位：好风景旅行社
传真号：0371-12345×××
发件人：杨鸿瑜
日期：2012/4/15
传真号：0376-1234×××
电话：0376-7654×××
页数：共1页
主题：客房预定

■紧急　□请审阅　□请批注　□请答复　□请传阅

好风景旅行社：

　　突接上级通知，4月26～27日需在我酒店举行大型会议。贵社3月10日在我酒店预定的80间共住两天（4月26日、27日）的标准间客房，与酒店举办大型会议需要大量客房发生冲突。具体事宜，速联系我酒店商议。

天际大酒店
二〇一二年四月十五日

一、传真的含义

将文字、图表、相片等记录在纸面上的静止图像，通过扫描和光电变换，变成电信号，经各类信道传送到目的地，在接收端通过一系列逆变换过程，获得与发送原稿相似记录副本的通信方式，称为传真。

二、传真的类型

从传输的内容分，传真可分为文书、文字材料和图像信息三种类型。

三、传真的结构和写法

（一）标题

传真的标题通常由单位名称和文种组成，如《郑州大酒店传真》。

（二）正文

（1）首部。应写明收件人姓名、单位、抄送人姓名、传真号及发件人的姓名、发件日期、总页数、传真号、电话、主题、紧急程度及回复要求等。

（2）主体。主体即所传输的内容，包括文书、文字材料和图像。主体的文书部分相当于一个短函，要有开头、正文及结尾的祝福语等。一般用语简洁客气。

通常公司的传真信纸是统一印制的，在传真信纸上方或下方印有公司名称、地址和标志图案。

四、写作提示

（1）传真的文书要求语言简洁、格式规范。

（2）传真文稿纸要求统一印制，上标所在单位的名称、地址、单位标志图案及电话、传真号、电子邮箱等。

（3）传真文稿传出以后，应主动确认收件单位是否收到。

拓展阅读

AOFAX助力喜来登大酒店实现电子传真

在酒店行业，电子传真机已不再是遥不可及、复杂难用的高科技产品了。电子传真又称无纸传真、电脑传真、数码传真、网络传真、传真系统、传真服务器等。电子传真由相应的硬件和专用的传真软件组成，AOFAX电子传真机是其中的佼佼者。AOFAX由国内电子传真的领军企业——金恒科技（深圳）有限公司研制生产，通过强力有效的市场推广和用户之间的口碑相传，AOFAX目前已占据着国内电子传真市场的大半江山，在酒店行业同样拥有众多的用户。

喜来登是喜达屋饭店和度假村集团旗下的众多品牌之一。除此之外，该集团还有威斯汀、瑞吉、至尊精选、福朋饭店和W饭店等9个品牌，喜达屋饭店和度假村集团在全球82个国家开设了800多家酒店，是世界顶尖的豪华饭店管理集团之一，也是全球500强企业之一。喜来登1985年进入中国，已经在北京、上海、深圳、东莞、成都等地开设了20多家豪华型酒店，并且成为商务及旅游者的首选，经典与豪华的品牌代名词，持续成为平均入住率最高的商务酒店。作为最受欢迎的商务酒店之一，喜来登大酒店面临着高速增长的业务和相对滞后的传真手段之间的矛盾。于是，找寻一套能够真正解决传真收发问题的高效低成本的解决方案成了酒店工作的当务之急。

喜来登的传真业务主要是提供全国各地酒店客房的预订服务，同时内部部分办公文件也需要通过传真一层层的审批，因此传真量很大。在假期旅游旺季，传真量更是急速增长。即使配备了足够的人力，也常常造成人多手杂的现象，出现重复处理或漏处理的情况；传真件的管理也是非常棘手，保管查找费时又费力；传真的耗材成本一直高居不下。这些问题严重影响了工作效率，制约了酒店的进一步发展。经过多方的考察和比较，喜来登大酒店找到了在国内享有盛誉的 AOFAX 电子传真机和传真服务器来帮酒店完成无纸化传真的进程。

喜来登酒店在使用了金恒科技的 AOFAX 电子传真系统后节省了大量的人力物力财力。通过 AOFAX 电子传真机的传真界面，员工直接在电脑里就可以完成订单的收发、审核，系统自动备份文件防止丢失，要想查找一份传真也不再是难事，工作变得更轻松高效。

利用 AOFAX 电子传真系统的免费传真功能，可以实现喜来登各地酒店之间，以及与同样使用 AOFAX 的重要客户和订房机构之间互发免费传真。AOFAX 电子传真系统的漫游收发传真功能，让喜来登酒店经常出差的人员，摆脱以前只能在办公室收发传真的约束，随时随地收发传真。

喜来登酒店借助 AOFAX 电子传真机和传真服务器实现了完全自动化、高度信息化、智能化的传真管理模式，为集团旗下其他酒店品牌的无纸化传真道路起到了导向作用。员工工作量减少，工作效率倍增，企业利润提高，还有，AOFAX 电子传真机在酒店系统的普及应用，减少了大量纸张的浪费和耗材的排放，客观上为绿色环保、美化环境做出了贡献。这些都是酒店投资方和喜来登酒店管理集团共同期待的结果！

（资料来源：http://info.hotel.hc360.com/2010/08/301836236059.shtml）

写作悟语：科技发展日新月异，电子传真的普及使用指日可待。但不论科技如何发展，其基本写作方法还是需要牢固掌握的。

文体实训

1. 阅读下文，完成练习。

香格里拉酒店集团与中国东方航空股份有限公司（以下简称东航）在浦东香格里拉酒店签署合作协议，就常旅客计划建立合作伙伴关系。香格里拉酒店集团成为与东航常旅客计划——"金燕俱乐部"签约的首家国际酒店集团。东航成为香格里拉酒店集团在全球的第 29 家常旅客飞行合作伙伴。

根据协议，9 月 1 日起，"金燕俱乐部"会员入住香格里拉酒店均可获得"金燕俱乐部"的里程积累。协议规定，"金燕俱乐部"常旅客计划会员以公司协议价或高于协议价的价格下榻香格里拉酒店集团麾下 38 家酒店中的任何一家，均可获得 800 公里的里程奖励。以中国公民特别推广价下榻香格里拉在国内的各酒店，可获得 400 公里里程奖励。为庆祝这项新的合作，9 月 1 日～11 月 30 日，以指定特别优惠价入住国内 16 家香格里拉或商贸饭店的"金燕俱乐部"会员将得到双倍飞行里程奖励。

以香格里拉酒店集团的身份,给16家香格里拉或国贸饭店发一份传真,告知相关内容。

2. 假如你是一家酒店的经理,旅客张巍在网上订了该酒店的客房,预付了5%的预订费。张巍为确保准确无误,要求你发一份传真给他,请尝试编写这份传真。

第六节　大事记

2010年南宁圣展酒店大事记

1月23日,酒店荣获第十五届亚洲(博鳌)金旅奖颁奖盛典组委会授予的"亚洲·大中华区最具潜力新锐酒店"称号。

3月26日,酒店组织各部门员工向干旱受灾重县东兰县进行"情系东兰,共渡难关"的抗旱救灾捐款活动,总共募集善款13 028元。

4月3日,酒店组织会所和客房部员工参加南宁市旅游局举办的旅游饭店服务技能大赛。会所员工覃晓岚荣获"西餐宴会摆台项目优秀奖",冯宝兰荣获"中餐宴会摆台项目优秀奖",酒店荣获"最佳组织奖"。

6月21~24日,酒店组织领班级以上管理人员共计60人,在广西军区教导大队进行了封闭式技能提升培训。

7月9日,酒店荣获中国酒店业品牌峰会授予的"中国酒店业十大精品酒店"称号,张倩瑜总经理荣获"广西区最佳酒店新锐人物"称号。

7月30日,酒店在二楼政豪大厅举行了隆重的"客户答谢会暨月饼品尝会",通过文艺表演、现场抽奖、免费自助餐等方式感谢广大顾客的支持与厚爱。

8月5日,酒店荣获"南宁市二〇〇九年度十佳旅游星级饭店"称号。

8月12~13日,酒店顺利接待参加"2010泛北部湾经济合作论坛"的中外媒体团队。

8月15日,酒店正式启动"奋战60天,打造广西精品客房"的主题活动。酒店多个部门启动提升方案,联合开展此项活动,积极推进酒店提升进程,为加快打造"品牌圣展"的宏伟目标作出更新、更大的贡献。

9月10日,酒店推出的"圣展月"系列月饼被评选为"2010年南宁人最喜爱月饼品牌"。

9月16日,酒店组织"中秋送温暖,情系福利院"的活动,向南宁市社会福利院捐赠300盒月饼,并慰问孤寡老人。

9月27~28日，酒店进行了全体员工消防灭火疏散演练。通过这次演练，酒店全体员工的安全意识、服从意识、团结协作意识得到了加强，同时学到了灭火器材的使用方法和技巧，提高了在火情下的应变能力、自救能力、疏散能力。

10月16日，"2010年国际田联世界半程马拉松锦标赛"在广西首府南宁开赛，作为此次参赛运动员的指定接待酒店，在总经理的带领下各部门严阵以待做好各项准备，有条不紊地进行各项接待和日常工作，顺利圆满地完成了这次大型接待。

10月19~24日，酒店顺利接待"第七届中国-东盟博览会"暨"第七届中国-东盟商务与投资峰会"的八方宾客。

12月24~25日，酒店举行盛大的圣诞晚会，为南宁市民在节日里献上了一份模仿秀及魔术大餐。

（资料来源：http://www.sanzanhotel.com/newsview.aspx? id=59，略有删改）

写作知识

一、大事记的含义

大事记是党政机关、企事业单位、社会团体记载自己重要工作活动或自己辖区所发生的重大事件的一种应用文体。

大事记忠实地记载着一个地区、一个部门的重要工作活动和重大事件。因此，它首先可以为本地区、本部门的工作总结、工作检查、工作汇报、工作统计和上级机关掌握面上情况提供系统的、轮廓性的材料。其次，大事记具有史料价值，可以起到录以备查的作用。

二、大事记的类型

（1）根据制文机构职权范围的不同，大事记可以分为世界大事记、全国大事记、地区大事记、部门大事记、单位大事记等。

（2）根据制文机构性质的不同，大事记可以分为党政组织大事记、国家行政机关大事记、社会团体大事记、企业或事业单位大事记等。

（3）根据记载内容、性质的不同，大事记可以分为综合性大事记、专题性大事记。

（4）根据时间跨度的不同，大事记可以分为古今大事记、断代大事记、年度大事记、季度大事记、每月大事记、每旬大事记、每周大事记、每日大事记等。

三、大事记的结构和写法

大事记的结构单一、固定，由标题和主体两部分组成。

（一）标题

标题主要有以下几种形式：由制文单位、事由和文种构成；由制文单位和文种构成；由事由和文种构成；由制文单位、时间和文种构成。

（二）主体

一般由时间和事件两部分组成。

（1）时间。时间按年、月、日的顺序依次排列；每件大事年、月、日齐备。对时间不确切的事件，应尽力进行考证。大事记条款，严格按照大事发生的先后顺序排列，先排有确切日期的大事，后排接近准确日期的大事，日期不清者附于月末，月份不清者附于年末。

（2）事件。事件是指重要工作活动和重大事件。

具体内容大致包括以下几个方面：一是党和国家方针政策贯彻执行所产生的重大反响和出现的重大问题；二是机构设置、体制变动、重要人事调动，如任免、离退休等机构和组织变动情况；三是重要会议和重大活动，其中包括内务和外事活动；四是上级到本地区、本部门参加重大活动，或检查、指导工作并作出重大决策或重要部署、指示等；五是本地区、本部门的重要工作或重大事件，如取得的重大成绩，获取的重要数据，发生的重大事件、事故、案件、灾情等，群众反映的重大问题，提出的重要建议和意见，以及其他重要动态和需要记载的大事等。

四、写作提示

（1）大事记主体的写法一般是以时记事，或一日一事，或一日几事，每事一条，每条一记。

（2）大事记的记载应该由专人负责，随时记载，每月整理。整理时可以删减补充，去掉一般日常事务活动，核校、增补大事或事件要素。年终时再进行一次整理，最后请领导审定、签字，装订成册存档。

（3）大事记的编写应以年度为序，逐年逐月记述。记述时要突出时代特色、地方特点。所记大事应基本具备时间、地点、单位、人物、事实等"五大要素"，事实脉络清晰，文字简洁精练。

（4）记述时间要做到准确无误，格式统一，如会议应以开幕之日为准，法规应以公布之日为准，工程项目应以开工或竣工之日为准，事件和案件应以发生之日为准。不易标明准确日期或同月同日有多件大事需记述的，则可用"是月"、"是日"标之。

（5）大事记主要是记事，凡因事记人者可记述到具体人名，如×××获全国劳模称号、×××为项目带头人等，涉及众多人员时，则应以一二领导者领衔记之。凡所记人名后一律不冠"同志"称谓。

（6）大事记中所记载资料，应反复核实，保证准确无误。力求做到大事突出、要事不漏、新事不丢、精心遴选、排列严谨、记述科学。

拓展阅读

大事记写作现状堪忧

时下，大事记的写作正趋于普及，百年大事记、十年大事记、发展大事记、工作大事记俯拾即是。大事记的广泛普及得益于这种文书既具有史料价值，可以录以备查，又便于阅读，易于掌握。大事记写作中出现的问题可归纳为如下3点。

一、"大事不大"与"大事过大"

单从字面上看，大事记记载的是大事，是自己单位重要工作、重要活动、重要事件的实录。而翻阅各种大事记编本，却发现这样的现象：有些编本大事固然不少，小事也充斥其间，"眉毛胡子一把抓"，"西瓜芝麻"随意用，大小不分，事无巨细，统统收拢，有"注水"版本之嫌；有些编本选题本身就没有多大价值，没有多少大事可记，只是为了编书之利，便硬性拔高，小事吹成大事，大事吹成特大事，层层拔高，于是乎，一些大事记编本少则十余万字，多则几十万字，好像皇皇巨著；有些大事记编本超越题目所限范围，一味引述历史上重大政治事件，或重要的政策决议，"拉大旗做虎皮"，这样的"大"也的确大，但就具体单位而言，这样的大即是"无"，大而无当。以上所提及的编本有大事记之名，却无大事记之实。

二、"议论过滥"与"溢美饰非"

从时限上看，大事记可分为历时性大事记和现时性大事记两种。历时性大事记是对已经过去的事件、活动进行选录，现时性大事记是对现在进行时态中发生的重大事件、重大活动的直录。因年代较远，历时性大事记中的事件多有定论，为微观分析和宏观把握提供了条件，准确评价大事的效果及意义已经成为了可能。所以，有的百年大事记或者发展史大事记中的些许评论，的确起到了画龙点睛之效，能给所述大事以较为准确的定位，为读者勾勒了清晰的发展轮廓。但即使这样，大事记也不宜过多使用议论。而现时性大事记多为当时情况的直录，事件发生的时间就在当前，大事与我们有着零距离的密切关系，显然不完全具备准确定位的条件。有的正式出版的大事记编本或是单位内部自编的大事记本，存在议论过滥的现象，一些地方使用"具有……意见"、"为……奠定了发展的基础"、"是发展的又一里程碑"、"开创了崭新的局面"等。把话都说绝了，大有"前无古人，后无来者"之势，不知后人将如何工作，不知后续作者如何动笔。

议论过滥只是外在现象，而更主要的瑕疵是有些编本涵盖不足及存在污点，夸大优势和特长，甚至记载大事走形变样，其深层的原因在于存在好大喜功意识。在如此的环境里所产生的大事记，其真实性是大打折扣的，溢美之辞、饰非之处显然不可避免。这样的大事记，有大事记之形，却无大事记之真。

三、行文松弛，用语欠当

大事是历史流程中的经典，大事记是历史长河中浪花的汇集，当扼其要而详叙之，所以其行文务求紧凑，用笔务求老到，遣词务求精当。这就要求写作大事记的人有深厚的文字功力，用精当、简练、紧凑的文笔去概括经典，留下大事的真实与准确。

大事记以一个个独立的事为单元，每个单元即每件事都以叙述为表达方式，事与事相连而构成事的集合，去说明这部大事记所要表达的内容。所以，在表达方式上，大事记的整体是说明，细部是叙述。而我们的一些大事记编撰者对这一点了解不够，必然会出现行文松弛，句子前后缺乏勾连，逻辑推理不当的现象。有些大事记笔力不足，表述空泛，表现为词语混淆，如在"执行、施行、试行"，"制定、制订"，"考察、视察"，"审议、审定"等词的使用上辨别不清。

（资料来源：http://topic.yingjiesheng.com/wenmi/xiezuo/061N3QY2012.html）

写作悟语：大事记的编撰是一项系统性工作，编撰者要熟悉党和国家的方针政策，熟悉单位业务情况，全方位掌握单位各种动态，以确保大事记自身的价值，真正发挥好大事记的作用。

文体实训

1. 阅读下面的材料，完成训练要求。

全球酒店大事记
（节选）

15世纪，欧洲出现了有20～30间客房的客栈。

1794年，纽约首都饭店建成，有73套客房。

1829年，特里蒙特饭店在波士顿落成，设施设备较为齐全，服务人员经过培训。

1897年，凯宾斯基集团首家饭店在柏林营业。

19世纪末20世纪初，美国出现了豪华饭店。

20世纪初，当时世界上最大的饭店业主埃尔斯活思·弥尔顿·斯塔特勒在斯塔特勒饭店的每套客房都设有浴室，并制定统一的标准来管理他在各地开设的饭店。

1904年，阿斯托上校在纽约开办第一家圣·瑞吉斯饭店。

1912年，经济型酒店首先在德国出现。

20世纪20年代，汽车饭店在美国各地涌现。

1927年，波士顿丽兹·卡尔顿饭店开始营业。

1928年，香港半岛酒店进行一期建设，是香港历史最为悠久的酒店。

20世纪30年代，由于经济大萧条，饭店业受到极大挫折。

1937年，欧内斯特·亨德森（1887—1967）成立喜来登旅馆公司。

1946年，洲际酒店集团（Inter-Continental）设立。

1946年,旅馆业主格廷建立了最佳西方汽车旅馆。

1949年,希尔顿国际公司从希尔顿饭店公司中拆分出来,成为一家独立的子公司,希尔顿国际集团(Hilton International)设立。

1950年,地中海俱乐部集团(Club Med)设立。

1951年,董竹君(1900—1999)设立锦江饭店。1952年,假日酒店集团(Holiday Inn)设立。

1957年,第一家马里奥特旅馆双桥汽车旅馆(Twin Bridge Motor Hotel)在华盛顿开业。

1960年,伊萨多·夏普创建了四季饭店集团。

1964年,希尔顿国际公司在纽约上市。

1967年,雅高集团在巴黎设立。

1967年,美国的希尔顿国际集团与环球航空公司(Trans World Airlines,TWA)联姻。

(1)在大事记写作方面,上文给你哪些启示?
(2)大事记写作应坚持怎样的原则?
2. 搜集3~5篇酒店大事记,分析其写作内容。

第七节 备忘录

范文示例

龙湖酒店与××公司会谈备忘录

中国龙湖酒店(简称甲方)与×国××公司(简称乙方)的代表,于2012年4月6日在××市甲方总部就兴办合资项目进行了初步协商,双方交换了意见,并作出有关承诺。为便于将来继续洽谈,形成备忘条款如下。

一、依据双方的交谈,乙方同意就合资经营××项目进行投资,投资金额大约为×××万美元。投资方式待进一步磋商。

二、关于利润分配的原则,没有取得一致意见。乙方认为自己的投入既有资金,又有技术,应该占60%~70%,甲方则认为应该按投资比例分成。乙方代表表示,利润分配比例愿意考虑甲方的意见,希望另定时间协商确定。

三、合资年限及其他有关事项,尚未详细讨论,双方都认为待第二项内容向各自的上级汇报确定后,再商议。

四、这次洽谈虽未能解决主要问题,但双方都表达了合作的愿望。期望在今后的两个月内再行接触,以便进一步协商洽谈合作事宜。再次洽谈的具体时间待双方磋商后再定。

     中国龙湖酒店   ×国××公司
     代表:×××(签章)   代表:×××(签章)
                    二〇一二年四月六日

一、备忘录的含义

备忘录,是记录有关活动或事务,以免忘却的一种记事性文书。

备忘录可以是比较大型的、正式的文书,用于部门间、公司间沟通信息或确认事实,也可以是内部工作便函,用于部门、公司内部,起到信息传递、安排工作的作用。另外,国家间或各国政府部门、外交代表机关之间也可使用备忘录来说明事实、确认意愿、表明态度,这种备忘录是外交文书的一种。

二、备忘录的类型

(一)个人备忘录

个人备忘录是属于个人事务的备忘录,记录的事情其他人不参与。

(二)交往式备忘录

交往式备忘录是记录人与人之间活动的备忘录,这种备忘录必须真实地记录各种情况,包括对当事人有利或不利的情况。这类备忘录有商务谈判备忘录等。

(三)计划式备忘录

计划式备忘录是提醒将来之事的备忘录。

三、备忘录的结构和写法

(一)标题

标题通常有两种写法:一种直接写文种名称,即《备忘录》;另一种由单位、事由和文种组成,如《索菲特酒店喜迎圣诞会议备忘录》。

(二)正文

个人备忘录和计划式备忘录的正文写法自由,不拘一格,写下事项要点即可。

下面专门介绍商务谈判备忘录正文的一般写法。

(1)导言。记录谈判的基本情况,包括双方单位名称、谈判代表姓名、会谈时间、地点、会谈项目等。

(2)主体。记录双方的谈判情况,包括讨论的事项、一致或不一致的意见、观点和作出的有关承诺。主体内容的记录类似意向书的写法,通常采用条款式记录。

(3)结尾。备忘录一般不需另写结尾。

(三)落款

由参加谈判的各方代表签字认可,并标明时间。

四、写作提示

(1)责任明确。事务的交办者、承办者和事项一定要写清楚,以明确责任和按时完成,并便于检查核实。

(2)内容要翔实、具体而完备。

(3)语言朴实、准确。

(4)注意商务谈判纪要与商务谈判备忘录的区别。

一是效力不同。商务谈判纪要一经双方签字,就具有一定约束力,而商务谈判备忘录,只起提示备忘作用。

二是内容不同。商务谈判纪要中记的主要是谈判双方达成的主要的一致性意见,而商务谈判备忘录中记的则不一定是谈判达成的一致意见,很大程度上是为下一次谈判、洽谈或磋商而提供的商谈问题。

拓展阅读

从交谈到贺礼

夏日,南京某饭店大堂,两位外国客人向大堂副理值班台走来。大堂倪副理立即起身,面带微笑地以敬语问候。让座后两位客人忧虑地讲述起他们心中的苦闷:"我们从英国来,在这儿负责一项工程,大约要3个月,可是离开了翻译我们就成了睁眼瞎,有什么方法能让我们尽快解除这种陌生感?"小倪微笑着用英语答道:"感谢两位先生光临指导我店,使大厅蓬荜生辉,这座历史悠久的都市同样欢迎两位先生的光临,你们在街头散步的英国绅士风度也一定会博得市民的赞赏。"熟练的英语所表达的亲切的情谊,一下子拉近了彼此间的距离,气氛变得活跃起来。于是外宾更加广泛地询问了当地的生活环境、城市景观和风土人情。从长江大桥到六朝古迹,从秦淮风情到地方风味,小倪无不一一细说。外宾中一位马斯先生还兴致勃勃地谈道:"早就听说中国的生肖十分有趣,我是1918年8月4日出生的,参加过第二次世界大战,大难不死,一定是命中属相助佑。"

说者无心,听者有意,两天之后就是8月4日,谈话结束之后,倪副理立即在备忘录上做记录。8月4日那天一早,小倪就买了鲜花,并代表饭店在早就预备好的生日卡上填好英语贺词,请服务员将鲜花和生日贺卡送到马斯先生的房间。马斯先生从珍贵的生日贺礼中获得了意外的惊喜,激动不已,连声答道:"谢谢,谢谢贵店对我的关心,我深深体会到这贺卡和鲜花之中隐含着许多难以用语言表达的情意。"

我们在南京逗留期间再也不会感到寂寞了。"

写作悟语:备忘录是酒店工作人员常用的一种文种。一个简单的记录,可能是最能打动对方的地方,也是工作取得成就的积累。

文体实训

1. 阅读下面的材料,完成练习。

香格里拉就红磡酒店地块签订协议备忘录

香格里拉(00069)宣布,就中标的红磡地块签订协议备忘录,拟在该地块上建造及经营一座综合性建筑群。香格里拉1月5日发布公告称,就以23.28亿港元中标的红磡地块签订协议备忘录,集团拟在该地块上建造及经营一座综合性建筑群,其中包括一家将以集团旗下一个酒店品牌经营的酒店及零售与休闲设施。该地块位于红磡红鸾道与华信街交界,其土地用途为酒店及配套设施,地盘面积约为1.56万平方米,可建总楼面面积最高为6.25万平方米。建筑须于2018年9月30日或之前完成并可供使用。香格里拉指出,该地块上的酒店将成为集团于香港经营的第4家酒店,相信购买事项及发展该地块将为集团提供经常性收入,并将为公司股东增加价值。

(1)酒店备忘录具有怎样的作用?

(2)你认为这份协议备忘录应包括哪些方面的内容?

2. 大河酒店与长城酒店就共同开发一个新项目进行合作,并初步进行了谈判。请写作一份备忘录。具体情况可以虚拟。

第八节　调查报告

范文示例

关于酒店门童服务礼仪的调查报告

一、技术报告

调查目的:通过对酒店门童服务礼仪的调查,了解与星级标准的差距,发现一些存在的问题和不足之处,并提出可行性的解决方案,在提高自身能力的同时,增长见闻,更深入地了解酒店行业。

调查时间:2011年12月17日。

调查地点:长沙市区的一些星级酒店。

调查对象:长沙××大酒店、长沙××国际大酒店、长沙××酒店、湖南××大酒店(长沙)、湖南××酒店(长沙)。

调查方法:实地调查。

调查成员:(略)。

二、分析报告

1. 服务礼仪是酒店提供优质服务的关键

酒店服务最大的特点就是直接性,由服务员面对面地为顾客服务。酒店产品的质量包括3个部分:一是设施设备的质量;二是食品、商品的质量;三是服务的质量。而服务质量可分为服务态度、服务知识和服务技能等3个方面。在这3个方面中,尤以服务态度最为重要。服务态度的标准就是热情、主动、耐心、周到、谦恭。其核心就是对顾客的尊重与友好,也就是礼节、礼貌,并且礼节、礼貌周到可在一定程度上减少顾客对服务员知识和技能欠缺的不满。因此礼节、礼貌是酒店服务质量的核心内容,是酒店竞争致胜的决定性因素,而酒店要提高服务质量,就不能不讲究服务礼仪。

2. 酒店门童应做到的礼仪

要点:在岗时的礼仪、车辆到达时的接待礼仪、客人进店时的礼仪、客人离店时的礼仪。

1)在岗时

门童在岗时,着装要整齐,站立要挺直,不可插腰、弯腰、靠物,走路要自然、稳重、雄健、仪表堂堂、目光炯炯。

2)车辆到店时

(1)欢迎。

载客车辆到店,负责外车道的门童迎送员就应迅速走向车辆,微笑着为客人打开车门,向客人表示欢迎。

(2)开门。

凡来酒店的车辆停在正门时,必须趋前开启车门,迎接客人下车。一般先开启右车门,用右手挡住车门的上方,提醒客人不要碰头。对老弱病残及女客人应予以帮助,并注意门口台阶。

(3)理行李。

遇到车上装有行李,应立即招呼门口的行李员为客人搬运行李,协助行李员装卸行李,并注意有无遗漏的行李物品。如暂时没有行李员,应主动帮助客人将行李卸下车,并携行李引导客人至接待处办理登记手续,行李放好后即向客人交接及解释,并迅速到行李领班处报告后返回岗位。

(4)牢记车牌号和颜色。

门童要牢记常来本店客人的车辆号码和颜色,以便提供快捷、周到的服务。

(5)雨天。

逢雨天，客人到店时，要为客人打伞。

3) 客人进店时

客人进店时要为客人开启大门，并说："您好，欢迎光临。"

4) 客人离店时

(1) 送客。

客人离店，负责离店的门童应主动上前向客人打招呼并代为客人叫车。待车停稳后，替客人打开车门，请客人上车。如客人有行李应主动帮客人将行李放上车并与客人核实行李件数。待客人坐好后，为客人关上车门，但不可用力过猛，不可夹住客人手脚。车辆即将开动，门童躬身立正，站在车的斜前方一米远的位置，上身前倾15度，双眼注视客人，举手致意，微笑道别，说："再见"、"一路平安"、"一路顺风"、"谢谢您的光临"、"欢迎您再来"、"祝您旅途愉快！"等道别语。

(2) 送团队。

当团队客人、大型会议、宴会的与会者集中抵达或离开时，要提高工作效率，尽量减少客人的等候时间。对重点客人车辆抵达或离店要先行安排，重点照顾。

(3) 特殊情况。

当候车人多而无车时，应有礼貌地请客人按先后次序排队乘车。载客的车多而人少时，应按汽车到达的先后顺序安排客人乘车。

3. 存在的问题

长沙××大酒店：门童在迎接客人到来时没有微笑，指引车辆的人员在站岗时还两手交叉于胸前。

长沙××国际大酒店：门童站岗时随意走动，背没挺直，站姿不标准，在客人进店离店时没有问候，在开车门的时候没有为客人护顶，门童的岗位职责与礼仪规范完全没做到位。门童的着装也需要规范。

长沙××酒店：在岗时随意接听私人电话，擅离岗位，在为客人开车门时没有护顶，客人进店离店时没有问候。

湖南××大酒店：在客人进店离店时没有问候，门童开车门时没有护顶，没有微笑。

湖南××酒店(长沙)：各方面做得都不错，就是缺少微笑。

三、调查结论

今天的市场竞争，已由过去的"商品竞争"演变成"服务竞争"。中国的酒店行业发展迅速，而酒店礼仪作为酒店行业优质服务的重要组成部分，其作用日益彰显。但是当前的酒店礼仪存在着很多的不足之处，给企业的形象造成了很大的负面影响。通过调查发现，大多数酒店的门童服务礼仪没做到位，客人进店离店时没有问候，只在车辆到达时迎接客人，违背了平等原则。而且在为客人开车门的时候没有护顶，还有比较重要的一点，没有一家酒店的门童是面带微笑，非常热情主动地提供服务的。这些酒店的软件设施远远达不到星级的要求，企业只有使酒店礼仪更加专业化、规范化，才能满足顾客需要，使企业在激烈的市场竞争中立于不败之地。

四、建议与解决措施

一些酒店门童的服务礼仪做得不到位,建议培训门童的服务礼仪,明确门童的岗位职责,掌握迎送客人的礼仪及技巧,为客人创造一种"宾至如归"的环境。

1. 指挥车辆,做好宾客迎送。
2. 注意站立姿势,重视酒店形象,站立要端正、自然、礼貌待客,不能做出有损酒店形象的一切动作。
3. 开车门要注意面带笑容,用手挡住车门上沿,如客人是老人和儿童要扶助下车。
4. 提卸行李时要请客人清点,并检查有无物品遗留车上。
5. 客人离店时要帮助客人提行李上车,开车门时让客人坐好,轻轻关车门致意,关门时不要夹住客人衣物。
6. 行李员为到店、离店的客人送行李进出酒店和代客人保管行李。

五、调查体会

酒店是综合性很强的服务企业,提供让客人满意的服务是酒店工作的最基本原则。客源是酒店的财源,是酒店赖以生存和发展的基础。创造客源最根本的是靠服务质量,而服务质量主要是靠服务人员的素质、形态、举止、礼貌修养来决定的。只有按照规范的行为举止、标准的礼仪方式才能使客人满意,给客人留下美好的印象,并且来弥补设施等方面的不足。所以,在酒店物质条件确定的条件下,要想达到一流酒店标准,工作人员的技术技能和足够的形体礼仪知识是成功的关键。

(资料来源:http://wenku.baidu.com/view/a58c66c62cc58bd63186bded.html)

写作知识

一、调查报告的含义

调查报告是在对调查得到的资料进行分析整理、筛选加工的基础上,记述和反映调查成果并提出作者看法和意见的书面报告,是根据调查研究成果写出的、多用于以点带面指导工作的一种应用文书。

调查报告具有写实性、针对性和逻辑性等特点。

二、调查报告的类型

(1) 按内容范围分,有综合性调查报告、专题性调查报告。

(2) 按调查范围分,有反映情况的调查报告、介绍经验的调查报告、揭露问题的调查报告。反映情况的调查报告是比较系统地反映本地区、本单位基本情况的一种调查报告,这种调查报告是为了弄清情况,供决策者使用;介绍经验的调查报告是通过分析典型事例,总结工作中出现的新经验,从而指导和推动某方面工作的一种调查报告;揭露问题的调查报告是针对某一方面的问题,进行专项调查,澄清事实真相,判明问题的原因和性质,确定造成的危害,并提出解决问题的途径和建议,为问题的最后处理提供依据,也为其他有关方面提供参考和借鉴的一种调查报告。

三、调查报告的结构和写法

（一）标题

调查报告的标题，要能够反映调查的课题或文章的中心，力求做到简洁、醒目、新颖。常见的有单标题和双标题两种。

（1）单标题。一般采取公文式写法，点明调查对象、内容等，如《关于海外消费问题的调查报告》。

（2）双标题。正题在上，副题居下，副题前用破折号引出。正题揭示调查的主题，副题说明调查的对象、范围或时间、地点等，如《几家欢乐几家愁——北京高星级酒店发展状况分析》。

（二）正文

正文一般包括导言、主体、结尾三个部分。

1. 导言

导言部分是对调查情况（如背景、目的、对象、范围、核心内容及评价等）的简要说明。常见的写法有如下几种。

（1）说明式。直接说明调查的目的、地点、时间、对象、方式等，表明内容的由来，增加可信度，是最常见的处理方法。

（2）叙述式。简要叙述调查对象的基本情况和基本经验及调查背景，给读者以总体印象。

（3）设问式。用设问方式把要写的问题直接提出来，吸引读者。

（4）议论点题式。开宗明义点出调查的主要观点，就调查内容的实质和意义表明作者的观点和态度，以唤起共鸣，引出下文。

2. 主体

主体部分是对调查得来的事实和有关材料进行叙述，对所作出的分析，综合进行议论，对调查研究的结果和结论进行说明。调查报告的结构没有固定模式，常见的是基本情况、分析问题、对策建议三大部分。基本情况是报告的前提，要如实反映调查对象过去和现在的客观情况（发展历史、市场布局、销售运行等），为结论和对策提供有效依据。分析问题是报告的主要内容，要对调查收集的材料进行科学分析，做出结论性意见。对策建议是报告的落脚点，要根据调查结论，提出针对性、可行性强的对策和建议。

主体在结构安排上也较灵活，通常有三种方式。

（1）纵式结构。即按照事物发展的先后顺序，将时间的推移和事物发生、发展的进程结构结合起来进行表述，用层层推进的方法来说明问题。

（2）横式结构。就是把调查得到的情况、经验、问题，按照内在逻辑联系分成几个部分并列来写，在横断面上表现出事物的各个方面。

（3）横纵结合式。在叙述事实时采用纵式，在归纳分析问题时采用横式，纵横式结构相交互用。实际写作中，这两种写作形式的结合十分必要。客观叙述事情时使用纵式，能使层次井然，首尾贯通；在评析阐述中使用横式，有利于将事物的性质剖析透彻。

3. 结尾

常见的结尾有总结式、建议式、号召式。结尾是全文的结束部分，如写有导言，一般要有结尾，以照应开头，或重申观点、或加深认识。有的主体部分已经把问题写清楚了，结尾可省略。调查报告不要求必须有结尾。是否写、如何写，要根据内容表达的需要而定。

四、写作提示

（一）深入调查，广泛占有材料

深入调查，占有丰富材料，是调查报告的基础。作者只有实地考察，而不是道听途说，才能获得真实、详细、典型、富有说服力的第一手材料。因此，可采用一些调查的方法，如深入群众实地调查，查阅档案、文件，开调查会，问卷调查等。同时调查中应注意拟好调查提纲，有备而去；运用多种调查方法；多方面汇总真实、典型的材料，注意材料内涵的广度和深度。

（二）科学分析，揭示客观规律

掌握了大量材料后，应对材料进行科学的分析，经过"去粗取精，去伪存真，由此及彼，由表及里"的过程，从纷繁复杂的事物中找出规律性。分清现象与本质，以及主要矛盾与次要矛盾。

（三）用事实说话，做到观点与材料的统一

作者应善于抓住那些最能说明问题的材料，并合理安排，做到用材料说明观点，观点从材料中来，观点与材料有机统一。要注意：不要空发议论、堆砌材料，要点面结合、叙议结合。

拓展阅读

酒店试睡员：月薪上万的职业

2010年春天，在上海世博会开幕前夕，第一批酒店试睡员披上"金睡衣"，与"去哪儿"网站签约了，他们是庄菁、李佳、张与墨。

庄菁一身白领打扮，一手提着便携式电脑，一手拖着拉杆箱，走进雅鑫商务酒店的大堂，熟练地办起了入住手续。世博会倒计时3天的时候，浦东南路紧邻世博园区的经济型、商务型酒店预订爆满，门市价今非昔比。庄菁说："我前几周看还是300多元，现在已经涨到488元了，在酒店用早餐需另付58元。"前台小姐告诉她，世博会正式开幕后，相同类型的客房每晚预订价748元，早就被预订一空了。

庄菁拿着房卡，提着行李，准备上楼。等电梯的时候，她环顾酒店的室内装饰，看了看走廊装饰墙上的老上海风情画。这是她3月22日正式上岗以来考察的第5家酒店。一放下行李，她就拿出相机，开始全面考察：室内采光、床垫软硬、空调冷暖、网速快慢、照明设备等，都要一一审查，连饮料的生产日期也不放过。她拉开柜子的抽屉，拍下每一个细节，其中一样东西引起了她的注意："防毒面罩！在我住过的酒店里倒没有见过。"接着，她走进浴室，打开淋浴喷头，看地漏是否通畅，拍下洁具用品，感受毛巾的软硬——稍微有点硬，180度开合的两用拉门设计得颇妙……为了测试客房服务的质量，庄菁故意打电话询问是否能多加一个枕头。不到2分钟，就有服务员把枕头送来了。试睡员会提出五花八门的特殊要求，甚至向服务员要臭豆腐。"整体印象还不错！只是一盏立式台灯不能用。去餐厅看看。"庄菁一般会在酒店餐厅尝尝特色菜，同时观察服务员的态度。

庄菁本科毕业不到一年，当酒店试睡员之前在旅游行业工作。2010年年初，她在网上看到酒店试睡员的招聘启事，就怀着好奇的心情递交了初试材料——3份不少于500字的酒店入住体验报告。"去哪儿"网2009年年底宣布耗资百万元在全国485个城市同时启动招聘酒店试睡员计划，称这是"中国最舒服的工作"：上班不打卡，免费住酒店，月薪上万元。如同澳大利亚昆士兰旅游局打出"世界上最好的工作——高薪招聘大堡礁汉密尔顿岛看护员"的广告，短时间内吸引了全国300多个城市的7 000多名报名者。经过百强筛选、网络投票、电话面试、在北京举行48小时真人秀决赛等层层选拔，上海的庄菁、北京的张与墨和西安的李佳脱颖而出，2010年3月与"去哪儿"网签订了为期半年的合同，成为该网的首批酒店试睡员。

庄菁解释说，我们的工作远不止住住酒店那么轻松！酒店调查报告是工作必须的一部分，其实压力还是蛮大的，需要细心、耐心和责任心，以及发现问题、调研、沟通的能力。因为我们是带着任务来的，不像普通的旅客那样放松，在一天的入住时间里，需要精神高度集中，观察每一个细节，时刻记录自己的感受，最后要在48小时内写完详细的体验报告。给公司的日报、周报字数每月总共有10万字左右。从理论上讲，试睡员要具备敏锐的观察力和感受力，热爱旅游，乐于分享见闻，勇于冒险和尝试新事物。

在入住酒店之前，试睡员们要做大量功课。庄菁经常登录行业网站，了解各酒店集团旗下品牌、新酒店开张消息、行业发展趋势等。每次试睡，都会针对某一客户群确定一个主题。例如，北京的张与墨正在进行以"小资女人喜爱的酒店"为主题的体验，而上海的庄菁则围绕着"五月上海，低碳游世博"的主题展开调研。庄菁首先寻找两三个目标客户做访谈，了解他们对酒店的需求，根据客户提供的线索，搜集大量资讯，综合比较，罗列出10家酒店的榜单，并说明上榜理由，弄清每家酒店的交通是否方便，如何前往各旅游景点，周围有没有银行、医院、餐饮店等。其次，为了征求网民的意见，她还要发起网上投票，设计投票的标题、选项等。最后，公司从她的榜单里挑选实际试睡酒店，实施测试计划。

经过数周的奋战，庄菁根据自己在全国6家知名连锁经济型酒店的试睡心得，完成了"史上最全的本土经济连锁酒店会员卡比对攻略"，哪家连锁酒店的卡最划算，一目了然。你若是问她：杭州的哪家酒店最适合情侣入住？上海的低碳商务酒店在哪里？上海新天地一带有什么精品酒店值得推荐？她都能答得头头是道。

写作悟语：要想写好调查报告，前期的大量调查是必不可少的，只有在掌握了大量第一手资料的基础上进行科学分析，才能得出准确的调查结论。

文体实训

1. 阅读《关于酒店门童服务礼仪的调查报告》,思考和回答以下问题。
(1) 它属于哪个类别的调查报告?
(2) 通过阅读这篇例文,对你写调查报告有何启示?
2. 深入本地酒店,就客源情况进行调查,并撰写一篇调查报告。

第四章 酒店公关文书写作

第一节 消 息

广东台山碧桂园凤凰酒店荣膺五星

2012年3月30日,台山碧桂园凤凰酒店顺利通过国家级旅游饭店星级评定委员会的评定,正式挂牌五星级。台山市市长张磊、江门市旅游局副局长张华、碧桂园集团公司董事杨志成和碧桂园凤凰国际酒店管理公司执行总经理戴玉等出席挂牌仪式。凤凰酒店作为台山市的首家挂牌五星级酒店、江门地区第7家五星级酒店,对于台山打造五星级的旅游度假城市具有重要的意义。

张磊表示,台山碧桂园是具有责任感的房产企业,在台山甚至江门地区起到了典范作用。如今凤凰酒店正式挂牌五星级,对于推动台山市旅游业发展、加快旅游建设步伐、提高旅游接待服务水平具有重要意义。

据悉,台山碧桂园日前正式推出全新商住一体的"创富"美墅,这是该项目一期最后的珍藏版"骑楼"风情特色别墅产品。该批产品最大的设计特色是商住格局分离,约270平方米联体美墅带两间40平方米商铺,集居住和商用功能于一体,可以满足自住投资的双重需求。

(资料来源:黄碧云.广东台山碧桂园凤凰酒店荣膺五星.南方日报,2012-4-6)

一、消息的含义

消息又称新闻。新闻的概念有广义、狭义之分。广义的新闻,是消息、通讯、特写、专访等诸种新闻体裁的总称;狭义的新闻,则专指消息。

消息是对新近发生或发现的、重要的、有意义的、能引起广泛兴趣的事实进行迅速及时的简短报道。因其使用频率高、使用面广,是新闻报道中最常用的文体,所以人们常把消息直接称为新闻。

二、消息的类型

从写作角度划分，可将消息大致分为动态消息、综合消息、经验消息和述评消息四种。

（一）动态消息

动态消息指及时反映现实生活中新近发生的、变动的事实，对新事物、新情况、新成就、新问题、新气象、新动向等进行简明扼要地报道的消息。动态消息的篇幅短小，主题集中，一事一报，时效性强，新闻特征最为明显。报刊上标有"简明新闻"、"简讯"、"标题新闻"、"××动态"、"××花絮"等栏目的消息，均属动态消息。在酒店的新闻报道中，动态消息的写作也最为普遍。

（二）综合消息

综合消息是以综合反映全局情况为内容的消息。它一般围绕一个中心，集中全国或某个地区、某个领域、某条战线带有全局性的新情况、新成就、新动向、新问题加以综合报道。内容上通常是"一地多事"或"多地一事"，即紧扣一个中心，把一个地区、一个单位的若干事实或不同地区、不同单位的若干事实集中起来，进行概括地报道。综合消息报道面广，概括性强，需要作者全面地掌握材料，而且还要注意处理好"点"和"面"的关系，做到二者结合，既全面又突出典型。

（三）经验消息

经验消息又称典型消息，是主要报道工作中具有典型性的经验或做法的一种消息。经验消息指导性强，要通过典型经验的报道，达到以点带动面，推动全局工作的目的。因此既要叙述事实，还要总结概括具有指导意义的经验，一般篇幅较长。经验消息不全是总结先进经验的，也有总结反面教训的。

（四）述评消息

述评消息又称新闻述评，是以叙述新闻事实为主，并对新闻事实作恰到好处的评论，是以夹叙夹议的方式写成的消息。述评消息兼有新闻和评论两种功能，消息的事实是依据，着眼点却是评论，因此一般事实的叙述比较概括，评论则鞭辟入里。

三、消息的结构和写法

（一）消息的结构

消息的结构主要包括标题、消息头、导语、主体、结尾、背景六个部分。

（1）标题。消息的标题有单行、双行和三行三个类型。

① 单行标题只有一行正题，要求包含所报道的核心事实、主要内容或中心思想等信息。

② 双行标题是指在正题上面加上引题或在正题下面加上副题。正题字号大一些，引题或副题字号小一些。引题又称眉题（横排）或肩题（竖排），作用是交待背景、说明缘由、烘托气氛、揭示意义等。副题主要是对正题的补充。

③ 三行标题由引题、正题、副题组成。在撰写三行标题时，一定要注意弄清三类题

目的作用，千万不可颠倒互换。关键是正题必须揭示消息的主要内容。

（2）消息头。消息头主要有"讯"与"电"两类。"讯"是指通过邮寄或书面递交的形式向媒体传递的报道，"电"是指通过电报、电传、电话、网络等传输的报道。消息头是版权所有的标志，也可标明消息的来源。报纸发表的消息，正文前面常冠以"本报讯"、"新华社某月某日北京电"等短语，这就是"消息头"。消息头也叫"电头"，因为消息的传递主要靠电子手段，以前是电报、电话，现在是图文传真、卫星电子网络。

消息头是消息特有的结构部件，它已成为消息体裁的一个重要标志。但消息头一般是由报社、通讯社加上的，作者（记者、通讯员）写稿、投稿时可以不写。

消息的作者署名位置。它不像一般文章那样在标题下面、正文之前，而是在消息头之后，正文之前，或文末（多加括号）。

（3）导语。导语是消息的开头，一般是文章的第一段。有时导语由两段组成，则称为复合式导语。

导语将最重要最基本的新闻事实告诉读者，并统领全篇。在导语中应当把何时、何地、何人、何事、何因、何果六要素交待清楚，六要素人称"5W1H"，即 when（什么时间）、where（什么地点）、who（谁）、what（什么事）、why（什么原因）和 how（结果如何）。

导语可用叙述式、描写式、设问式等表现，最常用的是叙述式。

① 叙述式。就是把消息中最重要、最新鲜、最能吸引人的事实首先写出来，开门见山、干净利落。

② 描写式。描写式是用描写的手法，用生动的形象把消息的主要内容表现出来，以吸引读者。

③ 设问式。就是在导语中，先把事实和矛盾尖锐地提出来，然后用提问的方式引起人们的关注并引出主体。这种方式既可用于经验性消息，也可用于评述性消息。

（4）主体。主体紧承导语，用更具体的事实把导语的内容充分地展开。主体不是导语的重复，而是深化、细化和补充。主体内容的结构方式有纵式和横式两种。

① 纵式结构。就是按事件发生的时间顺序安排材料，这种结构的优点是层次分明，脉络清晰，把事件的原委讲得有头有尾。

② 横式结构。就是按逻辑顺序组织材料，即不受时间限制，根据因果关系、主次关系、并列关系来安排结构。

（5）结尾。因为消息是倒金字塔式结构，重要的新闻材料和事件的结果在导语中都介绍清楚了，所以大多数消息没有结尾，主体写完，文章就戛然止住。有的消息也有结尾，或号召式，或总结式，或预示式，或启迪式。无论怎样结尾，都要与全文融为一体，要自然生动，不可狗尾续貂。

（6）背景。消息背景是对消息所报道的新闻事实的历史条件、现实环境及科技信息的补充和解释。背景材料可以说明消息事实产生的具体环境、条件、独特原因，帮助读者更好地理解所报道的事实；可以解释读者不熟悉的事物或术语；可以通过对比衬托新闻事实的意义；也可以增加与消息有关的知识性、趣味性材料。

背景按内容可分为历史背景、地理背景、人物背景、科技背景等。按作用又可分为说明性背景、对比性背景、注释性背景。

有的消息有背景，有的消息无背景，有无要以是否需要而定，不作统一要求。

背景在消息结构中没有规定的位置，作者可视表达的需要，把它安排在导语之后、主体之前，也可以分多处插入。

（二）消息的组合方式

消息由标题、消息头、导语、主体、结尾、背景六个部分组成。具体到每一篇消息如何安排这些组成部分，却有多种形态，主要有倒金字塔结构、金字塔结构等。

（1）倒金字塔结构。倒金字塔结构是将最核心的新闻事实先说，简说、快说，让读者一下就知道新闻的主要内容，然后再展开细说，让读者了解更为具体的新闻内容。这种结构的特点如下：先简说，再详述；先精说，再详说；先说核心事实，再说整个事实；先说最重要、最新鲜的事实，再说次重要或次要事实。

（2）金字塔结构。金字塔结构也是一种形象的比喻，实质是顺序法。它按照时间先后顺序安排段落层次，先发生的放在前面，后发生的放在后面。事件的开头就是消息的开头，事件的结尾就是消息的结尾。这种写法如同讲故事，开头较一般，随着情节步步推进，事件的高潮在后面出现。这种结构又称时间顺序结构，还可称为编年体式结构。

此外，还有并列式结构、对比式结构、悬念式结构、散文式结构等等。

四、写作提示

（一）要善于发现有价值的新闻线索

所谓有价值，就是要通过消息，宣传党和政府关于发展酒店事业的方针政策，报道酒店战线的新成绩、新经验、新气象、新面貌，揭露酒店工作中带典型意义的错误思想、错误决策和错误做法。一句话，就是一切从党和人民的利益出发，抓广大群众普遍关注议论的热点问题。

要做到这些要求，除了思想敏锐，勤于思考，有一双慧眼之外，还有一个重要条件，就是必须深入生活中去观察体验，到第一线去了解社会，绝对不能坐在办公室里闭门造车，凭道听途说写文章。

（二）要把消息的六个要素交待清楚

消息的六要素（"5W + H"）是消息必须具备的基本构成，只有要素完备，才能内容确实，才有强大的说服力。

现在有些文章对这个要求不重视，有意无意地把问题写得模糊其辞。不写清某年某月某日，而写"近日"、"日前"之类；地点不写明具体位置、具体部门，而写"某酒店"。这样使读者对消息的准确程度产生怀疑，新闻效果也大打折扣。

解决这个问题的方法，一是提高责任心，把事情弄清楚再下笔。二是增强责任感，对好人好事、好做法要大力宣扬，号召大家学习，对不良倾向要敢于作斗争。隔靴搔痒是不能解决任何问题的。

（三）要强调消息内容的真实性

真实性是一切应用文的基本要求，对于新闻报道则更应当特别强调。真实是新闻的生命，新闻必须真实是新闻工作者的第一信条。而在现实生活中，假新闻层出不穷，我们必须与之进行坚决斗争。具体地说，在写酒店消息时，要杜绝以下几种情况：凭空捏造，无中生有；添枝加叶，故意拔高；偷梁换柱，移花接木；道听途说，以讹传讹；强扭角度，因果不符；主观片面，歪曲事实。

(四) 语言要做到准确、简练和生动

写消息要在语言方面狠下功夫，绝不能因为消息"简"、"快"就写得很粗糙。

所谓准确，就是要做到字斟句酌，遣词用字必须符合实际。如用数字量词应该经过核对，用形容词、副词不能无限夸大。文章中要避免"许多"、"不胜枚举"、"难以数计"之类笼统含混的词句。

所谓简练，就是要讲究文约而事丰，言简而意赅，语句要干净利索，不拖泥带水，多用短句少用长句，使文章读起来顺口流畅。

所谓生动，就是表现手法要新颖多样，可以适当地运用白描手法，以及比喻、排比、反复、递进等修辞格，使文章不枯燥乏味。

拓展阅读

企业报刊新闻写作常见问题与解决技巧

据不完全统计，目前国内共有企业自己创办的非营利性"企业内刊"12 000多种，总印刷量达1 000万份左右，国人平均每百余人就可免费分得一本。如果按每种每年的成本支出（含人工）40万元（保守估计），那么中国内刊一年的经营成本在48亿元以上，相当于我们每人每年要为此支付近4元。而且内刊数量每年还在以25%左右的速度递增，内刊的影响力在不断扩大，被文化界称为"企业文化新军"。内刊人也有了自己的组织——北京企业媒体沙龙。

但客观来说，目前各家内刊的水平参差不齐，这其中有机制的问题，也有内刊人自身的问题。本文拟就企业报刊新闻写作中暴露出的一些问题进行解剖，并提出对策，以期抛砖引玉。

一、企业报刊新闻写作中的常见问题

（一）新闻与宣传不分

宣传与新闻被一部分人视为同义语，这至少说明两者之间存在着广泛的联系。首先，宣传与新闻都属于传播的范畴。其次，现代宣传主要通过新闻媒介来进行。最后，新闻事业脱胎于宣传活动。

另一方面，宣传与新闻传播等大部分传播活动在内容、方法和目标上，都有若干的不同点。就宣传与新闻的实际运作而言，它们通常有以下相异之处：宣传重符号，新闻重信息；宣传重反复，新闻重新意；宣传重观点，新闻重事实；宣传重时宜，新闻重时效；宣传重操控，新闻重沟通；宣传有重点，新闻讲平衡。

（二）不会写新闻导语

无论任何媒体报道新闻，导语是基础。一般而言，导语是整篇消息的第一个单元，它以凝练简洁的语言告知最重要的新闻事实和观点。好的导语给读者和观众一种期望，一种诱惑。如果你在导语中失去了读者，你就别想指望依靠消息的主体内容把读者拉回来，因为读者通过阅读导语，已经认定自己对该文章没有兴趣，就不会再继续阅读了。

二、解决办法

(一) 更新观念,打破惯例

要更新观念,打破惯性,就要求我们首先要主动加强学习,而且要学习一些"新新闻学"的观念。同时在内刊的新闻写作中去实践这些新的理念。

(二) 学习一些写作技巧

导语不必包括稿件里所有的要点,只需选取其中最吸引读者的一两点就可以。《新闻学核心》中说:"永远把最有意思的放在导语中。导语中只包含和强调突出一件事情。""把新闻事件中最重要的和最能吸引读者的行动、讲话、声明或场景放在导语中。有的新闻事件里包含多个兴奋点和亮点,记者只能金子里挑钻石,选取最大的钻石。""导语是事件的高潮,而不是无关紧要的铺垫和引入。"

想吸引读者,必须知道读者的心理。作为写作者,心里应时刻记得读者,不要忘了自己也是读者。作者要知道读者喜欢什么,反对什么,什么内容读者感兴趣。若作者自己都不信、自己都无动于衷的内容,最好不要写。写导语时尤其要注意。记住,导语的作用是要读者看了导语愿意读下去。

写导语的经验如下。

(1) 导语中选用的事实,必须是有必要与大家分享的内容。这种事实有一种紧紧抓住读者的力量。

(2) 所报道的事实或观点有新意或新的味道。

(3) 坚持倒金字塔结构,导语不要超过50个字,最好是一句话导语。

(4) 导语内容越具体越好。

(5) 导语要有一个兴奋点或卖点,要调动读者的情绪,而不仅仅是他的大脑。

(6) 用讲故事的口吻写导语,好像你在跟一个坐在对面的朋友讲故事。

(7) 从具体问题入手,然后在正文拓展话题。

(8) 导语最好有视觉感。

(9) 导语写作要有针对性,要明确消息的读者群。

(10) 尽量使用直截了当、生动的、不拘形式的语言和短句。

(资料来源:http://www.douban.com/group/topic/10103552/,有删改)

写作悟语:消息的写作需要不断地实践,在大量写作探索的基础上,总结经验,才能写出好新闻。要练就一双新闻眼,善于捕捉新闻。写作大量的公司新闻报道,有助于你走向更高的层次。

文体实训

1. 为下面一篇消息加上标题。

本网讯 高铁时代,生活每一天都是全新的。沪杭高铁9月24日已经成功试运行,预计于10月下旬正式开通,长三角一小时生活圈的梦想正一步步照进现实。中国精品连锁酒店领袖品牌维也纳集团借势在杭州布下第一颗棋子——武林广场店,为长三角的商旅客人提供最精致的服务。

维也纳集团是国内最大的中档精品连锁酒店,其所倡导的"五星体验,二星消费",非常符合我国消费者的物质诉求和心理感受。酒店的装饰和硬件费用是普通经济型酒店的 1.5 倍,而住房价格只比经济型酒店高出 20% 多,既能够满足日常出差酒店的生活需求,又能够满足各种各样的商务需求。对大量具有中等消费水平的企业和个人具有很强的吸引力,受到广大企业界、商界和酒店人士的普遍青睐,平均入住率在 96% 以上,在同行业遥遥领先。

维也纳酒店武林广场店位于杭州市核心商圈的下城区文汇路 348 号(金鹰大厦)。周边环境优雅,景色怡人,酒店由名师精心设计,将欧洲时尚元素与东方典雅风格相融合,拥有 156 间各类豪华客房,还拥有会议厅、商务中心、餐饮等配套服务。

维也纳酒店武林广场店临著名的西湖文化广场和武林广场,傍具有悠久历史的京杭大运河,临窗而眺,美景一览眼底。周边交通便利,商务活动频繁,距闻名世界的西湖景区、杭州著名的四大商业街中的武林广场和凤起路,以及西湖文化广场仅 3 分钟车程;距杭州火车南站、城站火车站仅 20 分钟车程;离杭州萧山机场仅 30 分钟车程。

2. 采访本地知名酒店,写一篇 500 字的动态消息或 1 000 字的典型消息。

第二节 通 讯

范文示例

在泰国打造有中国元素的世界钻石级酒店
——记泰国拉瓦那有限公司董事长符和万

"尽管我的事业成功是在泰国取得的,但我从来没有忘记自己是一名中国人,所以现在当我将事业传给子女的时候,我也要求他们一定记住自己的祖先来自中国海南。"这是泰国拉瓦那有限公司董事长符和万先生给记者留下印象最为深刻的几句话。

日前,应泰国酒店局的邀请,记者前往位于泰国南部的酒店胜地苏梅岛采访。泰国酒店局官员为记者推荐了一些采访对象,符和万就是其中之一。他获得推荐的主要原因是他的家族企业今年在苏梅岛办起了一家"中国味道"很浓的花园别墅式酒店——拉瓦那别墅,并被国际权威机构授予"钻石级五星酒店"称号。

今年已年逾花甲的符和万中等身材、精力充沛、平易近人，丝毫没有大企业家的架子。出生于苏梅岛的他祖籍中国海南，父母年轻时因为贫穷双双来到泰国谋生。当他一岁时，父亲携全家来到曼谷。父亲做过许多生意，但始终亏多赚少，因此家境一直比较拮据。尽管初中毕业后上的是职业高中，但好学的符和万曾两次考取泰国最著名的朱拉隆功大学。遗憾的是家境困难的父母没有能力供他上大学。

从十八岁开始，符和万先后在曼谷为几家公司累计打工近十年时间。由于诚实、勤奋和能干，符和万深受公司喜爱和重用，职务不断提升，从而积累了丰富的商业和经营知识。他二十七岁结婚，夫人祖籍同样是海南，他们育有一男二女。

三十岁可以说是符和万人生的转折点，当年他从公司辞职，首次自己办起了一家小公司，主要经营橡胶出口生意。凭着执着、诚信和眼光，他的生意越做越大，后来成立了自己的橡胶加工厂，曾连续十多年成为泰国最大的高端橡胶产品出口商之一，从而奠定了家族产业的厚实基础。在成功经营橡胶生意的同时，符家开始逐步进入房地产业，先后在曼谷等地购置了大批地产。

大约十年以前，符先生回到自己出生的故乡苏梅岛，开始大举涉足当地酒店房地产业，先后开发了多个酒店度假村别墅，均取得良好效益。从几年前开始，符和万开始有意识培养从美国结束学业回国的大儿子和大女儿，让他们逐步接替自己继续开拓家族产业。目前，儿女均已在苏梅岛取得了不错的业绩，特别是女儿拉瓦那今年年初推出的"拉瓦那别墅"更是不同凡响。

在听符和万介绍拉瓦那酒店时，他的中国情结让记者印象深刻。他说，在父母的影响下，他从来没有忘记自己是中国人。尽管自己是生在泰国的华裔，但名片上一直印着"姓符"。儿女们尽管取的都是泰文名，但他坚持按海南人的习惯给他们每人取了一个中国式小名。

他说："在泰国，人的小名叫得最多，这样他们从小就会牢记自己的祖先了。"更加让人感到惊奇的是，在他的影响和建议下，曾在美国居住十一年、连续读完中学和大学的大女儿拉瓦那竟然在自己主导开发的房地产项目中融入了诸多中国元素。

拉瓦那别墅位于苏梅岛东北部，位于当地最有名的查温海滩最北端。酒店建于紧邻海滩的一座山坡上。酒店从外部看并不起眼，但简洁之中透着庄重。黑色大门分四间开，材料全部来自中国，使初次到访者觉得仿佛来到了旧时中国的大户人家。

迈进别墅大门，抬头望去，接待大厅里"符室符家"几个中文大字分外醒目。每栋别墅的取名、设计风格、家具摆设和室内字画等装饰品，都会让人想起"中国"来。符和万告诉记者，90%以上的苏梅岛人祖先都是中国海南人。在他的建议下，拉瓦那曾开车考察了岛上许多海南人的旧居，并将这些旧居的中国特色带到了拉瓦那别墅，这大概就是别墅带有浓厚中国特色的原因。

符和万动情地对记者说："拉瓦那别墅真的让我感到十分自豪，因为它使我们家族的事业与自己的中国情结合到了一起，这可以说是我一生中一直在追求的东西。"

当然，让符先生自豪的还不仅仅限于此。拉瓦那别墅进入市场之后所受到的肯定和好评也让他兴奋不已。这家投资高达11.7亿泰铢的别墅式高级酒店占地面积约60亩（1亩≈666.67平方米），建有122套独立式豪华别墅，其中一半左右设有室内或室外游泳池,并且不出房门就可以看到如诗如画般的海景。整个酒店绿树成荫,精心设计的绿化率达到50%左右。尽管2008年2月才正式营业,但拉瓦那别墅已被国际权威机构授予"钻石级五星酒店"称号,与久负盛名的泰国东方酒店一起成为泰国仅有的两家钻石级五星酒店,在泰国酒店界引起不小轰动。

鉴于泰国大多数豪华酒店均由西方人所有或经营,泰国酒店局局长蓬诗丽因此对拉瓦那别墅给予了高度评价,称赞其在酒店行业具有勇于"领先西方人"的胆略和水平,成为为泰国人、甚至亚洲人争光的品牌。

据了解,拉瓦那别墅开业以来好评如潮,特别得到来自韩国和中国的新婚夫妇的青睐,给他们的蜜月之旅留下了难忘的印象。曾让符和万感到意外的是,别墅的头两位客人来自中国大陆,而且当时别墅还没有在中国做任何宣传推介,客人是从网上获知信息后主动前往入住的。符先生对中国人民生活水平的提高感到由衷高兴。到目前为止,入住别墅的中国人比例约占三成。随着对欧美市场的开发,目前前往入住的西方人也日益增加。

符和万告诉记者,他获得成功的秘诀是四个字:善于思考。他说,他常常教育子女,在生意上,凡事要多思考,提前做好计划,并要有超前意识,光靠勤奋是远远不够的。因为只有善于思考的人才有可能把握时机。

谈到未来打算,符和万透露,他领导下的泰国拉瓦那有限公司将继续在苏梅岛大力开发酒店房地产业,因为他感觉这一领域的商机依然无限。他同时表示,今后除了通过进一步壮大事业为自己家族、为在泰国的海南籍华人及中国争光之外,他还将积极参与社团活动,为增进中泰交往和友谊贡献自己的一份力量。

(资料来源:顾时宏,陆永江.在泰国打造有中国元素的世界钻石级酒店.中国新闻网,2008-10-29)

写作知识

一、通讯的含义

通讯,是运用叙述、描写、抒情、议论等多种手法,具体、生动、形象地反映新闻事件或典型人物的一种新闻报道形式。它是记叙文的一种,是报纸、广播电台、通讯社常用的文体。

二、通讯的类型

根据通讯的内容和写法,一般将通讯分为人物通讯、事件通讯、工作通讯、风貌通讯和新闻小故事等。

(一)人物通讯

人物通讯是以酒店战线出现的新闻人物为报道对象的通讯。它通过记述模范人物的活动，颂扬酒店战线上的英雄个人或群体，使他们的先进思想和感人事迹发扬光大，以鼓舞和激励人们更好地为发展酒店事业而努力。人物通讯可以写人物一生，也可以写人物的某一阶段或某一侧面；可以写一个人物，也可以写一个集体或一个集体中的几个人。

（二）事件通讯

这类通讯是报道有深刻社会意义的典型事件，或赞扬新思想、新风尚，或批评旧理念揭露工作中的问题的通讯。事件通讯要求情节完整，曲折动人。人物通讯的中心是"人"，事件通讯的核心是"事"。

（三）工作通讯

这类通讯是分析当前酒店工作中的经验或问题，总结出某些规律性的东西以指导实际工作的通讯。这类文章，既要有情况描述，又要有精辟议论，在夹叙夹议中总结经验，推动工作。

（四）风貌通讯

风貌通讯以一条战线、一个地区、一个部门、一个单位或一个酒店的发展变化过程为报道对象。有的以社会风貌为主，有的以自然风貌为主，有的则把两者结合起来，把人、景、事融为一体，使文章更有深度、更有立体感，因而更感人。

（五）新闻小故事

这类通讯是以故事形式进行新闻报道的小通讯，它注重故事的情节性，往往把镜头对准酒店生活中的某个精彩片断和场面，篇幅短小，报道快速。

三、通讯的结构和写法

通讯的结构由标题、开头、主体和结尾构成。

（一）标题

通讯的标题有单行标题和双行标题，多数为单行式，有的有副标题，也只是交待报道的对象和新闻的来源。

（1）单行标题。即只有正题，直接把通讯的主要内容点出来。

（2）双行标题。又称复合标题，即由正副题构成。第一行是正题，第二行是副题，副题前加上一个破折号。一般正题虚写，副题实写。

无论是单行标题还是双行标题，一个最基本的要求是标题要能涵盖文章内容，也就是文题相符，"头大身小"或"头小身大"都不行。

（二）开头

通讯的开头有多种形式，常见的写法如下：揭示矛盾，引起注意；故设悬念，抓住读者；抒情描写，烘托气氛；提出问题，引起思考；引经据典，提请注意等。无论用什么方法开头，都要符合紧扣主题、生动精彩、把握基调三个要求。

（三）主体

通讯的主体是文章的躯干，要求布局合理，层次安排有当。主体写作的具体要求，一是要突出中心，二是要波澜起伏，三是要巧妙过渡。主体的结构形式主要有以下几种。

（1）纵式结构。就是按时间顺序安排层次。

（2）横式结构。就是按事物的不同类别，不同侧面，或按照空间变换顺序来安排层次、组织材料。

（3）混合式结构。这种结构是在大层次与小层次两个不同的体系中，分别采取纵式、横式两种不同的结构方式，把时间与空间交叉起来安排材料，也就是以时间顺序为经，以空间变换为纬，或者以空间变换为经，以时间顺序为纬。不论怎样，两种方式不能交叉混合而造成逻辑混乱。

（四）结尾

与消息一样，通讯有的有结尾，有的没有结尾。一些通讯的最后一个自然段是最后一个层次的最后一段，而不是全文的结尾。尤其是按时间线索安排材料的纵式结构，事件描述完了，文章也结束了。但是也有不少通讯是有结尾的，结尾写好了可以总结全文、展望未来或画龙点睛、深化主题。

四、写作提示

（一）选好典型，确立主题

确立主题，首先要考虑的是酒店通讯的主题是否体现了时代精神，其次要考虑反映人民的愿望和要求，还要从所报道对象的客观事实出发，符合生活实际。

（二）描绘细节，铺陈情节

酒店通讯报道的细节描写必须符合生活真实，绝对不容许虚构。细节描写要精练，贵在传神，求精不求多。而酒店通讯情节的展开应该为主题服务。写作时要选出那些典型、生动、富有说服力、足以表现主题的材料来铺陈情节。

（三）刻画人物，塑造形象

刻画人物形象，必须注意展示人物的精神风貌。刻画人物的性格特点，要善于将人物放在矛盾冲突中刻画，因为人物的思想品质和性格特点在矛盾中更能清晰地表露出来。

拓展阅读

几种常见通讯的写作要点

一、人物通讯

人物通讯即具体、形象地报道人物事迹、经历的通讯。

人物通讯可写一人，也可写群相；可写人的一生，也可写一个阶段或某个侧面；多写正面人物（如先进人物、英雄人物、有突出贡献的人物等），也可写反面典型；可写大人物，也可写凡人百姓。

人物通讯写作有以下几点尤需注意。

一忌"有人无魂"。即人物的经历、事迹都写了，但不善于选择典型材料、组织安排材料，或不善于透视人物内心世界，不善于站在时代高度对人物进行观照。"人"是有了，但思想感情、性格风貌、精神境界却没表现出来。

二忌"有魂无人"。即作者能站在一定高度，把握了方向性和时代性，但人物的精神面貌、思想境界表现得空洞、抽象、缺少丰满的血肉，没有具体、丰富而典型的事实，只有"幽灵"而已。

三忌"千人一面"。有的作者在写人物时，难以克服雷同之病，或与自己以前写过的人物雷同，或与别人笔下的形象相似，缺乏个性，没有特色。

四忌"褒一贬百"。不宜用"水落石出"的方法，压低一片，抬高一个，不能故意把群众写得特别落后、矮小，从而突出所写人物的先进、高大。而应用"水涨船高"的方法，处理好"一"与"百"的关系。

五是要写"全人"。主要是处理好"软与硬"、"正与反"的关系。所谓"软与硬"，即指既要写关键性的"大"材料，又不能忽略日常小事、生活琐事的"小"点滴。再伟大的人物也有与普通人生活相同的地方，也要食人间烟火。只有这样，人物的形象才丰满、才真实可信。所谓"正与反"，是指对报道对象作既有"正像"又有"反像"的"全息摄影"。把新闻人物写成没有七情六欲、满口豪言壮语的"神"的做法不是实事求是的写作。把常人写成超人、圣人，把新闻人物写成"高"、"大""全"的人，这不是我们所说的"全人"。如写先进人物坚守岗位、勤奋工作，不要动则写他父母病危也不回家、妻子难产亦不离岗。"无情未必真豪杰，怜子如何不丈夫。"科学家有了成绩，并非都要走路时还在思考问题，碰到电线杆，然后还说"对不起"；做菜时，也并非都因思考问题把手表放到锅里当鸡蛋煮。还有，不要写人好则"好绝"，写人坏则"坏透"。

此外，人物通讯还要善于通过人物的行动、语言、心理和典型细节等来表现人物。

二、事件通讯

事件通讯是详尽、具体而形象地描写新闻事件的通讯。它具有新闻性、典型性、完整性、形象性等特点。一般有一个中心事件，其他人物或事件都围绕这一中心事件展开。事件通讯以写具有典型意义的正面事件为主，但也有揭露性的事件通讯。此种通讯虽以写事为主，但同时不能忽略写人，不要见事不见人。

事件通讯的写作应注意以下几点。

（1）要抓住一个或几个关键性场面或情节来写。事件通讯一般要再现事件全貌，但又不能从头至尾、事事俱现，记流水账。这就要求在写作中能抓住对事件的表现、对主题的揭示起关键作用的一个或几个关键来写。在写作前，作者就应分析手头所具备的材料，是否能满足一篇通讯的需要。一般而言，一篇事件通讯至少应有1～3个骨干性材料。有一个骨干性材料，便可写成一篇"小通讯"；3个以上，可写中型通讯；多组材料，可写中等篇幅以上的通讯。

（2）写好事件的高潮。没有高潮，事件就是"死"的，就是平淡无味的。高潮是矛盾之焦点，是人的思想和行为的"闪光"之处，故应调动多种手法，不惜笔墨，写活写好。

（3）在写事的同时，写好关键人物。事件是事件通讯的核心，而事件又终究离不开人。写好关键人物，又有助于把事件写活。

(4) 在记事的基础上，恰到好处地点出事件的意义。也要善于寓情于事、寓理于事。

三、工作通讯

工作通讯是谈工作经验、教训的一种通讯体裁，具有较强的针对性、政策性和指导性。工作通讯侧重于对工作中出现的新情况、新经验、新问题的探讨和研究。它也要反映新闻事实，往往带有现场活动。这使它区别于一般总结性文章并和其他新闻通讯体裁相同的方面。它与其他新闻通讯体裁相异处在于：要将事实作经验性的概括，对问题发表议论，对矛盾提出解决的办法，有一定的评论色彩。

工作通讯写作的要求有3点。一是要有现实针对性，切合当前工作需要。例如，社会前进过程中新冒出来的问题，实际工作中长期积累起来而未引起注意的问题，长期存在但悬而未决的问题，人民日常生活中经常要注意的问题等，都是有现实性的问题。二是具体、透彻地阐述问题和经验。三是夹叙夹议，有理有据。或用议论作点睛之笔，点出问题之所在；或用背景材料同事实对比，进行有说服力的分析；或是作者直接发表意见。无论采用哪种方式，其议论应力求深入浅出、有理有据。

四、风貌通讯

风貌通讯又称概貌通讯，是反映社会变化、建设成就、地方物产、风土人情的一种通讯。风貌通讯题材广泛，有的侧重于写社会风貌，有的侧重于写自然风貌，有的二者兼而有之。其报道对象，既可是一国一省之类的大题材，也可是一村一店之小题材。其形式也灵活多样，报上常见的有"见闻"、"巡礼"、"纪行"、"侧记"等。

风貌通讯写作的基本要求如下。

(1) 抓住特点，突出"新"和"变"。风貌通讯重写作者见闻，而这"见闻"又须是新的见闻，能提供新的信息、反映新的变化。因此，着眼于"新"和"变"，写出事物的新情况，揭示事物的新变化，是此类通讯的重要特征。

(2) 善用对比衬托。要写新，要突出"变"，通常运用背景材料，选择事实和数字，作今昔对比，这是较常用的一种手法。有时还可用民谚、故事来衬托事物的变化。

(3) 丰富知识，增添趣味。风貌通讯常运用历史、地理、文化、科学等方面的知识来增强知识性和趣味性。但也应注意紧扣主题、关联现实、恰到好处、避免冗杂。

(4) 叙论结合、情景交融。风貌通讯可灵活调动多种表达方式。可以边叙边议，叙论结合；也可写景抒情，情景交融。

（资料来源：http://www.zhlzw.com/qx/mszs/782653.html）

写作悟语：通讯的写作需要经过充分的采访和积累，在写作时要确定好主题，选好材料，要做到站到高处，作宏观分析；走到低处，作微观比较；变换角度，作多面透视。

文体实训

1. 试比较通讯与消息的相同点与不同点。
2. 在当地酒店采访一位大堂经理或服务员,写一篇人物通讯,字数1 000~1 200。
3. 搜集尽可能多的酒店通讯文章,分析比较它们的写作特点。

第三节　解说词

范文示例

山孚大酒店宣传片解说词

"万川归之,不知何时止而不盈;尾闾泄之,不知何时已而不虚。"旭日冉冉,朝霞满天,当绚烂的云霞在海平面上展现,天际海鸟踏着奔腾的海浪迎面飞来,其情其景,呈现出一种撼人心魄的美……

博大浩瀚的大海,带给了青岛这座城市独特的魅力。

红瓦绿树辉映出青岛美丽的身姿,碧海蓝天构成青岛亮丽的海滨风景线,欧陆式的城市风光,蔚蓝色的大海和钟灵毓秀的山峦交织成的美妙旋律,赋予了青岛独有的韵味。

青岛有着十分出色的市政建筑,东部新城呈献给您的是一种现代甚至是超前的美。青岛山孚大酒店,就耸立在东部黄金地段——香港中路之上。天海一色的疗养胜地,四通八达的现代化商务区域,是中外宾客在青岛旅游、商务、娱乐和食宿的理想下榻之处。而其便利的交通,造就了酒店得天独厚的地理环境。

青岛山孚大酒店,距离崂山风景区仅仅45分钟车程,距离青岛国际机场30分钟车程,距离青岛火车站15分钟路程,而到青岛奥运帆船赛场,车程仅需5分钟。

香港中路,跃动着蓬勃生机的浪潮,山孚大酒店,犹如一朵跳跃的浪花,汇集在这座繁华城市的浪潮之中。

甫入气度非凡、梯格回旋的酒店大堂,每个人都会被这里的雍容与气度所吸引。在这里,您能感受到山孚员工对世界各地游客最热诚的款待,以及沁入心扉的温馨亲切。

"欢迎光临山孚大酒店……"

每一个来到这里的人,都会被迎面而来的微笑所感染,这种恬淡的微笑像是亲人般温暖的笑颜,没有更多的语言却足以表明内心的感受。微笑服务,宾至如归,

"家"的感觉才是一个酒店最高的境界。山孚的每一个员工都会以细微的关怀，温暖身边的每一位顾客，用我们百分百的真诚，换来宾客百分百的满意。

殷勤好客山孚人，真诚服务山孚情。亲爱的朋友，我们由衷地感谢您选择了青岛，选择了山孚大酒店。

让客人享受每一刻是我们存在的理由，希望您在这里度过的每一天都是充满欢乐的、每一刻都是舒心惬意的。

中华名茶的缕缕清香与卡布奇诺的沁人心脾交织在一起，仿佛中华传统文化的博大精深与西方现代文化的别种韵味如此和谐的融合共存。轻柔幽雅的背景音乐，让人心旷神怡，于是你感叹，终于给自己找到了一个舒展身心的温暖处所。在这里，邀上三五挚友，一边侃侃而谈，一边喝上几杯随性的果汁；或者捧上一本法国女作家杜拉的《情人》，一边品味摩卡咖啡的芳香，一边品味着那句著名的"我不在家，就在咖啡厅。我不在咖啡厅，就在去咖啡厅的路上"；或者来一瓶芝华士，和来自五湖四海的朋友一再举杯小酌或畅饮；也可能，只是清茶一盏，让心灵小栖，看着阳光从落地窗户懒散地爬进来……如此轻闲随意的环境，如此亲切悉心的服务，所有的幸福都会自然而然地来到眼前，您所要做的仅仅是张开双臂和心灵，尽情享受。

（资料来源：http://wenku.baidu.com/view/0b452e583b3567ec102d8a11.html）

写作知识

一、解说词的含义

解说词是针对特定场景进行相关的解释说明的一种应用性的文体，一般采用口头或书面解释的形式。

解说词是配合实物或照片、画面进行说明，有补充视觉和听觉的作用。它通过对事物的准确描述、气氛渲染，来感染观众或听众，使其了解事物的来龙去脉和意义，收到宣传的效果。例如，产品展览、文物陈列、书画展览、标本说明、园林介绍、影剧解说、人物介绍等都要运用解说词。

二、解说词的类型

（1）根据被解说的对象，解说词可分为产品展销解说词、文物古迹解说词、摄影图片解说词、影视剧解说词等。

（2）根据解说的形式，解说词可分为文学性解说词和平实性解说词两种。

三、解说词的结构和写法

（一）解说词的形式

解说词因被解说的事物不同而千差万别，写法大体上有三种形式。

(1) 穿插式。即穿插在电影、电视剧的剧情进展中，三言两语，简要介绍有关人物和事件，使观众更透彻地理解剧情。

(2) 特写式。即就某个实物或画面作介绍，它要求重点突出地介绍有关知识，给观众以视觉上的补充。

(3) 文章式。用文章的形式来介绍被解说的对象。连环画解说词，纪实性的电影、电视剧的解说词均属此类。它既是一篇完整的文章，同时又要紧扣被解说的对象。

（二）解说词内容

宣传片的内容，一般都包括酒店简介、酒店理念、优质服务、业绩展示、重大新闻和事件，以及企业未来的展望等。

根据酒店的特点，选择沉稳、简洁、激昂、时尚、唯美等不同风格的解说词，力求保证与酒店整体形象的一致性。不同的酒店有不同的特点，必须突出亮点，淡化不足之处。

（三）解说词的写法

解说词写作的形式多样、方法灵活，可用平实的语言，也可用文学的语言；可用散文形式，也可用韵文形式。

写作解说词有如下要求。

(1) 抓住特征，给人实感。要抓住被介绍对象的主要特征，注意运用典型及对比的手法，给人以实感。要突出典型、运用对比、点面结合、由表及里地揭示事物的本质特征。以上方法在解说词中运用很广。

(2) 眉目清楚，深入浅出。解说词多是向不了解某一事物的人进行解说的，因此，必须眉目清楚。先说什么，后说什么，怎样说才便于理解，要通盘考虑。一般有由总到分、由上而下、由下而上、由远及近、由浅入深、由表及里等安排方法。在具体说明某一事物时，又可以按对象、概念、分类比较、分析、小结等步骤进行。即首先说明要介绍的事物是什么（概念、定义、范畴、领属关系、分类状况、固有特征等），然后再说明需要怎样做，应该怎样做的问题。

(3) 感情充沛，语言形象。解说词不仅有介绍、说明作用，还要有一定的感染力，要能引起强烈的共鸣。解说词要表达强烈的感情，除了形象的语言外，还可以运用排比、对偶、反复等修辞手段，并注意语言的音韵与节奏。

四、写作提示

（一）要通俗化、口语化

酒店宣传片解说词的接受对象很广泛，年龄、职业、文化程度都很不相同，因此要求写得通俗易懂。又因为解说词是要"说"的，所以还要尽量做到口语化。这就要求写作者做到以下几方面。

(1) 尽量用规范的语言写，一般不要用方言土语。

(2) 选词造句要大众化，尽量少用冷僻的、专门的词语；要口语化，尽量不用文言文。

(3) 避免使用容易引起歧义的词语和生造的词语。解说词主要是讲、念给人听的，有些音同或音近而义不同的词语，如不注意便会使听者发生误解。例如，"全不"与"全部"等，听上去差不多，而意思大不一样，在使用这些词时就应慎重，尽可能换一个说法，如把"全部"改成"全都"，这样效果就更好一些。

（二）要及物扣题

酒店宣传片解说词是配合酒店宣传片写的说明文字，因此，文字必须与宣传片一致。例如，介绍客房、餐饮时，就要紧扣客房、餐饮的实际情况和特色等，不要离开本题，去讲无关的其他内容。

（三）要简明扼要

酒店宣传片解说词，是对宣传片加以解说，所以，一般人看了宣传片能够理解的东西就不要多讲，而只要把观众不容易懂或可能产生疑问的地方，以及需要引起观众特别注意的地方写出来就可以了。因此，文字要简明扼要，适可而止。

拓展阅读

解说词写作技巧

解说词是一种十分特殊的语言现象。由于画面与解说在电视节目中以双重信息的形态同时出现，因此它既有形象的画面配合，又有独立于画面表现抽象类概念的特点，处于一种若即若离、既抽象又形象的中间状态。解说词创作者首先要对画面与解说进行仔细地分切排列，将两种语言逻辑关系组织成一套语言逻辑关系，发挥各自的特长优势，形成一种良性互补的电视语言。

解说词是一种独特的文体、独特的语言形态。它有独特的创作规律，也有独特的形式要求。概括起来，要把握好以下几个方面。

一是让声音融入画面。电视是视听艺术，主要靠造型的表现力，为观众呈现可见的直观形象。这个直观的形象直接诉诸人的综合器官，引起综合兴奋。这个直观的形象就不再是单纯由画面或语言完成的。让声音融入画面，使画面的形象活起来，这才是解说词的视觉力量。

解说词要真正做到这一点，要经过艰苦的实践和不断的努力，并非一次简单的写作就能达到目的。具体地讲，要注意以下几点。

（1）语言要具体生动。电视传播一瞬即逝的特点，不容观众充分回味、细细琢磨。只有具体生动的解说，才能在有限的时间里，把一般性的意思和抽象的道理说得栩栩如生、实实在在，以引起观众的感情共鸣，给观众留下深刻印象。

（2）语言要鲜明形象。具体形象的语言，能够让观众更好地理解和接受电视节目的内容。解说词如果又具体又形象，就能够造成一种身临其境、如见其人、如闻其声的效果，让人们获得更多更深的视听感受，从而加深对节目的印象。要把一般的意思说得具体生动、形象活泼，可以运用比喻、拟人、象征等艺术手法。

（3）语言要准确。我们所说的语言准确，不但要求表达准确，内容准确，同时还要求和画面形象吻合准确。

二是让观众听得舒心悦耳。电视是视听艺术，既要让观众喜欢看，又要让观众喜欢听，而且要让观众一听就懂，听得舒心悦耳。解说词是通过耳朵作用于综合器官，作者所选用的语言和词汇，包括语言的搭配都要适合于人的听觉习惯，要注意口语化、生活化。所谓口语化，指的是要经过加工的口头语言，这种语言是与书面语言相对而言的；所谓生活化，就是在观众能够接受的范围内，寻求尽可能的接近性。这两层含义都不提倡使用华丽的辞藻，而是要使用朴实自然的词句。让观众喜欢听，就要在观众听觉容易理解的范围内遣词造句，要尽量使用通俗的语言和浅显的文字，读起来上口，听起来入耳。具体地讲，要注意以下几点。

（1）多用短句。解说词诉诸听觉，短句干净利落、活泼有力、播音员好念、观众好记。对那些不得不出现的长句，要分切为容易上口、听起来入耳的短句。

（2）把握语言节奏。好的解说词读起来朗朗上口，听起来流畅顺耳。解说词创作者要有良好的语感。所谓语感，就是作者要能直观感觉到哪些顺畅，哪些不顺畅。良好的语感需要培育和锻炼，要通过朗读作品去找感觉。如果写出的解说词自己读起来很费劲，感到不顺畅，没有节奏和韵律，很可能是平仄方面有问题，可以从这里找原因进行修改。解说词的节奏韵律，不是要求句句合辙押韵，而是要注意形式的内在节奏和韵律，注意语言的气势与感受，提高语言的感染力。

（3）避免使用同音不同义的词。汉语中有大量同音不同义的字词，解说中使用不慎，就会引起听觉上的误解。例如，"产品全部合格"，可能会听成"产品全不合格"；"吃田鸡可以治癌"，可能误听成"吃田鸡可以致癌"。发音相同意思完全相反的字词，解说中要避免出现。

（4）少用或不用简称。为了方便和节省时间，人们在口语和书面语中经常使用简称。解说中使用简称很容易引起听觉上的误解，造成观众不必要的疑问。必须使用简称时，一定要有约定俗成的群众基础，如"八荣八耻"、"三大纪律八项注意"、"五讲四美三热爱活动"等。在小范围使用的简称，解说中最好不用。

（5）多用双音词。单音词只有一个音节，声音短促，一闪而过，不容易听清，也不符合人们日常口语习惯，如曾、应、自、乃、但等。双音词为两个音节，播出的声音响亮，表达的意思更准确、更具体，如曾经、因为、自从、就是、但是等。

（6）多用口头语。解说要符合人们的听觉习惯，要尽量多用口头语。当然，解说并不排除书面词汇，关键是看表现内容和体裁形式。在一些内容庄重、形式严肃的电视作品里，书面语出现的机会比较多。在一些内容轻松活泼，反映普通老百姓生活的电视作品里，多用口头语效果比较好。

三是把握好叙述角度与人称转换。电视镜头有主客观视点，解说也有不同的叙述角度。解说的叙述角度不一定同画面表现的视点完全吻合，可以有相对独立的角度。

（1）第三人称叙述角度。这种角度不受时间空间和作者主观视点的限制，可以自由灵活，全面客观地进行叙述。作者一般不露面，直接将人物和事迹展现在观众面前。缺点是缺少现场参与感，不够真实亲切。

（2）第一人称叙述角度。解说词中记者以"我"或"我们"出现，具有明显的主观参与意识，便于直接表达感情，发表意见，有现场气氛，给人以真实亲切的感觉。缺点是受"我"的活动范围限制，对画面有严格的制约作用。

（3）多种人称交替出现的叙述方式。这种方式灵活多变，既有深度又有广度，既能客观介绍，又能抒发主观感情。这种方式还可以采用不同性别、不同年龄段、不同音色的人分别担当解说，以增强作品的艺术色彩。需要注意的是，在整部作品里最基本的叙述人称要统一，不能轻易改变立场。

（4）"拟人化"叙述角度。拟人化就是从"物"的角度，叙述人世间的现象。这种方式带有夸张性的假想，解说的设计一定要合理，借用"物"的认识水平及内心活动不宜太复杂。叙述角度可以根据题材内容，采用主持人方式、对话方式和参与方式等。

四是处理好画面长度与解说字数的关系。解说受画面的严格制约，必须在画面规定的时间长度内完成解说的叙述。按照一般的播音速度，新闻每分钟画面可播180个字的解说，电视专题片由于掺入比较多的艺术表现因素，解说一般不宜太多太满，大体控制在每分钟画面120～160个字的范围。但在特殊情况下，解说可多可少，一些纪实性作品少到一个字也没有，个别政论片每分钟画面高达200多字也不足为怪。

（资料来源：百度文库）

写作悟语：解说词尤其是企业形象宣传片的解说词撰写起来非常不易。它要求撰写者胸怀全局，掌握大量信息和资料，并能从中认真筛选出有价值的、重要的信息，同时还要求撰写者拥有饱满的创作激情，能够以情动人。

文体实训

1. 通过网络搜索5篇酒店宣传片解说词，分析其结构和写作特点。
2. 通过网络搜索一段酒店宣传片的视频，试着为宣传片撰写解说词。
3. 深入一家宣传片制作公司，了解宣传片制作流程。

第四节　广告词

范文示例

酒店经典广告词

美好的明天，从今晚长城开始！

——长城宾馆

> 香格里拉——您平步青云的必然选择！
>
> ——香格里拉大酒店
>
> 跨下银马座，好运自然来！
>
> ——银马座酒店
>
> 千帆竞发扬子江，万冠云集新世纪！
>
> ——新世纪酒店
>
> 挽卿手、共白头、阳光酒店誓千秋！
>
> ——阳光酒店
>
> 到深圳，住新兴，驾车来，免费停，真实惠！
>
> ——新兴大酒店
>
> 缘自荣威起，海内存知己。
>
> ——荣威大酒店
>
> 相约新世纪，聚散两依依。
>
> ——山东新世纪酒店

一、广告词的含义

广告词，又称广告语，有广义和狭义之分。广义的广告词指通过各种传播媒体和招贴形式向公众介绍商品、文化、娱乐等服务内容的一种宣传用语，包括广告的标题和广告的正文两部分。狭义的广告词则单指广告的标题部分。

二、广告词的类型

目前广泛见到的广告词，按性质功用可分为五大类别：品牌广告词、品类广告词、产品广告词、服务广告词、企业广告词。

（一）品牌广告词

品牌广告词就是该品牌在市场行销时的主张、承诺，一般比较简洁、短小、精练、有内涵，有一定的外延深度和广度，容易与目标受众产生共鸣、有通感，富有哲理和人文气息，极具亲和力。通常情况下都会统领品类广告词、产品广告词、服务广告词，而它们只是品牌广告词的另一种诠释和延伸。例如，海尔的"真诚到永远"、网通的"由我天地宽"、中国移动的"沟通从心开始"、美的的"原来生活可以更美的"、拉芳的"爱生活，爱拉芳"，如此等等。

（二）品类广告词

品类广告词就是该品牌同一产品不同系列或品牌在多元化发展战略下，企业涉猎的其他业务范围所生产的产品的广告词，是主品牌的延伸，进而形成互补格局。还是以海尔为例，海尔品牌的广告词是"真诚到永远"，同时又是该企业的广告词。具体到各种品类：海尔洗衣机——"海尔洗衣机，专为你设计"；海尔冰箱——"海尔冰箱，为你着想"；海尔空调——"海尔空调，永创新高"；海尔燃气灶——"海尔燃气灶，安全最重要"；海尔洗碗机——"享受生命，享受健康"。

（三）产品广告词

产品广告词，大部分状况下是以产品上市推广主题或该产品的卖点的面目出现的。例如，海尔金王子无霜系列冰箱的广告词（推广主题）："智高一筹，天下无霜"；海尔金王子微笑系列冰箱的广告词（推广主题）："微笑金王子，微笑好生活"；小天鹅直频洗衣机的产品广告词："直频科技，奔腾洗涤"；小天鹅台式 WQP4-4161 洗碗机的产品广告词："强磁洗碗机，灵巧更干净"；惠而浦雅典娜系列的推广主题："洗衣新丝路"。

（四）服务广告词

服务广告词是品牌或企业赋予产品的附加值，一般都以专业承诺的形式出现。例如，海尔品牌共同的服务广告词："只要您打一个电话，其他的事我们来做"；摩托罗拉的"MOTO 呵护，全心照顾"；2003 年创维集团推出的服务广告词："创维金牌服务，做好每一步"；小天鹅的"微笑之心，贴心服务"；诺基亚的"专业专注，全心服务"；伊莱克斯的"为您满意，尽心竭力"等。

（五）企业广告词

企业广告词是以企业的目标、主张为诉求着眼点的，在一定程度上是为主品牌背书。有的企业广告词和品牌广告词是同一的。例如，中国移动的"沟通从心开始"；海尔的"真诚到永远"等既是品牌广告词又是企业广告词。拉芳的"拉芳出品，优质保证"；宝洁的"宝洁公司，优质产品"；西门子的"杰出表现，如你所愿"仅仅是企业广告词。

三、广告词的结构和写法

广告词一般没有固定的格式，写法较灵活。从结构上讲，一般包括标题、正文、广告标语、随文4部分。

（一）标题

标题是广告词的精髓，是广告的眼睛，反映着广告的精神和主题。标题一定要能吸引人们的眼球，让人有兴趣看下去，抓住读者，促成购买。真正做到"题好文一半"。

标题可分为直接标题、间接标题和复合标题三种。

（1）直接标题。也就是以简明的文字表明广告的内容，直接标明要宣传的酒店商品、服务项目或宣传单位，让人一目了然。例如，"黄山欢迎您"、"璀璨明珠——张家界"、"北京，迷人的城"。

（2）间接标题。在标题中并不直接说明要宣传的产品，而是通过富有趣味性的语言抓住人们的好奇心，诱导人们关注广告的正文。例如，"露天博物馆"（意大利酒店广告）、"中国人旅行——找中国旅行社"（中国旅行总社精品线路广告标题）。

（3）复合标题。在一则广告中把直接标题和间接标题组合起来，包括两个以上的标题。例如，"夏季避暑往北——到黑龙江来避暑"。

（二）正文

正文是广告的中心和主体，是广告中除了商标、口号、企业相关信息等之外的说明文字。广告的绝大部分信息都是靠正文来传达的。它主要包括三个方面的内容：即对商品等方面内容加以解释或说明；具体说明提供商品或其他方面的细节；最后以热情诚恳的语言诱导消费者购买产品。

（三）广告标语

为了加强广告在公众心中的印象，广告中通常会长期、反复使用一种简明扼要的口号性语句，它可以出现在广告的任何一个部位，一般独立于正文之外。它高度概括、凝练，具有很强的号召力、感染力，而且简洁、整齐、押韵。例如，海南泉水山庄的标语口号是"泉是大地母亲之乳，水是生命万物之源"；北京新世纪饭店的标语口号是"美食佳肴，舍我其谁"。

广告标语与广告标题还是有明显的区别的，具体如下。

（1）位置不同。广告标题是广告的题目，它在广告的开头。标语口号往往与酒店产品或者单位名称放在一起，既可以出现在广告文的开头，也可以出现在正文的中间或结尾。

（2）作用不同。标题的作用是引导消费者的注意，吸引消费者的兴趣。而标语口号的作用是传播企业或产品最基本的诉求，反复提醒，不断加深消费者对该产品的印象，从而形成长期的印象和回想。

（3）数量不同。标题只有一个。当新的标题出现，旧的标题就舍弃不用。但标语口号则可以不止一个，在一则广告中可以不止一个标语口号。例如，新加坡的广告词就有如下几种："无限的新加坡，无限的酒店业"；"尽情享受，难以忘怀"；"新亚洲——新加坡新感觉"。

（四）随文

随文是正文的附属，又称附文、落款。主要是对正文进行补充，如单位名称及地址、网址、联系方法、注意事项等。

四、写作提示

（一）内容真实可靠

广告词就必须传递给消费者最真实可靠的信息，以此取信消费者。

（二）创意新颖独特

新颖独特是广告创意的生命，也是增强记忆度的有效武器。只有鲜明、醒目、新异才能从众多的陈词滥调中脱颖而出，在瞬间引起消费者感官的心理的反应，激发他们对产品产生注意、强烈的兴趣和美好的联想。因此，广告词必须推陈出新，针对人们存在的各种心理（逆反心、好奇心等）刻意求新，不落俗套。

（三）表现手法风趣幽默

当今社会人们都接触到大量的广告，无论电视、报纸、杂志还是新兴的网络媒体上到处都充斥着广告。很多广告对于不需要他的人来说是毫无用处的，再加上一些虚假广告，使人们对广告产生了反感。铺天盖地的广告使人们视觉、听觉疲劳，要想抓住人们的眼球，采用风趣幽默的方式往往是一个不错的做法。运用幽默表现手法，抓住日常生活中极有情趣的细节，渲染和发挥标语口号的情趣美和幽默感，让人在会意的笑声中加深印象。

（四）以品位感染消费者

随着社会的发展，人们的文化水平和艺术修养不断提高，人们的需求已从物质领域转向对生活品质与精神享受的追求。因此，酒店标语口号应根据消费者的内心情感需要，充分发掘大众化的人文题材，渗透传统文化的底蕴，以情感诉求方式，融合东西方传统文化，树立格调高雅的广告品位，以沟通受众的心灵，从而激发其购买欲望。

拓展阅读

香格里拉酒店集团推出全新品牌形象广告

香格里拉酒店集团近日在全球推出其全新制作的品牌形象电视广告。广告主题为"至善盛情，源自天性"，创意大胆、风格前卫，传达了香格里拉在过去40年里所恪守的独特服务理念，证明香格里拉成为亚太地区最佳豪华酒店集团实至名归。

该广告由奥美设计创意，国际知名商业导演布鲁诺·阿维兰执导（该导演曾经执导路易·威登（Louis Vuitton）全球首支电视广告片 *The journey is life itself*），该广告将观众的视线带入极端的自然环境地区，只为传达一个简单而普遍的真理——至善真诚，莫过于对陌生人送上无微不至的关怀。

广告外景选在积雪覆顶的雪山上，故事由一个迷路的旅行者在寒冷的暴风雪中苦苦寻找一个落脚点展开。该故事也将在平面系列广告的其中一版出现，同时推出的还有另外两个平面版本的广告，分别展现蓝色海洋中人与海豚嬉戏和一只美丽的天鹅沉浸在神秘奢华世界里的场景，将观众带入一种自然和谐的意境。这些广告展现的画面虽各不相同，但全都传达着香格里拉的品牌价值和承诺："至善盛情，源自天性"。

广告所阐述的品牌价值，体现在香格里拉33 000名员工每天的工作中。而且，这种品牌价值将会在香格里拉酒店集团未来在中国和世界各地开业的40多家酒店中一直传承下去。

写作悟语：随着市场经济的快速发展，连接商品与消费者的桥梁——广告，其作用越来越显著。它提供信息服务，通过信息传播增进公众对企业和产品的了解，既引导消费，又促进产品的销售。它的作用异乎寻常的重要。因而，写作广告词一定要深思熟虑，反复推敲。

文体实训

1. 下面是一位网友的问题，请代为回答。

我们酒店即将试营业，酒店名称是"君悦酒店"，现在急需一个广告词，约50

字左右，意思大概是，试营业期间住宿有一定的折扣，开业促销词之类的。请大家帮帮忙。

2. 下面是一家酒店的广告词征集要求，请应征撰写广告词。

酒店名称：蓝宝酒店。

品牌理念：蓝天白云，吉祥三宝。吉祥三宝意味着天地人这"三宝"的和谐。

经验理念：具有民族特色和风格的商务连锁酒店。

设计理念：民族风情与现代化的设计相结合。

现有广告语：我在草原有个家；一路追随，相约蓝宝。

征集方向：类似于如家酒店——"不同的城市，一样的家"；汉庭酒店——"人在旅途，家在汉庭"；速八酒店——"无论您在哪里，都有速八，路上见！"

3. 一位名叫tcgjdjd的网友在"百度知道"中为天成国际大酒店征集广告词，以下是两位网友的的答案，请分析其优劣。

（1）浑然天成，给你自然般的舒适。

（2）要健康长寿，就来天成国际大酒店，那儿便宜实惠而且还有赠品哦！

第五节 海 报

海报一

海报二

写作知识

一、海报的含义

海报是用来预报有关文化体育或商务方面的比较大型的活动,以期吸引和鼓励公众积极参与的日常告启类应用文书。

海报具有语言的鼓动性、形式的视觉化等特点。

二、海报的类型

海报按照使用范围来分主要包括三类。

(1) 预报学术性活动的海报,如关于文学、艺术、教育、科研等的讲座或报告会的预报。

(2) 预报娱乐性活动的海报,如关于电影、电视的播映预报,戏剧、歌舞的演出预报,比赛、联欢的举办预报等。

(3) 预报商务性活动的海报,如关于展览、展销、促销、酬宾等活动的预报。海报的制作形式有手写式和印刷式之分,发布方法以在公共场所张贴为主,近年来也常见诸报纸杂志。

三、海报的结构和写法

海报的结构包括三部分:标题、诱导语和附启。

（一）标题

海报的标题常见的写法有两种。

（1）只标示文种名称。即只写"海报"二字。

（2）只标示活动事由。具体又可以分为大体事由型和具体事由型，前者如"激情辉煌时刻，让你我共享"等，后者如"浪漫七夕"等。具体事由型的标题又可以被称为主题语，必须揭示活动的核心内容，要求准确、精练、醒目、突出。

（二）诱导语

诱导语是海报中吸引公众注意和促使公众参与的富于鼓动性的词组或语句，常和主题语配合使用。其位置可以在主题语之前，也可以在主题语之后，分别起到对主题语的提引或说明的作用，更能够起到传播公关信息、展示组织形象的潜在作用。一则优秀的海报一定要重视诱导语的设计。诱导语的设计常见的有三个角度。

（1）突出活动主旨，如"激情辉煌时刻，让你我共享——华鑫酒店KTV"（华鑫酒店宣传海报）等。

（2）突出活动主角，如"入住尚客，感受'时尚'生活"（尚客优快捷酒店宣传海报）等。

（3）突出活动特色，如"浪漫七夕"（台州开元大酒店海报）等。

有的情况下，诱导语由主题语兼任，即具体事由型标题一身而二任，不再单独设计诱导语。这种情况往往是活动本身十分引人注目，且主题庄重严正，或是活动内容简单而没有必要设计诱导语。

诱导语设计要做到标新立异而不哗众取宠，鼓动宣传而不言过其实，并且与主题语相互呼应。

（三）附启

附启指写明需要向公众交待清楚的各项要素，如活动时间、活动地点、活动内容、活动要求、主办单位、承办单位、协办单位、鸣谢单位等。

需要说明的是，海报文本的结构在整体安排上讲究灵活，不拘泥于标题—诱导语—附启这样的固定顺序。

四、写作提示

（一）信息要准确

海报属于告启类文书，传递的信息必须真实准确，除了附启内容外，尤其是主题语和诱导语的写作更需要注意，不能因为艺术化处理而使信息失真。例如，主题语既要避免繁冗，也要避免苟简，不能给公众带来误导；诱导语要把握活动的本质特征，不能华而不实，言词虚夸。

（二）文字要精练

海报由其发布方法和表现形式所决定，各部分写法在语言上都要求精练，以最少的文字传达足够的信息量，文字过多会使海报失去特点。所以要尽量运用简洁概括的语句、词组、短语等分行表达，一般拒绝使用普通连续书写的文字形式。

拓展阅读

知名快餐店错把林丹当冠军　张贴错海报属店员失误

本报记者　段少武报道　2006年12月13日晚上7点多，记者一行路过什刹海附近的肯德基店，店门内侧的玻璃上一张巨大的海报吸引了记者的注意。海报的主角是肯德基体坛群英的第三号明星林丹，他高举双手的食指，似乎在庆祝着自己的胜利。在林丹的双手中间有3行字写着："热烈祝贺林丹夺得多哈亚运会羽毛球男单冠军。"

林丹在本次多哈亚运会的羽毛球男单比赛中打进决赛，但在决赛中输给了自己的老对手陶菲克，只获得银牌，遗憾地与冠军擦肩而过。

但在北京肯德基的店里怎么还会出现祝贺林丹夺得多哈亚运会羽毛球男单冠军的庆祝海报呢？记者随便问了一位正在就餐的顾客，这位姓李的女士恰巧也是位体育迷，经过提醒，她看到海报后马上说："林丹不是单打冠军啊，他是男团冠军，输的就是印尼的陶菲克。"

随后记者拨通了这家肯德基店的电话，一位叫张颖的工作人员告诉记者："由于刚刚接班不久，所以我并不知道更多情况，只是知道这个海报挂上去刚刚几天。"

晚上大约10点30分，肯德基安定门店的安经理突然拨打了记者的手机，他向记者解释了出现这个差错的原因："林丹是肯德基的形象大使，这个海报是林丹决赛前就预备好的，准备为林丹庆功用，在12月9日左右，海报快递到了店里。按照正常手续，如果店内要贴什么海报，公司都会在内部网上提前通知，但也许是由于接待员的疏忽忘记了浏览内部网，所以在拿到海报后，就直接挂了上去。"

最后，安经理告诉记者，他已经让工作人员将那张海报取下。当记者询问是否北京其他肯德基店也会出现类似差错时，安经理说这种情况应该不会在其他店出现。

（资料来源：段少武. 知名快餐错把林丹当冠军　张贴错海报属店员失误. 华夏时报，2006-12-13）

写作悟语：海报的设计虽体现高度的艺术性，但海报宣传的内容应具有真实性、合法性，一旦有所偏差，轻则生质疑，重则打官司，企业的形象、声誉遭到损害。

文体实训

1. 华天大酒店将在2月14日情人节举行盛大的庆祝活动，请你为华天大酒店情人节活动设计一份海报。

2. 校园的宣传栏中经常张贴各式各样的海报，请留意并收集这些海报，分析其优缺点。规范的请抄写下来作为资料留存和写作参考，病误的请分析问题所在并进行修改训练。

第六节　简　报

 **范文示例**

简　报
第一期

德阳大酒店标准化办公室　　　　　　　　　　　　　2010 年 11 月 27 日

宣贯标准化工作　搭建标准化机构

2010 年 11 月 27 日上午 9：00，我店在宴会厅举行了首次标准化工作会议，此次会议参加人员主要是各部门经理以上管理人员。会议主要有两个议程：一是对酒店管理人员宣传贯彻旅发办（2010）40 号和 85 号文件精神；二是结合酒店实际建立标准化管理机构。

酒店执行总经理王碧玉女士发言："为了建立旅游标准化工作机制，构建旅游标准化体系，推动旅游标准实施与评价，四川省旅游标准化试点工作已经展开，而我们德阳大酒店将作为四川省德阳市首批试点单位开展此项工作。作为三星级酒店，我们应严格按照星级标准和规范进行经营和服务。我相信，开展旅游标准化工作，会对酒店的各项工作起到良好的促进作用，进一步推动酒店的规范化和标准化进程。"

人力资源总监吴漫雪女士也做了具体通报："1. 酒店作为旅游标准化的试点单位，此项工作时间紧、任务重，各部门必须马上行动起来，在繁忙的工作之余，抽出时间，整理和编写相关资料，并对员工进行标准化工作相关内容的培训。2. 今天，我们将针对工作的需要成立标准化组织机构，将对各部门经理的具体工作进行分工。下一次将学习旅游标准化工作的具体内容及怎样进行资料的整理和编写等。"

各部门负责人都对此项工作深表赞同，酒店之前也有自己的工作流程等规范，但是标准化工作将会更为系统和专业，经理们都积极表态将按照酒店的总体安排及机构组织分配的工作认真执行，以期让酒店的规范化工作更上一个新台阶。

抄报：德阳市旅游局
抄送：总经理、执行总经理、各部门

 **写作知识**

一、简报的含义

简报是单位内部用来汇报工作、反映情况、交流经验、沟通信息、报道动态等而编发的有一定新闻性质的常用文书,又称动态、简讯、工作通讯等。

简报具有内容新鲜、材料真实、文字简明、报道快捷等特点。

二、简报的类型

简报按照不同的划分标准,可以分为不同的类型。如按照性质划分,有专题简报和综合简报;按照版期划分,有定期简报和不定期简报;按照内容划分,有动态简报、工作简报、会议简报等。

三、简报的结构和写法

简报的结构包括报头、报核和报尾三部分。

(一) 报头

报头一般位于约占首页三分之一版面的上方,用间隔线与报文部分隔开。其主要内容包括简报名称、简报期数、编印单位和编印日期四个部分。

(1) 简报名称。用较大字号的印刷体文字居中标注,以求醒目、端庄。简报名称根据内容不同而拟制,如"酒店简报"、"酒店快讯"、"会议简报"等。

(2) 简报期数。标注于简报名称的正下方,按期序编号,连续编印的简报还可以在期数下面编注总期数,并用括号括入。

(3) 编印单位。标注于简报期数下方、间隔线上方左侧顶格位置,一般书写编印单位全称或规范化简称。

(4) 编印日期。标注于简报期数下方、间隔线上方右侧顶格位置,书写完整的年月日。

除上述必备的要素外,还可以根据实际需要在报头的左上方位置标注密级、编号等内容,编号也可以标注在报头的右上方位置。

(二) 报核

报核即简报所刊登的文章,在与报头相区别的分隔线之下。一期简报一般刊登一篇或几篇性质相同的文章或材料。其主要内容包括按语、标题、正文和署名。

(1) 按语。按语是编者对简报的内容所作的提示或评论,以引导读者理解所编发的文章。按语的位置在报头的分隔线之下,顶格标明"按语"、"编者按"、"编者的话"等字样。

按语不是所有简报都需要的内容,只适合内容比较重要、意义比较重大、问题比较严重等情况。按语一般分为说明性按语、提示性按语、批示性按语三种。按语文字要简明,不可过长,短者三五行,长者半页即可。

(2) 标题。即简报正文的标题,写在按语下面居中的位置。如果没有按语,则写在报头分隔线以下的居中位置。每篇稿件都必须有标题。

简报的标题与新闻的标题类似,可以使用单行标题,用一句话概括核心内容或主要意义;也可以使用双行甚至三行标题,有正题、引题、副题之分。简报的标题要求确切、醒目、简短、有吸引力,言简意赅,点明主旨。

(3) 正文。在标题之下书写正文。简报正文的体式一般有四种:一是报道体,及时报道新情况、新问题、新动态等;二是汇编体,在众多稿源基础上剪辑而成,信息量大、涉及面广；三是总结体，是有典型性和推广价值的总结，用来指导一般性情况；四是转引体，将其他单位有参考价值的材料完整或片断地摘编转引。

报道体简报的写法与消息的写法相似，一般由导语、主体和结尾三部分内容构成。

① 导语。用一句话或一段话准确地概括全文的主要内容，起到导引的作用，一般要交待清楚时间、地点、人物、事件、原因、结果等要素，具体可以采用叙述式、提问式、结论式等写法。

② 主体。紧承导语并紧扣导语，将导语提出的主要问题、概括的主要内容等，用典型的事例、确凿的数据等进行具体化的展开。主体部分的写法根据内容的不同而各异，视材料之间的内在联系来安排一定的逻辑顺序。具体可以采用夹叙夹议、对比等写法。

③ 结尾。通常用一句话或一段话对主体部分所阐述的内容加以概括和综合，进一步深化主题，加深印象。结尾必须简明扼要，具体可以采用小结式、展望式、号召式等写法。

（4）署名。一般写在正文的右下方，用括号括入。署名可以是供稿部门的名称，也可以是采写者的姓名。如果是转抄文章，一般要注明"摘自××××"等字样。

如果一期简报编发的是一组文章，还可以编排目录，位置在按语的下方。但目录一般不需要标注序码和页码。

（三）报尾

报尾一般在最后一页三分之一版面的下方，用分隔线与报文部分隔开。其主要内容包括发送范围和印发份数。

（1）发送范围。在报尾分隔线下方左侧标注简报的发送范围，一般以"报"、"送"、"发"的形式酌情标注。

（2）印发份数。在发送范围的右下方标注印发份数，并用括号括入。印发份数与发送范围之间可以用分隔线分隔。

四、写作提示

（一）选材要准

简报不能有事必报，要在众多的事件中选取那些最有指导意义或必须引起重视的情况和问题，不能事无巨细。

（二）编发要快

简报具有新闻性，应该以最快的速度捕捉和报道新情况、新问题等，如会议简报，上午开会，下午就应看到相关报道。

（三）篇幅要短

一篇简报最好是千字文，至多不超过两千字，一文一事。要杜绝篇幅过长、文字过繁的做法，剔除套话、空话。

拓展阅读

简报的选稿要求

选稿是机关文字工作中常涉及的问题，但简报选稿最有代表性。选好稿子，必须围绕该简报所在机关的职能来确定主要选稿原则"有的放矢"选稿。简报编辑要从大量来稿中挑出好的稿子，需要注意以下四个问题。

一、思想要敏感

简报编辑的思想敏感应该表现在三点上。一是对中央的方针政策，对上级机关的工作部署和本单位领导的工作安排，头脑要敏感。既要能够迅速理解其精神实质，又要能够清醒而敏捷地意识到简报在贯彻落实这些部署中应起的作用。二是对周围的事物，对各方面工作的变化和发展，对各式各样的信息，反应要敏感。既能够条理清楚地把这些情况输入自己的脑海，又能够迅速地反应出简报工作应采取的对策。三是对来稿中反映的动向、火花、事物萌芽反应要敏感，既能意识、鉴别，又能牢牢抓住不放，不让好的线索在自己手中白白断掉。

二、看问题要有预见性

工作不是一成不变的，是在不断发展的。作为单位"机关报"的简报，要起到对工作的指导作用，就必须对工作的进程有预见性。也就是说，简报的编辑看问题、审稿子，不能只想到今天，只看到眼前，还要看到明天，还要想到工作的下步发展，这样才能真正抓住符合事物发展方向的先进经验，抓住妨碍事物发展的不良倾向，抓住事物发展过程中即将遇到的实际问题，选择出有指导意义的简报来。

三、判断要准确

简报编辑的水平，在很大程度上体现在对稿子的判断能力上。具体讲，做好稿子的选择工作，应从三个方面搞好判断。一是搞好稿件的真伪和准确程度的判断。也就是通过看稿，要对稿件的真实程度心中有数，对稿件在政治上、政策上、理论上及工作上的指导意义正确与否心中有数。二是搞好稿件实际价值的判断。有的来稿所反映的问题抓得很准，写得也很清新，也有的来稿反映问题不突出，缺乏指导意义，简报编辑对这两类稿子是容易鉴别的，是能够迅速做出选择的。但有的稿子拉拉杂杂，往往把有价值的内容淹没在一大堆材料中了，对这种稿子，编辑要慧眼识货，能从璞玉中剖露出"和氏璧"来。三是搞好稿件刊发"利与弊"的判断。有些来稿，事情是真实的，观点也是对的，但怎样刊发，什么时候刊发，应该掌握一定的火候。特别是一些反映问题的、对工作提出批评的稿子，在刊发时机上，是早发还是晚发"情况简报"，让大家都知道，还是发"情况反映"，只供领导参阅，不扩大宣传范围；在提法和措词上，掌握什么样的分寸、用什么样的口径，这些都需要简报编辑认真动一番脑筋，积极而稳妥地做出判断。

四、要灵活掌握稿件的写作质量

有些来稿虽然在写作质量上差一些，但反映的问题都很重要，材料也是翔实的，就应该考虑编发。必要时，简报的编辑还可以亲自动手重写，决不要仅仅因为文字逊色了一点，就把一些很有价值的文稿抛弃。

（资料来源：http://www.diyifanwen.com/fanwen/mishujichu/133818031699852_3.htm，有删改）

写作悟语：简报的写作要注意精选材料，围绕主题精心挑选典型事例。既要求简，又要写清。

文体实训

1. 请根据下面的消息，编发一期简报。

维也纳酒店集团荣获"中国最佳精品商务酒店连锁集团"称号

2012年3月18日，被业界及媒体褒誉为"中国饭店产业第一盛会"的"中国饭店2012年年会暨第十二届中国饭店全球论坛"在广州长隆酒店国际会议中心隆重启幕。国家旅游局原副局长程文栋、中国旅游协会副会长陈妙林、国家旅游局饭店处处长孔磊等领导参与本次活动。

本届全球论坛围绕"寻找财富增长新动力"的主题，分别就"酒店+地产"发展模式经验分享、精品连锁酒店发展模式等话题展开。维也纳酒店集团董事长黄德满先生受邀在主会场进行了主题为"维也纳精品连锁酒店发展模式"的演讲。与在场的与会嘉宾一同分享了维也纳酒店集团的核心竞争优势及20年经营管理经验，深受在场嘉宾的好评。

本次活动设置了金马奖颁奖盛典，经过"协会提名、企业申报、专业测评、大众投票、金马客"体验等国际标准的评审流程，维也纳酒店集团荣获"中国最佳精品商务酒店连锁酒店"称号，集团董事长黄德满先生荣获"中华英才白金五星勋章"。

据悉，本届年会由国家行业核心期刊中国饭店杂志社发起，亚太酒店协会、中国社科院旅游研究中心、北京大学中国职业研究所、广东酒店行业协会、香港酒店业协会、澳门酒店协会等近三十家省级酒店及餐饮业地方协会联合协办。

2. 请根据所提供的材料写一篇简报。

时间：2009年3月28日
地点：东方大酒店中型会议室
主题：东方大酒店深入学习实践科学发展观活动动员大会
主持人：酒店学习实践活动领导小组办公室主任王军
参会人：酒店领导班子王笃芳同志，刘忠礼同志，王景莲同志，市局（公司）党委委员、副总经理谭吉胜同志，酒店全体党员

主要内容:
(1) 王景莲同志传达韩志忠同志在潍坊市烟草专卖局（公司）深入学习实践科学发展观活动动员大会上的讲话精神。
(2) 王笃芳同志安排部署酒店深入学习实践科学发展观活动。
① 统一思想，充分认识开展深入学习实践科学发展观活动的重大意义。
② 突出重点，紧扣活动主题和实践载体开展好深入学习实践科学发展观活动。
③ 准确把握学习实践活动的步骤安排。
④ 精心组织，确保深入学习实践科学发展观活动取得实效。
(3) 市局（公司）党委委员、副总经理谭吉胜同志结合酒店的实际情况作重要讲话。

第七节　公司简介

天府丽都喜来登饭店简介

1985 年，喜来登作为进入中国的第一家国际饭店管理集团，开始管理北京的长城饭店。2007 年，喜达屋旗下的喜来登酒店集团已在中国管理着 9 家饭店，它们分布在以下几个城市：北京、天津、西安、桂林、苏州、无锡、南京、香港，再加上成都的天府丽都喜来登饭店。

天府丽都喜来登饭店，由香港长江实业（集团）有限公司和成都天府国际交流中心共同投资兴建，是世界闻名的喜达屋酒店集团旗下的喜来登酒店管理集团管理的豪华商务饭店，其建筑高度 138 米，地面 35 层，地下 2 层。

天府丽都喜来登饭店位于成都市人民中路，地处市中心商务及金融区黄金地段，交通便利，距成都双流国际机场仅 30 分钟车程。饭店设施齐备，拥有 402 间客房和套房，包括高级间、豪华间、套房、行政楼层房间、大使套房、总统套房及喜达屋优先顾客房（凡加入喜达屋优先顾客计划的顾客均可在世界各地的喜达屋集团下属酒店赢得积分，这些积分可为客人换取空前之多的优惠待遇）。

天府丽都喜来登饭店客房视野开阔，环境优美。饭店还设有不吸烟楼层和残疾人房间。14 楼以上，每层楼都有可以身临其境观赏体育中心足球比赛的特别房间。

天府丽都喜来登饭店为客人提供世界一流五星级饭店设施和服务。饭店可提供美味丰富的餐食：西餐厅荟星庭，拥有各式风味的西式餐点和扒菜；中餐厅天宝阁拥有地道的粤菜与风味独特的四川名菜；翠云廊及美食店为您提供品种丰富的休闲小吃；大堂听泉吧特别推出各式饮品及下午茶，是您休闲聊天、商业会晤的最佳场所。

写作知识

一、公司简介的含义

公司简介是介绍公司成立时间、所在地、规模、经营范围、法定代表人、特点等的文书。所谓简介，也就是让他人通过简介能了解公司的一些基本情况，或者是想要重点介绍公司的某一方面的情况。

二、公司简介的结构和写法

公司简介由标题和正文组成。

（一）标题

如"北京未来酒店简介"或直接写成"酒店介绍"或"酒店简介"。

（二）正文

正文是公司的主体部分，常采用说明性语言表达，多为短文式样。正文一般包括四部分内容。

（1）用精练简短的文字概括介绍企业基本情况，包括公司的名称，企业的法律性质，企业的经营范围和服务类型、项目，企业的经营业绩。

（2）应承接上文，对企业经营的主营产品（服务）进行重点介绍，内容包括企业属于什么行业；企业的服务类型，有哪些服务种类；企业服务的特点和优势。

（3）介绍公司的企业文化特色和企业的发展愿景，包括企业的经营理念和企业的发展战略。以崇高、进取的企业理念感染、影响公众，树立良好的企业形象。

（4）具体准确地介绍企业的经营地址、联系方式，如电话、传真、网址等。

三、写作提示

（1）层次分明，重点突出。

（2）表达上可夹叙夹议，语言要通俗、简明、流畅。

（3）图表和照片可成为组成部分，做到图文并茂。

拓展阅读

公司简介要通俗有用

一、以普通人能看懂的语言提供有用的信息

一份企业简介应该以普通人能看懂的语言介绍企业的关键人物，描述企业的产品与服务，以及业内人士的评价。为什么呢？因为媒体记者很可能正在为撰写他的报道而搜集资料。如果在他的报道里面提到了你们公司，而且是正面、积极的报道，

你就获得了"免费广告"的机会。但是，如果在你的公司简介里面没有清楚地说明自己的产品与服务是什么，却又用很专业的、一般人看不懂的术语来说明你的产品或者服务，读者首先想做的就是用你提供的术语"百度"一下，以便了解那些你没有提供的信息。你的公司简介不仅不会帮助你卖出更多的产品，或者引起记者对公司产品或者人士的兴趣，反而为他们提供了奔向竞争对手网页的钥匙。这并不是说，你不能在公司简介中包含任何高水平的专业信息，但你必须清楚——浅显易懂的信息绝对不可缺少。

二、诉诸人性化

一个优秀的公司简介不仅应该包含产品或者服务的描述，而且应该注入企业文化的人文色彩。例如，包含一些企业的社区志愿活动或者人文关怀，以便引起读者的兴趣。毕竟，人们最关心的是人，而不是产品或者服务。所以，从人文的角度去说明企业及其产品是必不可少的。例如，你可以向读者说明你的企业如何为无家可归的人或者流浪动物提供庇护。稍微用一点幽默也无妨，只要你确定这种方式适合你的产品与服务。

三、清楚表达独特之处

讲一点公司创始人的传奇故事，再加上一点公司发展道路上的曲折迂回，或者提一下公司在某方面的特殊荣誉、捐赠及员工的社区志愿活动，可以让读者感觉到公司与同行业的公司有何不同。介绍你的公司在教育、培训、资格认证方面的成就，可以帮助读者和客户了解到，你们之间的价值观和是非判断有多么的一致。在市场上提供相同产品和服务的公司不止你一家。请你多花一点心思让读者感受到，为什么要照顾你的生意而不去买其他公司的产品。

写作悟语：公司简介在树立企业形象、建立市场信度中发挥着独特作用，要从多角度入手，从读者的角度考虑，既要展示公司实力，又要满足读者了解公司情况的需要。

文体实训

1. 认真阅读下面一则酒店简介，分析其内容特点。

××大酒店是按四星级标准兴建的一家综合性酒店。酒店位于市中心，地处梅州市的繁华黄金地带，地理位置优越，交通便利。

酒店设施齐全，装修豪华典雅，融欧式古典园林风格和现代设计风格为一体，别具一格。酒店拥有多种类型的客房共138套，还拥有大型宴会厅、餐饮包厢及多功能厅、大小会议室等。为满足宾客的多层次需求，酒店还设有购物中心、商务中心、歌舞厅、KTV包厢、桑拿按摩保健中心、棋牌等服务和娱乐设施，配套项目齐全。

酒店以"宾客至上，服务第一"为经营宗旨，采用了科学的经营机制和管理方法，不断追求卓越，得到了社会的认可，更被省有关部门确定为中央国家机关工作人员出差和会议指定（梅州市唯一）接待酒店。无论商务、宴会、休闲、娱乐，都是您的理想之选。

　　××大酒店，诚心恭候您的光临！
酒店地址：中国梅州市江南路××号
总　　机：（0753）216××××
传　　真：（0753）216××××
前　　台：（0753）216××××
订　　餐：（0753）216××××
市 场 部：（0753）216××××

2. 选择几家酒店，为其撰写简介。

第八节　对　　联

范文示例

酒店对联举隅

有名厨，厨有名，名扬四海。
迎客松，松迎客，客满一堂。

生意如春意，新行胜旧行。
盈门飞酒韵，开业会春风。

美味佳肴，迎来八方贵客。
热情笑脸，温暖九州人心。

汇万种珍馐，迎五洲胜友。
和八音妙韵，娱四座高朋。

春在金焦山畔，宜雨宜晴。
宴开桃李园中，一觞一咏。

春夏秋冬一岁川流不息。

东西南北四方宾至如归。

饭香菜美喜供佳宾醉饱。
褥净被暖笑迎远客安居。

写作知识

一、对联的含义

对联，雅称楹联，俗称对子。它言简意深、对仗工整、平仄协调，是一字一音的汉语语言独特的艺术形式。可以说，对联艺术是中华民族的文化瑰宝。

二、对联的类型

对联的种类约分为春联、喜联、寿联、挽联、装饰联、行业联、交际联和杂联（包括谐趣联）等。酒店所用的对联属于行业联。

三、对联的写法

对联文字长短不一，短的仅一两个字；长的可达几百字。对联形式多样，有正对、反对、流水对、联球对、集句对等。但不管何类对联，使用何种形式，都必须达到以下要求。

（一）字数相等，断句一致

除有意空出某字的位置以达到某种效果外，上下联字数必须相同，不多不少。

（二）平仄相合，音调和谐

传统习惯是"仄起平落"，即上联末句尾字用仄声，下联末句尾字用平声。也就是说，上联最后一个字的声调应该是第三声（上声）或第四声（去声），第三声（上声）和第四声（去声）统称为仄声；下联的最后一个字的声调应该是第一声（阴平）或第二声（阳平），第一声（阴平）和第二声（阳平）统称平声。按习惯，上联贴在大门的右边，下联贴在大门的左边，横批贴在中间。

（三）词性相对，位置相同

在上下联对应的位置，上联的词和下联的词应当相同或相近，一般称为"虚对虚，实对实"，即实词对实词，虚词对虚词；名词对名词，动词对动词，形容词对形容词，数量词对数量词，副词对副词。而且相对的词必须在相同的位置上。

（四）内容相关，上下衔接

上下联的含义必须相互衔接，但又不能重复。对联的上下联内容要密切关联，形成一个有机整体,表达一个主题。不能两联内容不一样,彼此孤立,各自为政,也不能一轻一重,相差悬殊。

此外,张挂的对联,传统做法还必须直写竖贴,自右而左、由上而下,不能颠倒。

与对联紧密相关的横批,可以说是对联的题目,也是对联的中心。好的横批在对联中可以起到画龙点睛、相互补充的作用。

四、写作提示

(一) 追溯历史

追溯历史也就是说,要追溯本店历史和字号的来源,或者追溯本行业的历史和与本行业有关的重要轶闻。这种关于历史的描述,还常常上溯到远古之人及神话人物,这就使各行业的对联充满了传奇和浪漫的色彩。

(二) 介绍产品或服务

酒店对联的作用有两个,一是装饰门面,一是吸引顾客,后者更为重要。酒店对联可以是一般地介绍产品,也可以追溯历史、介绍产品。

现代对联,更强调对顾客热情周到、文明礼貌。但是,往往对联写得很不错,实际上服务态度相去甚远,对联成了一种自我讽刺。也有些只是些标语口号,缺乏一种真诚,这样的对联,无法令顾客满意和舒心。其实,口号不必去喊,文章也不必做在表面上,对联要稍微超脱些,并要有文采、贴切、理性。

拓展阅读

酒店酒联怎解析

自古至今,对联中不少是描述酒文化的。有的悬挂在酒楼门前,有的张贴于酒席厅内。它是一种雅致的陈设,也是诗化了的广告。同时,它更是一种文学艺术,给人以美的享受和启迪,解析起来非常有趣。

旧时代的对联多以对仗、对偶的句式出现,形象而又凝练地概括与表现了酒的内涵、饮酒的乐趣、酒楼的品味。当然,酒联并不都是挂在酒楼之上的,也有不少是人们常常挂在嘴边上的。例如,"酒逢知己千杯少,话不投机半句多"。

有的则是从历史名诗中截取出来的,如"借问酒家何处有,牧童遥指杏花村"。酒联同其他对联一样,都可以解析为"浅深皆成趣,雅俗均可赏"。有的酒联以飞鸟化凤、游鱼成龙作烘托,极力夸大自己主张的酒好。例如,1915年,茅台酒在巴拿马万国博览会上获金奖,主选人赠酒联写道:"酒味冲天,飞鸟闻香化凤;酒糟抛河,游鱼得味成龙。"归国后,主管部门也赠了一副酒联:"风来隔壁三家醉;雨过开瓶十里香。"

有些"俗的"酒联也十分有趣。见一家酒店对联写道:"早进来,晚进来,早晚进来;多吃点,少吃点,多少吃点。"横批是"不厌其饭"。文字顺构思巧妙。

还有"座上不乏豪客饮；门前常扶醉人归"。不但使人读起来有味，而且还非常逗趣。

除此以外，以醉写人、以醉寻乐的酒联也不少，但醉态不雅，所以"醉"字入联一般还需要做点艺术加工，或幽默，或调侃，或以醉眼看世界。例如，"入座三杯醉者也；出门一拱歪之乎"，"铁汉三杯软脚；金刚一盏摇头"，这样的酒联多带有自嘲的意味。"开琼筵以坐花；飞羽觞而醉月"，"座中醉客延醒客；江上晴云杂雨云"，这样的酒联是一种醉眼惺忪观风月之意。"怀中倾竹叶；人面笑桃花"，"三杯竹叶穿心过，两朵桃花脸上来"，这种酒联则以容颜的变化和景物的交映，间接地描绘出了酒酣而未到醉状之态。还有"美酒饮至微醉后；好花看到半开时"，"酒不醉人人自醉；花不迷人人自迷"之类的酒联，含义含蓄模糊，颇有点儿自我伤感的意味。但也不尽然，可仁者见仁，智者见智，各取其趣。

酒联有趣，但也不乏因酒联而得福之例。相传清代浙江嘉兴的"东兴酒店"生意萧条，濒临倒闭。后乾隆皇帝到此题了"东不管，西不管，酒管；兴也罢，衰也罢，喝罢"的酒联，才使东兴酒店起死回生。其中"酒管"谐音"酒馆"，"喝罢"谐音"喝吧"，一语双关。同时，还巧妙地嵌酒店"东兴"之名号，自然贴切。

清乾隆三十八年（1773年），乾隆皇帝与纪晓岚微服私访至承德下板城，突闻酒香扑鼻，君臣二人抬眼一望，只见路边一店酒旗高挑，上写"庆元亨"三字。遂进店畅饮，酒兴之余，乾隆帝出了个"金木水火土"的上联，纪晓岚才思敏捷，巧对"板城烧锅酒"下联，实为妙对，乾隆帝于是御笔书写此妙对，并钦赐庆元亨酒楼，自此，板城烧锅酒与庆元亨酒楼名扬天下。

为人臣子的纪晓岚对出的下联"板城烧锅酒"五个字的偏旁是"木土火金水"，依序正好受乾隆皇帝上联中的"金木水火土"所克，形成了一种上克下、君克臣的关系，此正为该联的绝妙之处。

从现代的观念来看，酒店的酒联既是一种人们所熟悉的文学形式，也是商家进行宣传、推销的广告方式。这两点往往互为表里，相得益彰，令人回味无穷。

（资料来源：http://gechengdi.blog.sohu.com/168128735.html）

写作悟语： 一副好对联，会对酒店良好形象的形成起到积极作用。特别是当人们欢度春节的时候，一副脍炙人口的春联在增添喜庆气氛的同时，也会起到鼓舞人心、塑造形象的作用。

文体实训

1. 请实地考察当地的酒店，搜集十副酒店对联，分析它们的写法。
2. 一家海鲜大酒店开业，请你为这家酒店写副对联。
3. 以下是几副对联，请分析其优劣。

(1) 横批：宾至如归
　　酒店温馨华堂戏燕春风暖；
　　商务和谐盛世腾龙国色娇。
(2) 横批：糊涂酒店
　　穷也罢，富也罢，喝吧；
　　成也罢，败也罢，醉吧。
(3) 横批：不厌其饭
　　早进来晚进来，早晚进来；
　　多吃点少吃点，多少吃点。

第九节　请　柬

请　柬

黄总经理：

　　本店新楼业已竣工，各营业部均已迁入本市××大街××号新址。兹订于6月6日上午8时开始营业，敬请惠顾。为庆贺新址开业，兹订于当日下午6时在××大酒店举行酒会。

　　恭请

光临

董事长：赵××
二〇一二年六月三日

一、请柬的含义

　　请柬是邀请有关人士出席重要会议、典礼或参加某项活动时发出的短小而精美的礼仪性专用文书，又称请帖。

　　请柬的使用范围十分广泛，如节庆、奠基、落成、开业、娱乐、宴会、典礼、仪式、展览、舞会、演出、新闻发布等都可以使用请柬。发出请柬的目的是为了表示对邀请对象的尊重和邀请者的郑重态度，通过简要雅致的文字传达出邀请者和邀请对象之间的意向或情感，可以密切关系，促进合作。有时候即使邀请对象近在咫尺，也需用请柬来表示邀请者对邀请对象的尊敬、重视和礼遇。

请柬具有礼仪性、简明性等特点。

二、请柬的类型

根据请柬的用途，可以把请柬分为婚宴请柬、生日请柬、开业请柬等。

三、请柬的结构和写法

请柬一般有两种样式：一种是单面的，直接由标题、称谓、正文、敬语、落款构成；一种是双面的，即折叠式，一为封面，写"请柬"二字，一为封里，写称谓、正文、敬语、落款等。

（一）标题

在第一行居中用较大字体书写"请柬"或"请帖"二字，文种名称前不需要加活动名称等信息。标题也可以单独占一页作为封面。

（二）称谓

在标题之下另起一行顶格书写邀请对象的名称。邀请对象的名称可以是单位名称也可以是个人姓名。单位名称应当书写其全称，个人姓名后应当加上"先生"、"女士"、"教授"、"经理"等称呼。如果邀请对象代表一个组织而不是某一特定的个人，可以只写职务加尊称，如"总经理先生"。如果标题单独占一页作为封面，则另起一页顶行顶格书写称谓。称谓后加冒号。

（三）正文

写明邀请对象所参加活动的名称（形式或性质）及时间、地点。活动名称是请柬正文的必备要素。最正确的表述方法是将它与活动的时间、地点等内容组合成连贯完整的一个句子。正文中不必赘述活动本身或邀请对方前来参加活动的意义，正文之前也不应当写"您好"等问候语，正文之后也不应当写"此致敬礼"等结语。

（四）请语

请语是请柬的特有内容，也是请柬的重要标志要素，一般使用带有文言色彩的词语表述，如"敬请光临"、"恭请光临"、"恭请尊驾莅临指导"、"敬候莅临"等。请语后不加标点符号。

请语的书写位置有以下几种。

（1）在正文之下另起一行顶格、空二格或四格书写。

（2）将请语词组拆开，将"敬请"、"恭请"、"敬候"等表示己方行为的词语在正文之下另起一行空二格或四格书写，将"光临"、"莅临"、"光临指导"等表示对方行为的词语再另起一行顶格书写，以示恭敬。

（五）附启

附启并不是请柬的必备内容，应当根据不同情况决定是否需要设计。附启可以是具体的时间安排、活动场所的地址、乘车路线、入场座席位置、座席号等，也可以是一些值得注意的事项，如"凭票入场"、"每人一束"等。附启如有，则居左前空两格写于请语之下落款之上，并用括号括上。

（六）落款

在请语或附启的右下方署上邀请者的名称。邀请者的名称可以是单位名称也可以是个人姓名。单位名称应当书写其全称，个人姓名应当在姓名后加上"敬启"、"谨上"等谦词。在署名的下方写上制发请柬的准确日期。

四、写作提示

（一）要严谨准确

请柬必须把邀请对象的名称、活动的相关要素等准确地写出来，清晰明了、简洁利落、没有差错。

（二）要达雅兼备

达就是通顺明白，不至于让邀请对象产生歧义性理解；雅就是讲究文字美，做到优美、典雅、热情、庄重。

拓展阅读

请柬上擅用奥运标志　酒店被罚1万元

新华报业网讯　昨日（2008年6月20日），连云港海州工商分局执法人员接到群众举报，称一大酒店在请柬上擅自使用奥林匹克图案标志。经调查发现，在该酒店为在此办喜宴的喜主免费提供的请柬上，不仅标有第29届奥林匹克运动会会徽、"Beijing 2008"字样及吉祥物福娃图案，而且标有奥林匹克五环图案。

根据规定，五环图案和第29届奥林匹克运动会会徽、奥运会吉祥物福娃图属于奥林匹克标志，奥林匹克标志权利人对其享有专有权，未经许可，任何人不得为商业目的（含潜在商业目的）使用这些标志。调查发现，该酒店使用上述标志未经国际奥委会、北京奥组委等权利人的许可，涉嫌侵犯奥林匹克标志专用权。为此，工商部门责令当事人停止侵权行为，并对其处予1万元的罚款。

（资料来源：丁丽梅，苗松骞，张凌飞. 请柬上擅用奥运标志　酒店被罚1万元. 新华报业网，2008-6-21）

写作悟语：请柬作为一种礼仪性文书，在日常生活中使用频率非常高，常常担负着融洽关系的重任，因而撰写请柬时一定要慎重，不可出现失误。

文体实训

1. 请分析下面两份请柬存在的问题，提出修改意见，然后在规定的时间内分别重新拟写两份请柬。

请　柬

　　×××大酒店于 2012 年 6 月 18 日盛大开业，执此开业之际诚邀您及×××的出席。您的到来将使小店棚壁生辉。

期盼您大架观临

××大酒店诚挚邀请
2012 年 6 月 2 日

请　柬

亲爱的李××先生：您好！

　　为庆祝本酒店开业 10 周年，敝酒店定于 2012 年 8 月 8 日（星期三）下午 2 时，在本酒店宴会厅举行 10 周年庆祝活动，招待各界朋友。您是我的好朋友，您给我们许多支持和帮助，我及本酒店全体员工永远不会忘记。在此盛会之际，敬请先生偕夫人一定光临，届时恭候您及夫人的到来。

　　地点：（略）

　　行车路线：（略）

　　联系电话：（略）

××酒店总经理
12. 7. 22

2. 请通过各种途径有意识地去收集社会上的各种请柬，制作规范的请保存下来以备参考，制作不规范的请分析其错漏之处并改正。

第五章 酒店经济文书写作

第一节 意向书

范文示例

合作意向书

本意向书由下列双方于××××年××月××日签订：

甲方：×××

乙方：××酒店管理有限公司

鉴于：

1. 甲方拟在中国××市建设一家约有×间客房的×星级国际标准酒店（以下简称"酒店"）。

2. 乙方具备广泛的酒店管理经验，并有意为甲方提供开业前的技术支持服务及开业后的酒店管理服务。

3. 双方就甲方的专业需求和乙方可提供的相应服务进行了研讨和磋商。

4. 双方一致认为目前具有良好的合作基础，希望将达成的共识加以记录，以便继续商议合作事宜。

双方特此陈述其共识如下：

1. 酒店

1.1 甲方将设计并在中国××市建设一家×星级国际标准酒店。甲方将合理地尽力在本意向书签订之日起×个月之内完成酒店的建设。

1.2 双方就服务内容及服务条款协商一致，并签订管理合同后，乙方将为酒店提供开业前的技术支持服务，直至酒店竣工开业之日。

2. 开业前的技术支持服务

2.1 达成共识后，双方将在签订本意向书之日起三个月内签订一份管理合同。根据合同，乙方将利用其品牌和资源为甲方全方位地提供技术支持服务，就酒店的规划、设计、建造、装修和配备等方面的有关技术问题向甲方提供咨询和协助，直至酒店开业。具体服务范围和服务期限将由双方商讨达成共识后确定。

2.2 根据甲方需要，乙方可有偿提供市场调研服务。

2.3 服务费：

（1）技术支持服务费：每月人民币8万元整。收取阶段：自甲乙双方签订本意向书之日起至酒店开业之日止（开业前管理期限）。上述服务费不包括乙方所派驻人员的工资、往返交通费及在××当地因工作而产生的食宿费、通信费和其他相关费用。

（2）市场调研服务费：人民币25万元整，已包括乙方人员的食宿及往返交通等相关费用。

3. 管理合同和相关服务

3.1 达成共识后，双方将在本意向书签订之日起三个月内签订一份管理合同，管理合同将规定乙方为甲方提供开业后的酒店管理服务。

3.2 管理合同最初期限为十年，期满后按双方意愿，可再延长十年，以后亦可延长期限，每次为期十年。

3.3 管理费：

（1）基本管理费：酒店经营总收入的2%；

（2）奖励管理费：经营毛利润（gross operate profit, GOP）的6%；

（3）市场推广费：酒店经营总收入的1%；

（4）中央预订费：通过中央预订系统的每一个有效预订35元人民币。

3.4 乙方将提交一份详细的开业前计划给甲方审批，该计划将涉及开业前的推广计划与步骤，需招聘与培训的人员编排、数目及责任范围，开业时需购妥的经营用品与物品供应，以及开业前应完成的行政与服务安排。

3.5 乙方将完成一份详细的预算交甲方批准，预算包括员工培训费用、职员薪金及福利、营业费用、市场推广费用、开业前管理费及其他。

3.6 乙方在开业筹备期间将全面实施人事及培训、组织管理、物资采购、市场推广、财务及会计等各项工作。

3.7 乙方可提供中央采购系统、审计等整体服务，整体服务由甲方根据需要自主选择。

4. 其他

4.1 双方承诺直至××××年××月××日止，甲方不得与其他酒店管理公司签订任何类似协议或合同，乙方亦不得与××市其他酒店项目签订任何类似协议或合同。双方争取在此期限前达成共识并签订管理合同。

4.2 双方承诺在未签订管理合同前，未经另一方的书面允许，任何一方均不得泄露本意向书的内容。

4.3 除非双方另行书面同意，双方应各自承担因磋商、编制和签署本意向书所发生的费用。

兹证明，双方已于首页书明的日期签署本意向书。

甲方：×××　　　　　　　　　　乙方：××酒店管理有限公司
法定代表人（或授权人）：×××　　法定代表人（或授权人）：×××

（资料来源：http://wenku.baidu.com/view/2e68a2282af90242a895e569.html）

写作知识

一、意向书的含义

意向书是当事人双方或多方之间，在对某项事物正式签订条约、达成协议之前，表达初步设想的意向性文书。意向书为进一步正式签订协议奠定了基础，是"协议书"或"合同"的先导，多用于经济技术的合作领域。

意向书具有协商性、临时性和灵活性等特点。

二、意向书的类型

意向书的种类很多。按合作关系的不同，意向书有加工承揽意向书、建设工程承包意向书、货物运输意向书、财产保险意向书、科技协作意向书等。从文体格式划分，可把意向书分为条款式意向书、书信式意向书。

三、意向书的结构和写法

（一）标题

标题常见的形式有两种：一种直接写，即"意向书"；另一种由项目名称和文种构成。

（二）正文

正文由导言、主体和结尾三部分构成。

（1）导言。一般写各方当事人的单位名称，因何事项进行了协商，以及合作的指导思想，继而用"双方就有关事宜，达成如下意向"一类承上启下的惯用语导出主体部分。

（2）主体。主体部分是意向书的重要内容，一般写双方的意图及初步商谈后达成的倾向性认识和比较认同的事项，多采用分条列项的形式写。主体部分大致有以下几个方面的内容。

① 合作企业或项目的名称和拟定地址。
② 合作企业或项目的规模和经营品种。
③ 各方投资金额。
④ 利润分配和亏损分担。
⑤ 原料、设备、技术、企业用地等由何方负责。
⑥ 合作项目的实施步骤。
⑦ 合作企业领导和管理体制。
⑧ 合作年限。
⑨ 有关事项的说明，如份数、生效日期等。

（3）结尾。一般应写明"未尽事宜，在签订正式合同时予以补充"等，以便留有余地。

（三）尾部

尾部应写明意向书签订各方单位的名称、签订时间、通信地址、电子邮箱、电话号码等。

四、写作提示

（一）坚持平等互利和合法原则

平等互利原则指不分国家大小、单位大小和资本多少，都应一视同仁、平等对待，既不能迁就对方，也不能把自己的要求无原则地强加给对方。合法原则指所签订的意向内容必须符合法律规定。

（二）注意用语

意向书的用语要做到：态度诚恳、不卑不亢、礼貌客气、语言准确、表达清楚、忠实于洽谈内容。

（三）内容要明确

意向书的条款要具体，不能含混不清、模棱两可。同时，慎用"必须"、"应该"、"否则"等规定性和强制性语言，换用富有弹性的语言，以便为以后进一步协商、签订正式协议或合同留下余地。

拓展阅读

如何写作酒店委托管理的合作意向书

业主在选定了自己感兴趣的酒店品牌之后，通常和国际酒店管理公司（以下简称管理公司）进一步深入地接触和交流。管理公司在得到项目的基本资料后，会派出拓展人员去实地考察。有时管理公司也会派出工程人员作进一步的考察。如果业主和管理公司对该项目的合作表现出共同的兴趣，双方通常将会试图签署一份合作意向书。

通常而言，意向书都是"不具有法律约束力"的（除了保密条款）。有些人因此就不是很认真地对待意向书的谈判，草草地签订一份意向书，指望以后在合同谈判中再做理论或改变。但一般商业惯例是，意向书谈妥的条件，在以后的正式合同谈判中都得遵循，不能有变更，至少不能有实质性变更。意向书的"不具有法律约束力"是指双方如果在有效期内没有达成和签署正式协议，意向书就作废了，不会对任何一方产生什么法律责任。所以，意向书中签署的条款和条件虽然不是"法律约束力"，但是对签署的双方还是具有一定的"商业信用或道德上"的约束力的。如果在后续的酒店协议谈判时，业主再去企图更改已经谈好的条款，绝大多数情况下是会被管理公司拒绝的。

一、意向书的内容简述

意向书的格式文本通常都是由管理公司提供的，需要双方的沟通并作进一步修改。管理公司开出合作意向书的主要目的有两个：其一，开出合作的基本商业条款；其二，提出一个锁定期，在该锁定期内，业主不能再和别的酒店管理公司接触和商谈。

意向书可繁可简，主要是看管理公司的习惯做法。有些管理公司的意向书很复杂，包含很多商业条款和部分法律条款；有些则相对简单一点。一般而言，即使是简单的意向书，也应该包括如下条款：酒店的管理年限；所用品牌；意向书的有效期（锁定期）；品牌许可费、基本服务费和奖励管理费、系统费和订房费，FF&E 储备基金；意向书的适用法律和争端解决等。复杂的意向书还会包括正式酒店协议里包含的绝大多数重要条款，如总经理和/或财务总监的任命，业主对副总经理或副财务总监的任命权，酒店运营账户的监管（如财务双签机制），业绩考核，发展区域限制，年度计划和年度预算的制定，重大合同的签署，酒店协议的适用法律、文字和仲裁条款，主要定义，保密条款等。

意向书的繁简还取决于双方谈判的结果。有的时候，管理公司开出的意向书很简单，但强势的业主可能会要求在中间增添很多其他条款。而在另外一些时候，管理公司开出的意向书本来是很复杂的，但双方为了早点签署一个意向书，也有可能删掉一些条款，而把一些敏感和复杂的问题留待以后的正式合同谈判中去解决。

二、为意向书谈判而组建工作团队

人的因素在意向书的谈判中是很关键的。业主依赖不同的人去和同一个管理公司就同一个项目和品牌谈判同一个意向书，其结果可能大相径庭。单个人员的精力有限，所以较好的办法是为谈判组建一个工作团队。

一个有效的工作团队通常由如下人士组成。

（1）团队领导。通常由总经理或副总经理级别的人担任并作为主谈，此人应能掌握全局并能随时和董事会或其他决策层沟通。如果团队领导有酒店工作背景或商务谈判背景或两者兼而有之，则锦上添花。

（2）团队秘书。一位中层管理人员，能和团队领导随时保持沟通，协调谈判的一切事宜，并能对一些次要事情发表意见。

（3）财务主管。该人士必须熟悉项目的财务状况和业主的财务制度及通行的会计实践。

（4）工程主管。要求该人士对项目的建设和工程状况要非常熟悉。但工程主管不需要全程参加谈判，只是在必要时提供意见。

（5）律师或顾问。有经验的律师或顾问有时受团队领导的委托充当主谈或第二谈判。

团队秘书的角色不可忽视。因为大部分和管理公司的沟通都是他完成的，这中间体现了很多的沟通技巧和谈判策略。所以这个人应该事先多做准备工作，尽可能多地收集管理公司和拟用品牌的情况，了解酒店相关行业的一般情况。

三、意向书中的核心条款

一般而言，在谈判意向书时，业主应该关注如下核心条款（如果包括在意向书中）：管理年限，技术服务费和管理费的费率，业主对副总经理或副财务总监的任命权，酒店运营账户的监管，业绩考核，发展区域限制，年度计划和年度预算的制定等。

强调一下，不同品牌的各个商业条款是不同的，同一品牌在不同的项目上最后谈成的条件也不一样。因为每个项目的特点是不一样的，每个业主的谈判力量也不尽相同，如业主的实力、项目的位置、项目的大小和投资、项目对某个管理公司布局的重要性等，都是不一样的。所以大多数情形下，两个合同之间是不可比较的。尤其是有些业主试图在自己的合同中把打听到的各种所谓较好的条款都集中糅合在一起，这样的想法是不现实的。另一方面，每个业主自己所需要或重视的问题也不一样。例如，有些业主希望委派副总经理或财务副总监，有些却不想这样安排；有些业主希望对财务控制得严格一点，希望对每一分钱都双签，有些却觉得没必要。

下面的几个案例，是一般的业主都会共同关心的条款。所举的案例中有如下假设：项目拟用品牌是一般五星级商务酒店品牌，位置在一线城市的一般地段或二线城市的黄金地段，房间数在250间左右，等等。另外，案例中所提到的条款和条件是一般意义上比较公平和能接受的，并不是绝对的情形。

(1) 管理年限。一般情况下，品牌越高端，所要求的管理年限越长。管理年限作为商业条款，双方是可以商谈的。普遍而言，一般五星级品牌最后能商谈到10年或15年，个别品牌会是20年左右，最终结果一般能比管理公司提出的年限减少5年左右。对业主而言，如果真的想做委托管理，管理年限太低也不好，10年应该是比较合适的期间。但管理公司偏爱期限长一些的年限，尤其对那些上市的管理公司来说，管理年限长的合同的"合同价值"会大一些，因为可以折现的未来现金流的年限较长，有利于公司股票的评估价值。其中四季酒店的管理年限最长，凯悦酒店和万豪酒店的管理年限相对较长，其他的适中一些。

(2) 技术服务费。技术服务费的多少也与具体的品牌和项目相关，不同品牌、不同项目的技术服务费都不一样，有时候差别很大。在前述假设的案例中，技术服务费的合理数额应该在100万～150万元。如果管理公司开价200多万元的，就是明显偏高了。在个别案例中，技术服务费最后所确定的数额甚至只有管理公司所提价格的一半。在大多数情况下，技术服务费是可以包括一定次数的往返差旅费的。

(3) 管理费。管理费一般分为基本管理费和奖励管理费。基本管理费按总收入或经调整总收入的百分比收取；奖励管理费按毛利润或经调整毛利润的百分比收取。有的管理公司的基本管理费中包括了商标许可费，有的则没有包括，而是分别收费。管理费的高低也是由项目的具体因素而定，如房间数。在前述假设的一般情形下，非精品酒店品牌的基本管理费（包括商标许可费）都在2%上下，超过2%的为偏高，低于1.8%的也不多见。奖励管理费则有两种收费模式：固定费率多在5%～6%或上下；浮动费率则根据毛利润率从低到高也相应从低到高上浮，一般情况下，低的起点可能是3%，高的落点也许会到9%。精品酒店的房间数较少，管理费率一般比上面列举的要高。

(4) 业主对副总经理或财务副总监的任命权。现在绝大部分管理公司都能够接受业主委派一位副总经理或一位财务副总监。个别管理公司甚至接受财务总监也由业主委派。鉴于酒店委托管理合同的实质是将经营权委托给管理公司，因此几乎所有的管理公司都不接受业主对酒店日常经营的干涉，而大部分业主委派副总经理或财务副总监的目的之一就是试图对酒店的日常经营施加一定的监控或影响（如果不是干涉的话）。严格一点的管理公司会在合同里规定副总经理只能负责政府关系且必须向总经理汇报工作,更严格的管理公司规定副总经理不能参与酒店的经营决策,甚至连加入酒店管理委员会的权利都没有。但大多数情况下,成功的谈判结果会是副总经理或财务副总监"有权参与酒店的日常管理",如获得一定程度的银行账户监管权和重大合同的审批权等。

(5)其他一些重要的商业条款,如如何实现对酒店银行账户的有效监管,如何设计合理有效的业绩考核条款等,作为业主和管理公司博弈的结果,都具有多种多样的选择,其中充满了业主及其专业顾问的智慧,都值得更为详尽地论述。

(资料来源:http://blog.sina.com.cn/s/blog_62913a110100s7f7.html)

写作悟语:意向书的特点是简略性、协商性、灵活性。意向书不像协议、合同那样,一经签约不能随意更改。意向书比较灵活,在协商过程中,当事人各方均可按各自的意图和目的提出意见,在正式签订协议、合同前亦可随时变更或补充,最终达成协议。

1. 某公司决定在一栋办公楼里办一家酒店,请写一份意向书。
2. 假如你想承包某酒店的后勤卫生工作,请写一份意向书。
3. 假设你毕业后想自谋职业当老板,项目是创办一家文化酒店公司,你的商业计划书得到了一个投资公司老板的认可,有意为你的公司投资,请你就投资事宜写一份意向书。

第二节 合 同

酒店客房预订合同

甲方:_____
乙方:_____

为了更好地明确双方在合作当中的权利、义务关系,经双方友好协商,特订立本合同,以便共同遵守,进一步合作。

一、合作方式

乙方为甲方在网络平台上及机场提供宣传和客房预订服务，对于通过乙方提供的有效订房，甲方须向乙方支付相应的佣金。

二、合作有效期

从_____年_____月_____日起至_____年_____月_____日止。

三、房间及房价（酒店也可自附房价表及相关说明）

房间类型_____

甲方门市价_____

给乙方协议价_____

建议售价_____

标准间_____

四、订房确认

乙方得到客人订房信息即通过传真告知甲方，甲方则根据当天入住率确认后传真通知乙方。甲方的确认传真号为_____；确认人为_____。

如果甲方的客房出现满员或价格变动的情况，必须及时通知乙方。

五、入住、离店时间

入住、离店时间均为中午12时。

六、付款方式

1. 客人在离店时，其所发生的费用必须在前台付清。

2. 以下佣金支付方式任选其一：

☐甲方向乙方提供协议价_____%的佣金。

☐甲方提供协议价（底价）和建议售价，两者之间的差额即为乙方佣金。

3. 乙方于每月20日前向甲方传真网络预订结算清单，当双方的订房数有出入时，以甲方收银记录为准。甲方应于每月25日前将当月任何的通过乙方网络预订系统所发生的所有营业额，按本条第二款的结算金额，向乙方支付佣金。

4. 乙方保证不将本合同第三条协议价以任何形式透露给第三方。

七、取消

甲方将保留乙方预订的房间至客人到达当天的18时（客人如有特殊情况未能按时到达可事先与甲方协商），逾期房间将不予保留。

八、违约责任

合同双方有违反本合约之规定，而导致异议或纠纷的，双方友好协商解决，任何一方当事人都有权向乙方之住所地人民法院提起诉讼。

以上条款双方均已同意，签字、盖章后生效。本合同一式两份，双方各执一份。具有同等法律效力。

甲方（盖章）：_____   乙方（盖章）：_____

代表（签字）：_____   代表（签字）：_____

_____年__月__日   _____年__月__日

写作知识

一、合同的含义

合同是平等主体的自然人、法人及组织之间设立、变更、终止民事权利义务的契约性文书。这里的自然人、法人、其他组织指能依法独立享有民事权利和履行民事责任的社会组织或公民。

依法签订的合同具有法律约束力，它要求签订合同的当事人必须全面履行合同的各项义务，同时获得合同明确规定的各项权利。合同一经签订，任何主体不得擅自变更或者解除。

合同具有合法性、平等性、契约性、时效性和规范性等特点。

二、合同的类型

合同的种类很多，按照不同的标准，合同可以分为不同的类型。

（1）按书面形式划分，有表格式合同、条款式合同、条款表格式合同。

（2）按期限长短划分，有长期（一年以上）合同、短期（一年以内）合同、一次性合同。

（3）按业务性质和合同内容划分，《中华人民共和国合同法》（以下简称《合同法》）把合同划分为15类：买卖合同，供用电、水、气、热力合同，赠与合同，借款合同，租赁合同，融资租赁合同，承揽合同，建筑工程合同，运输合同，技术合同，保管合同，仓储合同，委托合同，行纪合同，居间合同。

三、合同的结构和写法

合同由首部、正文和尾部三部分组成。

（一）首部

首部包含标题、当事人、合同编号、合同签订时间和地点等部分。

（1）标题。由合同性质和文种组成，如"买卖合同"、"赠与合同"；或文种前加合同标的和合同性质，如"房屋租赁合同"、"工矿产品销售合同"；或只用文种做标题。

（2）当事人名称。签订合同各方的单位名称，要按照营业执照上核准的名称填写，不得使用代称、代号、简称，也不能用"你方"、"我方"代替。习惯上常在当事人名称后括号内注明"甲方、乙方"，"供方、需方"或者"买方、卖方"等，如有中介方也需写明。

（3）合同编号。由当事人根据自己的合同管理制度和方法填写在标题的右下方。有时候也可以在文中注明或省略。

（4）签订时间和地点。可以以当事人合同签字的地点为签约地，也可以以当事人商议的某地为签约地。签约的时间要准确、具体。签约的时间和地点有时也可不出现在约首部分。

（二）正文

正文包括前言、主体、结尾三部分。

（1）前言。即合同书的开头部分，写明订立合同的目的或依据。

（2）主体。主体是合同的核心部分，要把当事人协议的内容分项说明，包括法定条款和约定条款。按照《合同法》规定，一份合同应该包括以下内容和条款：当事人的名称或者姓名和住所，标的，数量和质量，价款或报酬，履行期限、地点和方式，违约责任，解决争议的方法，以及双方约定的条款等。

（3）结尾。说明订立合同的有关事项，如合同的正、副本份数，保管和有效期限；说明合同书所附的表格、图纸、实物等附件。

（三）尾部

在正文下方注明合同当事人的单位和代表的姓名、地址、单位地址、邮政编码、电话号码、传真号、开户银行及账号、税号等，并签字盖章。如果需要签证或公证的，还要写明签证、公证的机关及代表，也要签字盖章。最后写明签订合同的时间。

四、写作提示

（一）内容要完整详尽

产品的标的、数量、质量、履行期限、各方的权利和义务，违约责任等必须明确表述，这往往就是当事人引起冲突的地方。例如，违约责任必须量化，避免用"如有一方违约，应赔偿对方损失"之类笼统含糊的话，否则将难以执行。

（二）语言要准确、严密

合同措辞必须严谨，慎用简称，注意数字和标点符号，不能有引起歧义的地方，以免引起争执。

（三）字迹清楚，字面整洁

合同可以打印，也可用钢笔、签字笔手写，但是签字部分必须手写，整个合同书不能有涂改和模糊的地方。

拓展阅读

酒店用工未签合同　员工获赔两倍工资

恭城瑶族自治县××国际大酒店有限公司未与聘用厨师莫×签订劳动合同，以违反规定将其辞退。2011年10月31日，恭城瑶族自治县人民法院依法作出判决，恭城××国际大酒店有限公司支付莫×双倍工资6465.52元，经济补偿金1800元。

2010年11月24日，恭城瑶族自治县恭城镇居民莫×经填写职位申请表后进入恭城××国际大酒店有限公司（以下简称××公司）担任厨师，月工资为1800元（其中月中双休日加班工资300元），每月休假4天。莫×于2011年1月1日接受××公司安排进行了加班，××公司未发给加班工资。2010年11月29日，莫×交给公司制服押金100元；同年4月8日，××公司以莫×违返《员工手册》中的规定，辞退了莫×。当日，莫×退还制服等物品，××公司未退还其制服押金。

2011年4月8日，莫×以××公司不支付经济补偿金、不退还制服押金为由，向该县劳动争议仲裁委员会申请仲裁；同年5月3日以仲裁委员会在规定的时间内未受理向恭城法院起诉。

恭城法院审理认为：莫×与××公司没有签订书面劳动合同，莫×要求公司支付双倍工资符合法律规定。××公司自用工之日起超过一个月不满一年未与莫×订立书面合同，应当自用工之日起满一个月的次日向莫×每月支付两倍的工资。法院依据相关法律规定，作出上述判决。

（资料来源：广西法院网，作者：陆俊书 秦品钦，2011-11-01）

写作悟语：合同对于保障劳动者权利至关重要，它对签订各方即约定权利也约定义务。因而，作为劳动者，我们要注意保护自身的权益，及时与用工方签订劳动合同；作为酒店方，也要遵守国家相关法律，在人员聘用时及时完善手续。

文体实训

1. 某酒店要招聘服务生，请写一份员工合同。
2. 某酒店新开业，有单位要长期租赁其中一部分客房供培训员工时使用，请写一份双方的合同。
3. 下面是一份租赁合同，其格式是否符合要求？内容上是否还有遗漏之处？试作简要分析。

合　同

出租方：××

承租方：××酒店

根据《中华人民共和国经济合同法》及有关规定，为明确出租方与承租方的权利业务关系，经双方协商一致，签订本合同。

一、甲方将自有的一套公寓房（地点、楼层）出租给乙方作办公之用。

二、租赁期限：

2000年7月1日—2020年7月1日。

三、乙方应于每月20日前支付下个月房租，否则按日支付应付款的千分之三的违约金，直到付款日为止。

四、本合同一式两份，合同双方各执一份。

五、本合同自签订之日起生效，有效期二年。

出租方（章）：　　　　　　　　　　　承租方（章）：

单位地址：　　　　　　　　　　　　　单位地址：

电话：　　　　　　　　　　　　　　　电话：

第三节 招标书

利群集团蓬莱酒店水箱招标书

因企业发展需要,利群集团现拟对信誉好的企业进行招标,具体要求如下:

一、招标内容

1. 工程地点:利群集团蓬莱酒店工程
2. 工程项目:蓬莱工地水箱设备

水箱要求:

名称	尺寸	数量	备注	配件
304不锈钢水箱	15米(长)×3.5米(宽)×2米(高)	2个	不锈钢水箱材质为304 不锈钢水箱顶厚度为1.5毫米 水箱侧壁厚度为2.5毫米 水箱底厚3.0毫米	水箱需要槽钢底座支架,并且带水位计

中标单位需要去现场根据实际情况制作安装。

二、投标要求:投标押金

1. 投标押金2 000元整(贰仟元整),于投递标书前交至利群集团(崂山路××号)×楼财务部(如需支票缴纳投标押金、请确保押金款于开标日前到账),凭押金收据方有资格投递标书,收据应于开标时携带出示。

外地投标方可电汇至下列账号:

收款人:利群集团股份有限公司

地址电话:青岛市崂山区崂山路67号 0532-8880××××

开户行账号:工行市北一支行 380302300900662××××

2. 投标押金说明:未中标者,押金于开标一周内返还;中标单位于签合同后第一次付款时返还。办理投标押金手续请到行政办公室。

三、投标说明

1. 投标文件包括以下内容

(1)报价单:严格按照投标书附件及格式顺序填写,必须说明工期及到货时间。

(2)所报产品应为符合国标的产品,提供所报产品的检测报告、CCC认证、合格证等有关工地验收资料。

(3)投标方提供优惠的商务条件及其他承诺。

(4)质量服务及售后承诺。

2. 资格证明文件

(1)营业执照复印件。

(2)税务登记证复印件。

(3) 法人代表授权书。
(4) 投标方代表本人的身份证（复印件）。

3. 投标文件应放置于密封袋内，封口处须有法人代表或授权代表的签字及投标单位公章。封皮上写明招标项目名称、投票方名称。标书一式四份（壹正叁副），概不退还。

4. 投标文件的递交：投标单位须在2008年11月5日9：00前送达利群集团总裁办公室（崂山路××号德泰大酒店×楼）。

5. 开标时间：2008年11月5日10：00。

6. 开标地点：崂山路××号德泰大酒店×楼会议室。

四、付款方式及要求

中标单位签订合同后，由发标方根据合同总造价支付20%定金，货到工地安装后，付至实供货物总额的85%，验收合格使用正常后，付至实供货物总额的95%，余5%为质保金，一年内无质量问题付清。

所有设备含配套管路，报价含安装、调试、货到工地价格。在满足采购方需要的参数前提下必须标明所报价设备的具体型号、技术参数和工期。

中标方结算需提供17%的增值税发票。

五、开标及评标

1. 开标会由招标方主持，投标方派代表参加。
2. 开标由双方检验文件密封情况，无误后开启投标文件。
3. 采用公开唱标形式。
4. 评标：招标方进行综合比较，于唱标之日起五日内通知中标单位。

联系电话：0532-8880××××　　1589888××××　　张××
传　　真：0532-8880××××

利群集团股份有限公司
二〇〇八年十月三十日

（资料来源：http://www.liqungroup.com/news_view.asp? classid=7&fid=2&newsid=371）

写作知识

一、招标书的含义

招标书又称招标说明书、招标公告、招标通告等，是在进行技术攻关、工程建设、合作经营或大宗物资买卖之前，招标单位或其委托人所发布的用以公布项目内容、范围、标准、具体要求等，邀请投标人投标，选择最优投标人的经济类文书。

招标书一般通过公众传媒发布，一方面为招标单位传递招标信息，另一方面为投标单位的投标工作提供依据，最终实现双赢局面。

招标书具有竞争性、公开性和时效性等特点。

二、招标书的类型

招标书种类繁多，按照不同的标准可以分为不同的种类。

（1）按合同期限分，有长期招标书和短期招标书。

（2）按计价方式分，有固定总价项目招标书、单价不变项目招标书和成本加酬金项目招标书等。

（3）按性质和内容分，有工程建设招标书、大宗商品交易招标书、劳务招标书、科研课题招标书、技术引进或转让招标书等。

三、招标书的结构和写法

招标书一般由标题、招标号、正文和结尾四部分组成。

（一）标题

标题一般应包含单位名称、招标项目名称和文种，如"××公司招标书"、"办公设备招标书"、"新郑民东路（黄帝像转盘—庆安路）综合改造工程施工招标公告"。也可直接用文种及其别称，如"招标书"、"招标公告"、"招标通告"、"招标启事"等。

（二）招标号

招标号一般由招标机构的英文缩写、编号两部分组成，位于标题的右下方。招标号有时也可以省略。

（三）正文

正文包含开头和主体两部分。

（1）开头。概括说明招标单位的基本情况，招标项目名称，招标的缘由、目的、范围和依据等。

（2）主体。主体部分是招标书的重点和核心，要准确、具体地分项列出招标的内容、要求和相关事项，如项目名称，招标原则，承担单位资质，商品数量、规格、价格、经费的要求，投标开标的时间、地点和应缴费用等。

主体部分一般采用条文式结构，也可用表格式或条文表格式结构。

（四）结尾

注明招标单位名称、法人代表、联系人姓名、招标单位的地址、邮政编码、电话号码、电报挂号、传真号、开户银行及账号、签署日期并加盖印章。

四、招标书的写作要求

（一）内容要合法，并符合相关标准规定

招标书的要求和相关事项，要符合国家有关法律、法规、政策规定。技术质量标准要注明国际标准、国家标准、部颁标准或企业标准，以便作为今后的工作中实施的依据。

（二）表达要条理清楚

招标项目的有关情况，如招标范围，招标项目的名称、数量、技术质量要求、进度要求等，表达都应该具体、完备，最好分条叙述，避免一锅粥，给投标和中标后的一些工作带来麻烦。

(三)语言表述要周密严谨

关于投标项目的诸项要求,表述都应该准确无误,少用模棱两可的语言,避免歧义。

 拓展阅读

招标书制作过程的常见误区

前不久,公司委派我负责启动 ERP(enterprise resource planning,企业资源计划)项目招标选型工作,招标工作表面上看起来比较顺利,一切都按部就班的进行。但是现在回想起来,还是有一些很值得和大家分享的细节和注意事项。

招标很重要的一环是起草招标书。如果把招标过程比作"考试",那么招标书无疑相当于"考卷"。不仅要提前发布,而且还要把考试的具体要求准确地概括并公示出去,以便吸引更多符合条件的 ERP 厂商前来"报考",达到充分竞争的目的。但由于我们 ERP 招标经验不足,在这次招标过程中犯了一些错误。主要如下:

1. 招标书需求写得不够细致、深入

一般来说,招标是指采取科学的程序将项目需求广而告之,再择优录取,最终经过一系列接触、谈判等活动,完成合作、实现最优的过程。但 ERP 招标选型并非和普通物品采购一样是一锤子买卖,它需要综合考虑 ERP 厂商的实施能力、二次开发能力等要素。在 ERP 招标书上,企业需求是一块不容忽视的内容。但是,我们在制作招标书时在需求上存在一些过大过粗的错误,使我们在招标过程中不但出现风马牛不相及的现象,也浪费了大量的宝贵时间。

例如,我们在写销售管理需求时,只在招标书上说要实现"销售订单价格分级确认审核"需求。这个需求大部分的 ERP 软件都可以实现。但是具体如何实现则没有说明清楚。例如,分级审核要分几个级别审核,是分三个级别还是五个级别?在后来的 ERP 厂商演示的过程中,我们发现许多厂商只能够实现对于价格的三级确认,而按照我们企业的现实需求则是需要五级确认。最后发现在所有的投标厂商中只有 5 家厂商符合要求。这说明我们在招标说明书上没有写清楚需求,结果把很多时间都浪费在这些基本功能的筛选上。若我们能够把这些基本需求定义得再详细一点,或许有部分 ERP 厂商就会自动退出了,我们也就不会浪费过多的时间。

从这个例子我们可以看出,在招标书上把需求写详细、写清楚是很重要的。因为这样可以直接过滤掉一些不符合我们要求的厂商。所以,在招标书书写之前,要先进行需求调研、分析、研究。没有准确、详细需求的招标书,对于招标工作来说不但是浪费时间,而且很容易被对方钻空子。因此,作为招标企业首先要弄清楚自己的 ERP 需求,明白自己有什么、没有什么、想要什么,做到心中有数,然后再展开招标工作。

2. 招标书只是对模板的简单复制

"模板复制"是一个经验借鉴、高效率和低成本的途径和方法。因此,在进行 ERP 项目招标书制作时,很多企业 ERP 项目负责人都会耍个小聪明,在搜索引擎上查找ERP招标合同模板，然后对招标模板进行修改和再写作。实际上这种取巧的"模板复制"会使我们对本公司的需求未加以深入的系统思考，结果是造成后来ERP厂商的投标内容与我们企业真实的需求不一致。

例如，对于ERP来说重点在于管理流程，核心思想在于管理模式。但是，不同企业之间即使是行业相同的不同公司，它的经营背景、管理人员的思维都是不同的，故其采用的管理流程、管理模式也不可能是相同的。但是，我们又不能说谁对谁错，因为管理模式没有统一的评价标准。因此，不同的ERP项目所制定的招标标准、标书写作标准都会多有不同。故我们在写ERP招标书的时候，不能简单地把其他公司的招标书拿来复制拷贝一下，因为这根本不能够体现企业的真实需求，这种抄袭的招标书对于招标工作是没有多大的指导意义的，而且或多或少还会给招投标工作带来危害。

（资料来源：http://wenku.baidu.com/view/9d6e05e9aeaad1f346933fc1.html，有删改）

写作悟语：制作招标书四原则：全面反映采购人需求的原则、科学合理的原则、公平竞争（不含任何歧视）的原则、维护国家利益和供应商商业秘密的原则。倘若招标书的制作人不知道上述编制原则，就会成为"盲人摸象"，在制作过程中不是走错方向，就是进入误区。

文体实训

1. 酒店需要宣传其服务和品质，请向广告公司拟写一份宣传招标书。
2. 酒店客房需要买一批床、柜子等用具，请拟写一份招标书。
3. 请按照招标书的写作要求，指出下文缺少的内容。

××集团公司酒店大厦招标书

本集团公司将修建一栋酒店大楼，由××市城市建设委员会批准，建筑工程实行公开招标，现将招标有关事项公告如下：

一、工程名称：××集团公司酒店大厦。

二、建筑面积：××××m²。

三、设计及要求：见附件。

四、承包方式：实行全部包工包料。

五、索标书时间：投标人请于2011年6月5日前来人索取招标文书，逾期不予办理。

投标人请将投标文书及上级主管部门的有关签证等，密封投寄或派员直接送本集团公司基建处。收件至2011年7月5日截止。开标日期定于2011年×月×日，在××市公证处公证下启封开标，地点在本集团公司绿湖楼第一会议室。

报告挂号：××××

电话：××××××××
联系人：×××

×× 集团公司招标办公室
2011 年 5 月 5 日

第四节　投标书

范文示例

某酒店装饰工程投标书

目录
第一章　标书综合说明
第一节　公司概况
第二节　工程概况
第三节　承包方式
第四节　竞标措施和优惠条件
第二章　施工组织设计
第一节　工程施工现场平面布置及说明
第二节　施工总进度计划
第三节　主要施工机械设备表
第四节　机械、人员数量及调配表
第五节　工程质保体系、措施及质量检测方法
第六节　工程管理体系
第七节　工程管理的任务及目标
第三章　各分项工程施工工艺及技术要求
第四章　安全施工和文明管理措施
第一节　安全施工措施
第二节　文明管理措施
第五章　成品保护措施
第一节　装饰抹灰工程对成品保护控制措施
第二节　装饰门窗工程对成品保护控制措施
第三节　装饰玻璃工程成品保护措施
第四节　装饰吊顶工程成品保护措施
第五节　装饰饰面工程成品保护措施

第六节　装饰地面工程成品保护措施
第七节　装饰涂料工程成品保护措施
（编者注：详细内容略）

一、投标书的含义

投标书又称标书、标函，与招标书相对，指投标人根据招标书及招标文件的要求，结合自身客观实际，向招标人提出订立合同的建议性文书。

投标书是整个招标活动的中心文书。一方面投标书表达了投标单位的意向，为招标单位提供择优选择的备选方案；另一方面对于投标单位而言，制作出令招标人满意的标书，是竞标成功的关键。

投标书具有真实性、竞争性和针对性等特点。

二、投标书的类型

投标书按不同的标准，有不同的类别。

（1）按投标方人员组成情况划分，可分为个人投标书、合伙投标书、集体投标书、全员投标书和企业（或企业联合体）投标书等。

（2）按性质和内容划分，可分生产经营性投标书和技术投标书。生产经营性投标书包括工程投标书、承包投标书、产品销售投标书、劳务投标书；技术投标书包括科研课题投标书、技术引进或技术转让投标书。

（3）按投标范围划分，可分为国际投标书和国内投标书。

三、投标书的结构和写法

投标书一般由标题、正文、结尾三部分组成。

（一）标题

一般写上文种"投标书"即可，也可包括投标形式、投标内容和文种，如"租赁××市印刷厂的投标书"。

可在标题下方注明投标时间或投标书编号，也可在文中或结尾处注明。

（二）正文

投标书的正文内容与招标书相对应，要对招标的条件和要求进行明确的回答和说明。正文的结构可以采用条文式，也可采用表格式。正文包含开头和主体两部分。

（1）开头。概括写明投标的项目名称、投标目的、依据和主导思想。

（2）主体。分项说明投标的愿望、项目名称、数量、技术要求、商品价格和规格、交货日期、具体保证措施，以及需要说明的应标条件和事宜，展现自己的优势。

（三）结尾

要写清投标人的单位名称、法人代表及邮政编码、地址、电话号码、传真号码、电报挂号、电子邮箱、投标时间等。

如果是国际上的投标，则应将投标书译成外文，写明国别、付款方式及用什么货币付款等。如果需要上级业务主管部门和公证监督机关公证的，也要签名盖章。如果是委托单位或担保单位，还应附上委托书、担保书、有关图纸、表格等。

四、投标书的写作要求

（一）合法

和招标书一样，投标的内容要符合国家的方针、政策和有关法令、规定。

（二）实事求是

投标单位一旦中标，需要在规定的时间内与招标方进一步签订合同，按照合同办事，如果不能履行其中的承诺，将要承担相应的法律责任。所以投标者一定要认真研究招标书的要求和有关事项，结合自身的客观实际，根据自己的经济、技术实力，经过专家充分论证后，才能决定是否投标，如何投标。对于投标书中的信息和事项，一定要如实填写，不能弄虚作假、徇私舞弊。

（三）内容具体明确

凡是与投标有关的目的、依据、项目、指标、条件、要求、进度、措施等都要全面考虑，详细叙述，文中所引用的数据、标准等要准确完整，避免引起争议，造成不必要的损失。

（四）讲究效率

招标都有一定的时间限制，投标一定要讲究效率，要在规定的时限内写好并送出投标书，增加中标的概率，以利于在众多竞争的投标单位中胜出。

拓展阅读

投标书的制作注意事项

投标书制作不当，不仅会成为无效标，而且容易产生废标（因为《中华人民共和国政府采购法》规定，当符合专业条件的供应商或者对招标文件作实质性响应的供应商不足3家的，就应予废标）。更重要的是，投标书还是评标的主要依据，是事关投标者中标的关键要件。综合一些投标者在制作投标书方面的失败教训，投标者在制作投标书的过程中，必须对以下5个方面引起足够重视。

（1）"投标须知"莫弄错。"投标须知"是招标人提醒投标者在投标书中务必全面、正确回答的具体注意事项的书面说明，可以说是投标书的"五脏"。因此，投标人在制作标书时，必须对"招标须知"进行反复学习、理解，直至弄懂弄通，否则就会将"招标须知"理解错，导致投标书成为无效标。例如，某"招标须知"要求投标人在投标书中提供近三年开发基于Websphete、Oracie大型数据率的成功交易业务记录，而某投标者将"近三年"理解为"近年"。将"成功交易业务记录"理解为"内部机构成功开发记录",以至于使形成的投标书违背了"招标须知",成为废纸一张。

(2)"实质要求"莫遗漏。《中华人民共和国政府采购法》,《中华人民共和国招标投标法》《政府采购货物和服务招标投标管理办法》等法律法规都规定:投标文件应当对招标文件提出的实质性要求和条件作出响应。这意味着投标者只要对招标文件中的某一条实质性要求遗漏,未作出响应,都将成为无效标。例如,某招标文件规定,投标者须具备5个方面的条件。若投标者E遗漏了对"招标货物有经营许可证要求的,投标人必须具有该货物的经营许可证"这一要求作出响应;投标者F在投标书中遗漏了对"投标人必须取得对所投设备生产企业的授权文件"这一要求作出响应,则投标者E和投标者F,都将因"遗漏"而被淘汰。

(3)"重要部分"莫忽视。"标函"、"项目实施方案"、"技术措施"、"售后服务承诺"等都是投标书的重要部分,也是体现投标者是否具有竞争实力的具体表现。倘若投标者对这些"重要部分"不重视,不进行认真、详尽、完美的表述,就会使投标者在商务标、技术标、信誉标等方面失分,以至于最后落榜。例如,投标者不重视写好"标函",则在"标函"中就不能全面反映本公司的"身价",不能充分表述本公司的业绩,甚至因为没有将获得的重要奖项(省优、市优、鲁班奖等)、承建的大型重要项目等在"标函"中进行详细说明,从而不能完全表达本公司对此招标项目的重视程度和诚意。再如,一些投标者对"技术措施"不重视,忽视对拟派出的项目负责人与主要技术人员简历、业绩和拟用于本项目精良设备名称的详细介绍,以至于在这些方面得分不高而出局。

(4)"细小项目"莫大意。在制作投标书的时候,有一些项目很细小,也很容易做,但稍一粗心大意,就会影响全局,导致全盘皆输。这些细小项目主要有以下几种:① 投标书未按照招标文件的有关要求封记的;② 未全部加盖法人或委托授权人印签的,如未在投标书的每一页上签字盖章,或未在所有重要汇总标价旁签字盖章,或未将委托授权书放在投标书中;③ 投标者单位名称或法人姓名与登记执照不符的;④ 未在投标书上填写法定注册地址的;⑤ 投标保证金未在规定的时间内缴纳的;⑥ 投标书的附件资料不全的,如设计图纸漏页,有关表格填写漏项等;⑦ 投标书字迹不端正,无法辨认的;⑧ 投标书装订不整齐,或投标书上没有目录,没有页码,或文件资料装订前后颠倒的等。

(5)"联合制作"莫轻视。在实际招标采购中,有时会发生两个以上的供应商组成一个投标联合体,以一个投标人的身份投标。这样,投标书就需要几家供应商一起合作。参加联合制作的任何一方都不能轻视,如果大家都持不重视态度,就会发生"你依他、他依你"的现象。大家都不认真,都不负责,以致形成无效标。

例如,在一次大型工程招标中,有9个供应商组成联合体投标。由于大家都不重视投标书制作,制作前也没有哪一方询问其他方是否符合《政府采购货物和服务招标投标管理办法》第三十四条所规定的"联合体各方均应当符合政府采购法第二十二条第一款规定的条件",即"具有独立承担民事责任的能力"。

结果，投标书发出后，被人举报查实，其中有一方不具有独立承担民事责任的能力，其法人资格证书是租的，致使这份联合制成的投标书成为无效标。所以，联合体各方千万不可轻视投标书的联合制作，务必做到制作时首先要验证各方是否具备投标资格，并且当采购人根据采购项目的特殊要求规定投标人特定条件的，联合体各方中至少有一方符合采购人规定的特定条件；其次，联合体各方应当签订共同投标协议，明确约定联合体各方承担的工作和相应的责任，尤其不能缺少出了问题，责任人应当承担多大经济责任的内容；再次，投标书制成后除牵头方认真汇总校对外，还要明确1方或2方进行复核，且不能忘记将共同投标协议作为投标书附件一并提交招标采购单位。

写作悟语：在招投标过程中，投标书制作的质量高低与能否中标关系密切，因为一份合格、规范、高质量的投标书能准确地对招标文件所要求的各项条件进行准确的响应，能充分地反映供应商的资格、履约能力、信誉，能判定投标人所提供的采购对象是否可以满足采购人的要求。因此，在投标书的制作过程中要善动脑筋、吃透招标文件精神，才有可能制作出合格、规范、得体的投标书，才能获得更高的中标率。

文体实训

1. 分小组组织一次模拟招投标活动，各小组分别扮演招标方和投标方，并撰写相应的招投标书，进行公开竞标，最后写出活动总结。
2. 请按照投标书的写作要求，指出下文存在的问题。

××公司投标书
××总公司

诸位先生：

　　研究了招标文件 IMLRC-LCB9001 号，对集通铁路项目所需货物我们愿意投标，并授权下述签名人××、×××，代表我们提交下列文件正本一份，副本四份。

　　1）投标报价表。
　　2）货物清单。
　　3）技术差异修订表。
　　4）资格审查文件。

　　签名人兹宣布同意下列各点：

　　1）所附投标报价表所列拟供货物的投标总价为×××美元。
　　2）投标人将根据招标文件的规定履行合同的责任和义务。
　　3）投标人已详细审查了全部招标文件的内容，包括修改条款和所有供参阅的资料及附件，投标人放弃要求对招标文件作进一步解释的权利。

4）本投标书自开标之日起 90 天内有效。

5）如果在开标之后的投标有效期撤标，则投标保证金由贵公司没收。

6）我们理解你们并不限于接受最低价和你可以接受任何标书。

投标单位名称：中国广州××公司

地　　址：中国广州××区××街××号

电　　话：×××××××

授权代表：××

姓名：×××

（公章）

第五节　订货单

酒店产品订货单

订货单编号：_____

供方：上海×××有限公司　　操办人：钟林

一工厂地址：上海市松江区小昆山经济开发区

二工厂地址：上海市奉贤区金钱路钱桥工业区

商务部地址：上海市普陀区同普路×弄×号楼×层　　邮编：200333

电话：×××××　　传真：×××××

需方：_____　　操办人：

收货地址					
电　　话		邮　编		收货人	
要求发货日期		改变合同货运方式是否付费		□同意□不同意	

合同内容：需方今向供方订购以下产品：

产品名称	规格、型号	单位	数量	单价（元）	金额（元）	备注

续表

产品名称	规格、型号	单位	数量	单价（元）	金额（元）	备注
合计人民币：		佰 拾 万 仟 佰 拾 元 角 分整			￥	
付款日期	付款方式	付款金额	开票日期	开票金额		
	支、现、电汇、其他					
	支、现、电汇、其他					
渠道部签字	商务部签字	财务部签字	营销中心主管签字			
备注		出库单号				

订货条款：

1. 本订单必须加盖单位公章，否则视为无效。原件必须在一星期内寄回公司商务部。
2. 本订单传真件有效，具有同等法律效力。
3. 货物所有权在货款支付清前属于供方，付清后转移给需方。
4. 供方在受到需方盖章确认后，____天内发货。自发货之日起（以货运公司运单为凭证），一周内供方未收到需方提出的书面异议，则视为收到订货。
5. 本订单同时遵照供需双方之间的代理协议内容执行。

需方（盖章）：_____ 　　　　　　　　　　供方（盖章）：_____
日期：_____ 　　　　　　　　　　　日期：_____

写作知识

一、订货单的含义

订货单是由买方向卖方并处货物时填写的单据，是买方和卖方间货物交易的依据和凭证。

订货单具有协约性，即买卖双方都应信守订货单中的各项条款；还具有严肃性，订货单具有合同的性质，买卖双方都应严肃对待，不可有欺诈行为。

二、订货单的类型

订货单有多种样式，卖方依据所出售产品和货物的特点制作订货单，由买卖双方填写。从表达方式分，订货单有表格式、文字式（订货函）和文字表格综合式三种。

三、订货单的结构和写法

订货单一般由标题、正文和尾部构成。

（一）标题

标题一般有三种写法：第一种由货物名称和文种构成；第二种由单位名称和文种构成；第三种只写文种"订货单"三个字。

（二）正文

正文包括的内容如下。

（1）买方和卖方的信息。包括公司名称、地址、邮政编码、电话、传真号码、电子邮箱和联系人等。

（2）订货信息。包括商品名称、商品编码、商品单价、商品质量级别和订购数量等。

（3）配送方式及配送地点信息。

（4）款项支付方式及银行账户。

（5）买方的意见和要求。

（三）尾部

订货单的尾部写订货单位、订货日期及经办人签章。

四、写作提示

（一）信息要齐备

信息要齐备即设制的订货单要包含有货物买卖必需的各种信息，不得遗漏。

（二）要实用、好用

订货单的结构要尽可能简单，让买方一目了然，便于填写。

（三）一张纸即印制一份订货单

切忌一份订货单跨页或分成几页，以免被"调包"换页。

拓展阅读

订货单释义不清　酒店为错误"埋单"

近日，市内某酒店在海马家具城健威家具店订购了3套可独立拼拆的板式双门衣柜，其后发现店家送来的货品却是一套不可拆分的6门衣柜。对此，酒店方认为是货不对板，但店方拿出"订购单款项"作为依据，拒绝退换，并建议酒店多购买两套侧板使书柜可拆分。几经协商，酒店与店方共同承担两套侧板的费用。酒店方为此甚感不平。

相关提醒：由于板式家具是可拼装的，因此订货单上不是简单写"书柜一件"，而要分开描述组合材料。根据酒店提供的订货单描述，书柜是"左右侧板1（套），中夹板2（套）"，酒店方理解"中夹板2（套）"即为"四块板"，因此理所当然地认为就是三套独立书柜。

店方负责人李小姐回应：当时酒店方看到店里的样本就是6门书柜，并没有强调要求独立拆分，店员才会按照6门书柜下了订单。"组合材料的单位是按照出厂标准来规定的，中夹板出厂时一套即为一块，因此订单上的描述并没有失误。"李小姐同时表示，此事也因为店员没有向对方解释清楚而造成误会。

李小姐称，如果是三套独立双门书柜，订单描述应该为"左右侧板3（套），不需要中夹板"。为了解决纠纷，店方提出再给酒店方两套侧板，收回中夹板，再收取1套侧板的费用并由店方分担一半。

酒店希望通过自己的经历提醒大家，购买板式家具时，一定要了解清楚组合材料的单位和数量。

写作悟语：订货单必须语言准确，表达清楚，特别是对一些规格型号等技术要求要表述准确到位。

文体实训

1. 酒店每天都要向客人提供新鲜的蔬菜水果，请写一份订货单发给水果批发商。
2. 某酒店开了几个茶室，需要订制一些茶具、茶叶，请代酒店张经理写一下订货单。
3. 分析指出以下订货单的不足之处，并加以改正。

订货单

TO：北京××有限公司　　FAX：××××××　　TEL：××××××
FROM：＿＿＿＿＿　　　　FAX：＿＿＿＿＿　　　TEL：＿＿＿＿＿

订货单位名称（加盖公章）					
收货地址					
收货人					收货电话
数　量					
单　价					
汇款方式		农行卡	交行卡		北京银行
快递方式		顺丰快运	EMS		其　他
订货人签字					定货日期
备　注					

注：请订货人签字（手写）或加盖单位公章回传方可生效。谢谢合作！祝工作愉快！

第六章 酒店会务文书写作

第一节 会议主持词

范文示例

2009年酒店上半年工作总结暨下半年重点工作部署大会主持词

各位领导、各位同事：

大家好！

大家都知道，今年对于我们酒店来说是关键的一年，是我们的服务领域不断扩展的一年，也是我们的企业品牌更加深入人心的一年。

今天我们在这里欢聚一堂，召开"2009年酒店上半年工作总结暨下半年重点工作部署大会"，主要目的是总结半年来的工作经验，查找存在的问题，吸取教训，共商酒店未来发展大计，安排部署下半年的工作任务。

首先，为保证会议的有序进行，在会议正式开始之前，我提几条要求：

1. 请所有与会人员暂时关闭手机或调成静音，尽量不要接打电话；
2. 不要在会场内来回走动，大声喧哗，或与人交头接耳；
3. 不要随地吐痰，乱扔废弃物，不要抽烟；
4. 会议结束以后，先欢送领导和来宾退场，然后依次序退场。

今天的会议议程分为两项，第一项是各部门领导做上半年部门工作总结和下半年工作部署报告，第二项是进行会议总结讲话并做工作报告。

现在进行第一项，各部门领导做上半年部门工作总结和下半年工作部署报告，首先有请行政办公室主任王莉上台汇报。大家欢迎！

……

接下来进入会议的第二个议程：请张总进行会议总结并做工作报告，大家欢迎！

……

同志们，今天下午的会议开得很圆满，也很成功，既对酒店半年来的发展进行了全面、客观、公正的总结，也提出了酒店下半年的发展思路，描绘了酒店美好的未来，使我们每个人都感受到酒店的前景光明，也更加坚定了我们的信心。这是一次振奋人心、催人奋进的大会！会后，我们要深入学习、领会这次会议的精神，在

> 酒店领导的正确带领下，团结一心、共同努力、务实开拓、不断创新，共同为酒店的美好未来贡献力量！
> 散会。

一、会议主持词的含义

会议主持词是会议主持者主持会议时使用的带有指挥性、引导性的讲话，是会议主持人主持会议时使用的文件。一般大型或正规的会议都要有会议主持词，所以其使用频率较高。

会议主持词具有简要性、朴实性、条理性、统揽性等特点，在会议中可以起到穿针引线的作用，能够确保会议程序的严肃性和准确性，营造会议气氛。

二、会议主持词的类型

各级单位日常召开的各种会议，按其内容和形式大体可分为法定性会议、工作性会议、临时性会议、纪念激励性会议等几种类型。与此相适应，会议的主持词也可分为以下几种类型。

（1）法定性会议主持词，如党的代表会议、党委全会、纪委全会的主持词。

（2）工作性会议主持词，如市场开拓工作会议、新产品研发工作会议、销售工作会议的主持词。

（3）临时性会议主持词，如报告会、座谈会、现场会、电视电话会议的主持词。

（4）纪念激励性会议主持词，如庆祝大会、纪念大会、表彰大会、大型活动集会的主持词。

三、会议主持词的结构和写法

会议主持词和其他讲话稿一样，一般由标题、称谓、正文三部分组成。

（一）标题

主持词的标题由会议活动名称和文种构成。一般不分正副标题，并力求简洁明了、直截了当，不需要用含蓄、委婉的语言，也不需要任何的修饰词语，是什么会议就用什么名称。例如，"××酒店十周年店庆仪式主持词"、"××酒店年度表彰会主持词"等。在标题左下方顶格处，可分行写明会议的时间、地点、主持者，或者只在标题正下方中间处注明主持者的姓名（可加小括号）。

（二）称谓

称谓是主持人对广大听众的称呼。主持人视不同的与会人员、不同的场合，选用不同的称呼，一般用泛称。例如，"各位领导"、"各位来宾"、"同志们"、"同学们"等。在特殊情况下，如地位、职务较高的领导、专家莅临下级单位指导工作时候，可以针对某位领导用特称，如"尊敬的张省长"、"尊敬的王主席"等。

会议开始前要有称谓，主持中间还应适当用称谓，起引起注意、承上启下的作用。顺序上一般是身份从高到低，性别先女后男，并尽可能覆盖全体参加对象。

（三）正文

主持词正文一般由开场白、中间部分与结束语组成。

（1）开场白部分。开场白的形式多种多样，可开门见山、直奔主题，如"今天，我们在这里隆重集会，举行丽天大酒店成立十周年庆祝大会"、"今天，在这里举办粤海酒店暑期中层干部研讨班"。也可简单介绍一下会议的召开背景、目的。无论用什么方法开头，都应该紧扣主题，用精练的语言吸引听众，自然地引出下文，不要兜圈子。

另外，在开场白部分还可介绍主席台就座的领导和与会人员（可包括姓名、身份、职务等），如"光临今天会议的领导和来宾有：酒店集团张总经理……"、"出席今天开业仪式的还有……"、"……也出席了今天的对接交流活动"。介绍出席人员时，必须要注意先后顺序，先上级后下级，先来宾后主人。同时对各位来宾的到来，主持者要表示热烈的欢迎和衷心的感谢。

（2）主体部分。在这一部分，主持人的作用就是扮演一个报幕员的角色，用最简练的语言，按照会议的安排，依次介绍会议的每项议程，可先总说、后分说，如"今天的对接交流活动主要有×项议程：一是……；二是……；三是……"，然后分条说，"下面进行第一项议程……"也可直接分条说，如"今天的大会主要有×项议程，下面进行第一项议程……"还可以不明确说有几项议程，如"××酒店建设工程奠基仪式现在开始。首先，请××同志致辞，大家欢迎！……下面，欢迎××同志讲话！……接下来，欢迎××致辞……"

值得强调的是，在两项议程之间主持者可以做一个简短的、恰如其分的评价，使这两项议程能自然地"串"起来，给人以连续感。在依次介绍会议的每项议程时，切忌千篇一律，要讲究灵活性和多变性，如不要都用"下面……下面"，可以跳用"下面"、"接下来"、"下一个议程是"之类的话。如果会议不是半天结束，在上一个半天结束之后，应对下一个半天的会议议程做一简单介绍（上午的会议到此结束，下午会议的主要内容是……）；如果下一个半天的内容是分组讨论或外出参观，要将分组情况、讨论地点、讨论内容、具体要求及参观的一系列注意事项，如参观地点、行车路线、乘坐车辆、出发时间、返回时间等向与会者交待清楚，以便于活动有条不紊地进行。

（3）结束语部分。结束语是主持词的收束，是对整个会议做总结。结束语可以总结会议收到的效果，也可以发出号召、邀请，还可以抒情、祝愿，寄托主持者美好的愿望。例如，"今天对接交流活动的开展，进一步增进了我们之间的友谊……"、"最后，祝各位……"

结束语主要有以下几种形式。

① 宣布会议即将结束，大都是"同志们，喜来登酒店为期三天的培训会议就要结束了"之类的话。

② 对会议做简要的评价（大都是肯定性的）。一般都是"这次会议开得很好，很成

功，达到了预期目的"之类的话。

③ 从整体上对会议进行概括总结，旨在说明这次会议所取得的成果：解决了什么问题，明确了什么方向，提出了什么思想（思路、措施）等。

④ 就如何落实会议精神提出要求。每次会议都有其特定的目的，为达到这个目的，会后，都有一个如何落实会议精神的问题。因此，这不但是结尾部分的重点，也是整个主持词的重点。写好这一部分，要做到以下几点。

第一，语言要简洁明了，一是一，二是二，不绕弯子，不做解释说明。

第二，要求要明确、具体。既不能含糊其辞，更不能商商量量，要体现出会议要求的严肃性、强制性、权威性。

第三，布置任务要全面，不能"丢项"，否则，会议的目的就不能全部实现。

第四，要视会议的性质和内容选取写作方式，提要求有"命令式"、"希求式"、"号召式"。有时还可多种方式混用。要根据会议的性质和内容，选择最恰当的写作方式。

四、写作提示

（一）明确地位附属

会议主持词是为领导讲话和其他重要文件服务的，其附属性表现在两个方面：从形式上看，主持词的结构是由会议议程决定的，必须严格按照会议议程谋篇布局，不能随意发挥；从内容上看，主持词的内容是由会议的内容所决定的，不能脱离会议内容。主持词的附属性地位，决定了它只能起陪衬作用，不能喧宾夺主。因此，在撰写主持词的过程中，从结构到内容乃至遣词造句、语言风格、讲话口气等，都要服从并服务于整个会议，与会议相协调，相一致。

（二）篇幅短小

主持词的篇幅一般不宜过长，要短小精悍，抓住重点，提纲挈领。

（三）语言平实

与严肃的会议气氛相适应，会议主持词在语言运用上应该平实、庄重、简明、确切。要开门见山，直入主题，尽量不用修饰和曲笔。说明什么，强调什么，提倡什么，反对什么，有什么要求、建议和意见，都要一清二楚、一目了然，切忌含糊其辞、模棱两可。

（四）重在头尾

会议主持词的主要部分在开头的会议背景介绍和结尾的会议总结、任务布置部分，中间部分分量较轻，只要简单介绍一下会议议程就可以了。因此，会议主持词的撰写，重点在开头和结尾。

（五）结构独立

会议主持词分为开头、中间和结尾三个部分，而且每部分都相对独立。

拓展阅读

会议主持词的写作特点

在机关的日常工作中,我们常常要召开各种会议,如工作会、座谈会、动员会、总结表彰会等。会议是机关工作的一项重要内容,是部署、推进、总结工作的有效形式。召开会议,就得有会议主持人。在工作节奏日益快捷的今天,会议主持人往往在会前来不及或不能全面了解会议的全部内容,多数情况下需要准备一个会议主持词。实践证明,内容较多的会议,有一个好的主持词,就会使会议主持得更加紧凑、准确、周密、主题突出,收到较好的会议效果。那么如何写好一个会议主持词呢?笔者认为应把握以下特点。

1. 结构特点

主持词的结构与会议的日程安排密切联系,与会议的主题讲话或发言密切联系,它的结构安排应以使与会者明了会议的背景、规模、日程安排、主要内容、基本要求为主要特征。它在结构上大致包含以下几部分内容。

(1) 开会原因。主持词首先要简单介绍一下召开会议的原因,使与会者对会议的背景及召开会议的必要性有所了解。

(2) 会议主题。主持词一定要开门见山地交待清楚会议的主题是什么。

(3) 会议规模。主要是向与会者介绍参加会议者的身份、人数,会议的服务、联络组织等情况。

(4) 会议议程。要先简要地全面介绍会议的开法,即总的内容步骤,然后分列逐项进行。

(5) 总结评价。会议议程进行完之后,主持人要对会议的内容及会议的质量进行概括和总结评价,使与会者进一步从总体上了解把握会议的主要内容及特点,也使与会者、组织者、服务者为会议付出的劳动得到肯定。

(6) 提出要求。主持词的最后一部分要对会议精神如何贯彻落实提出明确要求,使与会者明白,散会之后应结合实际及时做好学习汇报、研究部署、督查落实及信息反馈等工作。如果会议主讲者对贯彻落实的有关要求已经讲得比较明确、具体,那么主持词中这一部分可以简略写或干脆不写,以免重复,徒增画蛇添足之嫌。

2. 语言特点

主持词属于非文学类的应用类文体,但它的语言风格又不同于会议报告、讲话或发言。它的语言风格应立足于严谨、准确、简洁、朴实、通俗,应该是逻辑性强、言简意赅、通俗明白。但是,由于会议性质和主题的不同,主持词的语言风格又有所差异。会议的主题如果是传达上级会议精神、方针政策,或严肃的工作部署,那么主持词的语言就应该突出平实、严肃、严谨的特色。如果是庆祝、庆典、表彰类的会议,主持词的语言则要具有欢快向上、激越昂扬的特色,尽量多用短句,可以用一些排比、夸张等修辞手法,突出节奏感,增加会场喜庆、欢快、蓬勃的气氛。

3. 身份特点

主持词要因会议主持者身份的不同而在语气、篇幅上有所不同，要蕴含"身份"意识，不可主次颠倒。主持人如果是与会者中社会地位或领导职务较高的，那么主持词则可突出自上而下的口吻，在总结评价和提出要求部分，可以根据需要适当展开，可以重复或补充强调一些内容。主持人如果是与会者中社会地位或领导职务与主讲者平级或较低的，那么主持词就要尽量简短，用词要突出谦恭、礼让成分，可以适度评价主讲者的讲话精神，在提出要求部分要重点写如何贯彻落实，切忌冗长或补充强调其他内容，更忌岔开话题，喧宾夺主。

（资料来源：马明超. 会议主持词的写作特点. 秘书工作，2003，3）

写作悟语：会议主持词一定要语言平实、实事求是，根据会议的精神、安排来写作，既要符合会议特点，又要切合现场听众特点，避免废话、套话、空话、假话。

文体实训

1. 年终岁末，在全体员工的努力下，酒店的经营业绩很好。公司要举行年终总结大会，假如你是公司的秘书，请你为酒店领导拟定一份主持词，具体议程可以虚拟，但要符合年终总结大会的一般议程要求。

2. 三八妇女节即将来临，为表彰广大女职工为酒店发展所做的贡献。酒店决定召开表彰会，会议由董事长、总经理、各个部门的经理及全体女职工参加，会议要对有突出贡献的女职工进行表彰和颁奖。假如你是总经理秘书，请你撰写一份主持词，具体情节可以虚拟。

3. 分析指出下面一份会议主持词存在的问题，并改正。

酒店总结表彰大会主持词

各位同事们、员工们：大家下午好！

金兔已去春风暖，龙年乍来喜气浓，今天是2011年12月20日，再过10天就是龙年的元旦，迎来充满希望的2012年。首先在这里给大家拜个早年，祝大家身体健康、万事如意、合家幸福。同时代表酒店向全体员工付出的辛勤耕耘和无私奉献致以深深地谢意，并通过你们，向一直支持我们工作的家人、亲属致以最诚挚的问候和最美好的祝愿。

值此辞旧迎新之际，我们在这里又一次隆重召开优秀员工表彰大会，共贺上一个月各项工作取得的骄人业绩和辉煌成果，共谋新的一年酒店发展的思路和对策。总结经验，肯定成绩，明确任务，统一思想，再鼓干劲，通过表彰先进，激励斗志，鼓舞士气，弘扬和光大东方国际精神，不断推进酒店各项工作实现更好更快的发展。

光阴似箭、日月如梭，从8月13日至今，转眼间酒店开业已经过去了4个多月。经过不断更迭优化,成就了今天这支能征善战、勇于进取的队伍,同时,不断涌现出了众多的优秀员工,他们在平凡的岗位上创造了不平凡的业绩。

会议的议程共4项:第一项,由甘总宣布受表彰优秀员工名单;第二项,由王总向优秀员工颁奖;第三项,有请优秀员工代表发言;第四项,王总作重要讲话。

下面,会议进行第一项,请甘总宣布受表彰优秀员工名单,有请念到名字的获奖优秀员工到前台与大家见面领奖,大家欢迎。

……

谢谢甘总(掌声)。为了曾经的汗水和泪水,为了曾经的付出与努力,让我们共同见证成功勇士幸福的喜悦。

下面,会议进行第二项,请王总向优秀员工颁奖并合影留念,请摄影师留下这精彩瞬间,大家欢迎。

……

谢谢王总(掌声)。

下面,会议进行第三项,优秀员工代表发言,有请餐饮部汤怀云……

感谢汤怀云的精彩发言。每一位受表彰者的背后都有着感人的故事,每一段经历都是那么不同寻常,正是有着一大批可亲可爱的伙伴,才构筑起东方国际大厦的基石。酒店有这样敬业的员工,有如此良好的愿望,酒店的明天一定更美好!

下面有请出品部淮扬菜主案宋继强发言……

下面有请房务部前厅接待叶丽发言……

下面由工程部雷勇发言……

感谢优秀员工代表,刚才我们共同听到和领略了他们发自内心的感慨,成功的路是最孤独的路,成功的路是最坎坷的路,成功的路是最漫长的路。但是我们一旦选择了这条路,就会无怨无悔勇往直前,因为这是成功的开始。只要我们真心实意地付出,付出我们的热情和坚韧,就一定能得到成功的回报,演绎出精彩人生。坚韧和勇气是对成功最好的诠释,掌声和荣誉是对英雄最好的赞赏,请再一次用我们热烈的掌声为他们喝彩!

下面,会议进行第四项:请王总为我们作重要讲话,大家欢迎。

……

感谢王总所作的精彩报告(掌声)。跨艰难而含笑,历万险而傲然。一路走来,正是凭借着我们内心深处这份坚韧和执着,让我们不畏惧困境,迎难而上,谱写出一路高歌。这次大会既是一次总结会、表彰会,更是一次团结奋进的动员会、鼓劲会,部分优秀员工代表进行了表态发言,会场气氛非常热烈,希望受表彰的员工珍惜荣誉、再接再厉、扎实工作,争取新的更大成绩。没有受表彰的人也不要气馁,要找准差距、从严要求、迎头赶上,争取在今后的工作中取得更大的成绩。

同志们,今天会议的各项议程已经全部进行完毕。这个会议虽然时间不是很长,但很紧凑,内容非常丰富,气氛十分热烈,真正开成了一个团结、鼓劲的大会。特别是王总的工作报告,不仅展现了前一阶段所取得的丰硕成果,而且明确了下一步的奋斗目标和工作任务,阐述了我们在今后工作中需要把握的一些关键问题,指导性和可操作性强，完全符合工作实际。希望会后各部门进一步落实会议精神，营造求真务实、强化管理、创新创效、争先创优的浓厚氛围，立足本部门的工作实际，进一步明确今后的工作重点和保障措施，把这次会议当作新一年的发令枪和冲锋号，全面启动新一年的各项工作，振奋精神、团结一致、精细管理、持续创新，用实际行动弘扬东方国际精神。希望受到表彰的优秀员工戒骄戒躁、再接再厉，继续保持"思想永不自满，工作奋勇争先"的昂扬斗志，努力做好本职工作。各级各部门要以优秀员工为榜样，学习先进、赶超先进，推动各项工作迈上新台阶。百舸争流，千帆竞发，让我们共同努力，只争朝夕，为酒店更加美好的明天再立新功！

今天下午的会议就开到这里，请各部门会后继续贯彻落实会议精神，推进评先活动深入开展。

优秀员工表彰大会到此结束，散会。

（资料来源：《秘书工作》2003年第3期，作者：马超明）

第二节　开幕词

范文示例

酒店开业庆典仪式开幕词

尊敬的各位领导、各位来宾，女士们、先生们：

大家好！今天是天地大酒店隆重开业的喜庆日子。首先请允许我代表天地大酒店的全体员工，对在酒店筹备工作期间给予我们关心、帮助与支持的朋友，表示衷心的感谢！同时，对在百忙之中参加我们酒店开业仪式的各位领导和嘉宾表示崇高的敬意！

汇中华美食，交天下朋友！今天，天地大酒店以其崭新的面貌、独特的风格展现在全市人民面前。天地大酒店将通过规范化的管理，坚持"卫生环境一流、服务设施一流、菜品质量一流、待宾服务一流"和"宾客至上"的服务宗旨、"以人为本"的经营理念，诚心为每一位顾客进行最优质的服务。

"民以食为天"。我们同样深深感谢来自广大顾客的信任与厚爱，你们的热情成了我们前进和创新的动力，你们的光临增添了我们与日俱增的责任心和自豪感。我们愿意听取你们更多的批评、建议和鼓励，我们愿以自己的辛勤劳动努力开创天地大酒店的美好明天。

"有朋自远方来，不亦乐乎"。酒店开业之后，我们期待各位领导、四方来宾、各界朋友予以更多的支持、关心、重视和理解。同时也要求酒店全体员工要强化管理、规范运作、热忱服务、爱岗敬业，尽心尽力把天地大酒店做成有品味、有档次、有影响、有效益的一流酒店。

> 最后,借此盛会祝愿各位领导、各位嘉宾身体健康、生活幸福、事业兴旺!祝天地大酒店开业大吉、生意兴隆、鹏程万里!

一、开幕词的含义

开幕词是在重要会议或重大活动开始时,会议主持人或主要领导人讲话所用的文稿。开幕词的主要特点是宣告性和引导性。

召开重要会议或开展重要活动,一般都要由主持人或主要领导人致开幕词。开幕词通常要阐明会议或活动的性质、宗旨、任务、要求和议程安排等,集中体现了大会或活动的指导思想,起着定调的作用,对引导会议或活动朝着既定的正确方向顺利进行,保证会议或活动的圆满成功,有着重要的意义。

二、开幕词的类型

开幕词按内容可以分为侧重性开幕词和一般性开幕词两种。侧重性开幕词往往对会议召开的历史背景、重大意义或会议的中心议题等进行重点阐述,其他问题一带而过。一般性开幕词则只对会议的目的、议程、基本精神、来宾等进行简要概述。

三、开幕词的结构和写法

开幕词通常由首部、正文及结束语三部分组成。

(一)首部

首部包括标题、时间、称谓三项。

(1)标题。标题的写法一般有以下几种。

一是用会议全称加文种构成标题,如"××公司第×届×次职代会开幕词"或"××公司青年志愿者活动开幕词"。

二是由致辞人加会议全称再加文种构成标题,如"×××总经理在×××会议上的开幕词"。

三是复式标题,主标题揭示会议的主旨,副标题则由会议全称加文种构成,如"为建设和谐企业而奋斗——××公司第×届×次职代会上的开幕词"。

四是只标上"开幕词"三个字即可。

(2)时间。标题之下,用括号注明会议开幕的年、月、日。

(3)称谓。写在标题下行顶格,一般根据会议的性质及与会者的身份确定称谓,如"同志们","各位代表、各位来宾","女士们、先生们","运动员同志们"等,后面用冒号。称谓按照惯例,一般是由上到下、由外到内。凡参加会议或活动的人都要点到,不可遗漏。

（二）正文

正文包括开头、主体和结尾三部分。

（1）开头部分。一般开门见山地宣布会议开幕。以简洁的语言交待会议或活动的名称、届次，说明其目的和重要性等。亦可介绍会议或活动的筹备经过和出席人的情况，并向他们表示热烈欢迎，表达对会议召开的祝贺。

开头要写得简短、明确，富有鼓动力和号召力，以引起与会人员的重视。通常单独列为一个自然段，与其他部分分开。

（2）主体部分。这是开幕词的核心部分。通常包括三项内容：一是阐述会议的意义；二是阐明会议的指导思想，提出大会任务，说明会议主要议程和安排；三是为保证会议顺利举行，向与会者提出会议的要求。为了表述得明确，富有条理性，主体部分可以分项写出，用序数标明。

（3）结尾部分。提出会议任务、要求和希望。

（三）结束语

开幕词的结束语要简短有力，并要有号召性和鼓动性。写法上常以呼告语领起一段，多是表示祝贺的句子，如"预祝大会圆满成功"等。

四、写作提示

（1）掌握会议或活动的精神，了解会议或活动的全面情况，明确会议或活动要达到的预期目的。这是写好开幕词的前提。

（2）要主旨集中，突出会议或活动的中心内容，把握会议或活动的主要特点，只对会议或活动的主题和有关重要问题进行必要的说明，不可面面俱到，眉毛胡子一把抓。

（3）态度要热情洋溢，富有号召性和鼓动性。文字要简练，条理要清晰，篇幅不宜过长。

拓展阅读

会议开幕词开头的写作技巧举例

会议开幕词是整个会议的开头，除了起到提示、引发的作用外，还要起到控制讲话现场的气氛、稳定听众情绪的作用。常见的开幕词的开头方法有如下几种。

一、开门见山法

即用一两句话直接点明讲话的内容。这种开头庄重、简洁，对控制会议会场的气氛有较强的作用。例如，十四大报告的开头："同志们，中国共产党第十四次全国代表大会，在我国加快改革开放和现代化建设的新形势下召开了！现在，我代表十三届中央委员会向大会作报告。"

二、概括说明法

即把会议的内容用几句话概括一下，说明会议的缘由、章程和要点，以引起听众的注意。例如，于健在2002年全国摄影工作会议上的开幕词："我们这次会议，原定于 3 月底召开，但中国摄协接到中国文联的通知，今年第四季度中国摄协要完成换届工作。按照《中国摄影家协会章程》，我们于日前召开了协会主席团会议。为此，会议日期改为现在。这次会议，按照原定的日程，我们要深入学习《江泽民总书记在中国文联第七次全国代表大会、中国作协第六次代表大会上的讲话》，学习上个月召开的'两会'精神和全国宣传部长会议精神，认真总结过去一年的工作，精心安排今年的各项活动，特别是要对今年的摄影函授教育、外事和青少年摄影师预备资格等级考试等工作做具体的部署，会议的任务很多。此外，承办此次会议的福建省摄协和厦门文联等单位还为我们安排了采风创作活动。"

三、设问启发法

即开头提出一个发人深省的问题，引发听众的兴趣。毛泽东同志的一些讲话、开幕词就是以提问开头的。例如，在《论反对日本帝国主义的策略》这个报告中，开头就提出了一个问题："目前的形势是怎样的呢？"引起大家的兴趣。

四、介绍背景法

即在会议开幕词里将有关的背景材料介绍一下，帮助听众了解问题的来龙去脉，加深对讲话主题的理解。当然，这种背景材料必须是新的或多数听众不了解的情况。例如，恩格斯在马克思墓前发表的著名讲话，开头就介绍了一个当时鲜为人知的事实："3 月 14 日下午两点三刻，当代最伟大的思想家停止思想了。让他一个人留在房里总共不过两分钟，等我们再进去的时候，便发现他在安乐椅上安静地睡着了——他已经是永远地睡着了。"再如，于健在 2002 年全国摄影工作会议上的开幕词："回首新世纪的第一年，我国加入世界贸易组织，申奥成功，召开 APEC 会议，各项事业蓬勃发展，国际地位进一步提高，中华民族复兴大业开篇辉煌。与我国各项事业同步相随，第五届中国摄影艺术节在莆田隆重举行，第五届中国摄影金像奖评选揭晓，中国摄影家协会网站开通，第九届国际影展、'共产党人风采'摄影展和世界新闻摄影讲习班成功举办，青少年摄影师预备资格等级考试顺利开展，形成了社会主义市场经济条件下摄影事业发展的新局面。我们可以自豪地说，通过同志们的辛勤工作和摄影家的精心创作，中国摄影以新的姿态、新的步伐、新的收获掀开了新世纪繁荣发展的第一幕！"

五、曲转入题法

即开头先讲几句"题外"的话，把听众的注意力吸引过来，然后话锋一转，进入正题。例如，一位语言学家在一次关于语言问题的会议中，一开头先讲起吃早点的事情。原来他在早点店里看见价目表上将"豆浆"写成"豆桨"，"油饼"写成"油并"，由这两个错别字说起，然后谈到当前语言文字上存在的问题。这样的开头亲切、自然、新颖，易于引发听众的兴趣。

写作悟语： 一般举办大型活动或者会议时都会举办一个开幕式，为活动进行预热。在开幕式上常常会有有关领导致开幕词，通过开幕词说明活动或会议的性质、宗旨、任务、要求和议程安排等，对活动或者会议起到宣传和鼓动作用。

文体实训

1. 亨元酒店的"厨艺比拼"活动即将拉开序幕，在活动的动员大会上，餐饮部王经理要致开幕词，请你为王经理拟定一个开幕词。

2. 万方酒店决定举办春季运动会，请你为运动会写一个开幕词。

3. 一年一度的酒店管理经验交流会由你所在的酒店承办，酒店领导要在大会上致开幕词。领导把撰写开幕词的任务交给了李秘书，但是李秘书对开幕词的写法不是特别了解，请你为他讲一讲开幕词的写法和注意事项。

第三节 闭幕词

范文示例

华都酒店二届一次员工代表大会闭幕词

（二〇一一年元月一日）

各位员工代表：

华都酒店二届一次员工代表大会，经过全体代表的共同努力，已圆满完成了大会的各项议程，现在就要闭幕了。

在本次大会期间，代表们认真听取并审议了王强总经理的工作报告，审议了各职能部门2011年度的工作方案，听取了各部门负责人的述职报告、绩效考核办法和部分员工职务晋升及工资晋升方案，表彰了2010年度优秀员工及先进集体。上述报告和方案通过了大会决议。这次大会让广大员工明确了2011年度的工作任务，统一了认识，增强了信心，振奋了精神，必将对华都酒店今后的发展产生积极而深远的影响。

这次大会，得到了酒店领导和员工的大力支持，并且他们为大会的顺利进行付出了辛勤的劳动。在这里，我代表大会主席团向各级领导，向全体代表，向大会全体工作人员，表示衷心的感谢！

这次大会自始至终充满了团结、民主的气氛。代表们在讨论中，充分肯定了2010年度的工作，同时也提出了许多建设性的意见，对2011年度的工作提出了希望和要求。

这次大会，总经理提出了酒店今后的奋斗目标，并对2011年度的工作进行了部署。我们的奋斗目标是鼓舞人心的，我们所面临的工作任务是十分艰巨的。大会结束以后，全体员工要积极行动起来，认真学习和贯彻本次大会精神，结合各部门的具体情况，全面落实本次大会提出的各项任务。开展向优秀员工、先进集体学习的活动，用自己的模范行动，团结和带领全体员工，为酒店再上新台阶做出应有的贡献。

祝愿大家：新年快乐，万事如意！

现在，我宣布，华都酒店二届一次员工代表大会闭幕！

 写作知识

一、闭幕词的含义

闭幕词与开幕词相对应，是会议结束时由主要领导人向全体会议代表所作的总结性讲话。致闭幕词的领导人，跟致开幕词的领导人一般不是一人，通常与致开幕词者身份相当或略低。闭幕词的主要内容是对会议进行概括性的评价和总结，并向与会者提出贯彻落实大会精神的要求，向与会单位提出奋斗目标和希望。

闭幕词具有总结性、号召性和口语化等特点。

二、闭幕词的类型

与开幕词一样，会议闭幕词按内容也可以分为侧重性开幕词和一般性开幕词两种。

（一）侧重性闭幕词

侧重性闭幕词往往对会议的成就、会议要求等作重点讲述，其他问题点到即可。

（二）一般性闭幕词

一般性闭幕词只对会议的情况、效果、希望等作简要概述。

三、闭幕词的结构和写法

闭幕词的结构与开幕词大体相同，由首部、正文和结束语三部分组成。

（一）首部

首部包括标题、时间、称谓等项目内容。

（1）标题。与开幕词的标题构成形式基本一样，包括以下几种。

一是用会议全称加文种构成标题，如《春豫大酒店第二届二次职代会闭幕词》。

二是由致词人加会议全称再加文种构成标题，如《××总经理在禽流感防控大会上的闭幕词》。

三是复式标题，主标题揭示会议的主旨，副标题则由会议全称加文种构成，如《我们的酒店应该领风气之先——××酒店中餐宴会设计比赛颁奖盛典上的闭幕词》。

四是只标上"闭幕词"三个字即可。

（2）时间。标题之下，用括号注明会议闭幕的年、月、日。

（3）称谓。一般和开幕词的称谓一致，开头顶格书写，应根据会议的性质和与会人身份而定，如"女士们、先生们"，"各位来宾"，"朋友们"或"各位代表"，"各位同学"，"同志们"等，如有特邀嘉宾，可写作"尊敬的××先生，各位代表，朋友们"等，并用冒号引起下文。

（二）正文

正文包括开头、主体和结尾三部分。

（1）开头。一般宣布会议即将闭幕之类的话，如"大会在各级领导的关怀下，经过与会人员的共同努力，圆满完成了预定的任务，今天就要闭幕了"。

（2）主体。主要是对大会进行概括总结，概述会议的进行情况，恰当地评价会议的收获、意义及影响。核心部分要写明会议通过的主要事项和基本精神，会议的重要性和深远意义，向与会人员提出贯彻会议或活动精神的基本要求等。一般来说，这几方面的内容都不能少，顺序也是基本不变的。写作时要掌握会议情况，有针对性地对会议内容予以阐述和肯定。同时，可以对会议未能展开却已认识到的重要问题进行适当强调或补充。行文要热情洋溢，语言要简洁有力，起到激发斗志、增强信念的作用。

（3）结尾。对保证大会顺利进行的有关单位及服务人员表示感谢。并以坚定语气发出号召，提出希望，表示祝愿。

（三）结束语

结束语用以宣布会议结束，通常只有一句话："现在，我宣布，××大会闭幕。"要与开幕词前后呼应、首尾衔接，显示大会开得很圆满、成功。

四、写作提示

（一）从会议的实际出发

闭幕词要紧紧针对会议的实际情况去写，不能离开会议主观地另搞一套；要针对会议上的主要问题，予以阐述和肯定；要与会议的开幕词、日程、议题相照应，并要反映出会议的气氛。

（二）补充会议的内容

对会议虽未涉及但在会议期间已认识到，而且又确应加以强调和阐述的问题，应在闭幕词中予以提出、强调和阐述。

（三）高度的综合概括

闭幕词应准确地把会议的成绩、收获及精神归纳整理出来，使与会人员获得清楚的认识。

（四）富有号召力

闭幕词要用鼓舞性的语言发出号召，以调动各方面的积极性，激发与会者的斗志，增强他们的信念与信心，使会议达到高潮而圆满结束，给人留下深刻、美好的印象。

拓展阅读

闭幕词写作技巧

闭幕词是在会议结束时，由会议主要领导所作的讲话，是会议的结束语。主要是总结会议的成果，指出贯彻会议精神的要求和今后的努力方向，最后祝贺会议的成功等。闭幕词能明确人们的工作方向，鼓舞与会人员的斗志，增强完成会议内容的信心。

闭幕词通常要概括总结会议完成的任务，以及所通过的报告、章程和决议，肯定会议的成功之处，评价会议产生的深远影响，提出贯彻会议精神的要求，激励与会人员为实现会议提出的任务和目标而奋斗。结束语常常是用一句话庄严宣布大会胜利闭幕。

闭幕词与开幕词密切相关，一为大会收尾，一为大会开篇，首尾呼应，缺一不可，同时又各有侧重，各具特色。

闭幕词要求言简意赅、表达清楚、感情激昂，主要是站在一定高度对会议进行科学评价，准确地归纳会议的成功之处，有力地提出号召，从而激发与会者贯彻好大会精神的决心，使大会气氛达到完满的高潮。闭幕词往往使与会者颇有余音袅袅、三日不绝之感，从而信心百倍地奔赴各自的工作岗位。

要写好闭幕词，应注意把握以下两点。

（一）概括简洁准确，忌冗长空泛

闭幕词贵在对会议总结得科学深刻、用语凝练、结论准确、画龙点睛。在用一两句说明大会胜利成功之后，应从理论的高度，提纲挈领地总结大会的主要收获，取得了什么经验，如何贯彻大会精神，然后收尾，提出号召，宣布大会闭幕。

撰写闭幕词必须了解会议的全过程，掌握大会的基本精神和讨论情况，紧紧围绕大会宗旨，体现大会成果，不能偏离大会精神另搞一套。

文字要少而精，千万不可长篇大论、空话连篇、不着边际。

（二）语言坚定有力，忌软绵绵

闭幕词是在总结大会精神的基础上，进一步唤起与会者领会、贯彻、落实大会任务的高昂情绪，因而宜用满怀激情而又坚定有力的语言，切忌"无病呻吟式"的抒情，句式要简短急促，避免拖沓疲软。

"文以气而立"，好的闭幕词讲究气势，势如破竹、一气呵成。为此，可以适当地运用排比句，以增加用语的整齐之美。

（资料来源：http://www.cqwjhl.com/article/77/4159.html，略有删改）

写作悟语：开幕词与闭幕词属于一种会议文件，它们从一个方面体现着会议精神。撰写好开幕词与闭幕词，对于开始会议，以及向下级机关传达和贯彻会议精神，都是十分重要的。开幕词主要是祝贺并介绍会议相关事宜，闭幕词主要是总结会议精神及取得成果。

文体实训

1. 在酒店员工的共同努力下，由你所在的酒店承办的一年一度的酒店管理交流会即将胜利闭幕，请你为大会写一个闭幕词。

2. 谈一谈闭幕词与开幕词在写作上的异同。

3. 经过三天紧张有序的比赛，亨元酒店的"厨艺比拼"活动终于胜利闭幕。酒店总经理要在颁奖大会上讲话，请你为大会写一份闭幕词。

第四节　讲话稿

范文示例

银都酒店孝文化学习活动启动仪式讲话稿

尊敬的各位领导、各位银都同人：

大家上午好！

"孝弟也者，其为人之本与"。一个只有懂得感恩父母的人，才能更好地感恩他人、感恩社会。"孝"是中华民族的传统美德，"百善孝为先"使孝文化成为了传统道德的核心。

银都酒店将以"情满银都·纯孝格天"为主题，在全酒店范围开展孝文化学习活动。在今天的启动仪式结束后，我们马上就开始全员孝文化学习活动。我们要求每位员工都到孝子祠公园走一走、看一看，通过对义乌县名（现为义务市）的由来、颜乌故事、21条劝孝格言等内容的学习，将体悟与实际行动相联系，从而达到对义乌孝文化的学习与感悟。我们将孝文化进行延伸，将它结合到我们的工作生活中，从文明礼仪、孝敬父母、关爱他人入手，全面提高酒店员工德育素质和培养良好行为规范，使得文明礼仪与慈孝感恩渗透在酒店每个服务环节、工作生活中，将关爱延伸为大爱。

今后孝文化学习活动将列入银都酒店新员工培训的内容。同时酒店将定期组织学习讨论会进一步进行深化、挖掘，通过酒店店刊《璀璨银都》开展以"身边的礼仪慈孝故事"为主题的征文评比活动，对优秀作品进行表彰。我们期望通过以上一系列的活动，使全体员工对"情满银都·纯孝格天"有一个全面而深刻的认识，并能潜移默化地内化为自己的日常行为，使整个酒店始终充盈着文明有礼、宽容谦让、诚实守信、尊老爱幼的良好氛围。我们更期望通过我们的努力，通过我们的活动影响带动义乌本地市民及外来建设者关注、了解、弘扬义乌的孝文化——我们要告诉所有来到义乌的人：我们义乌不仅仅有高速发展的商品经济，同时还有深厚的文化底蕴。

谢谢大家！

（资料来源：http:www.zjyindu hotel.com/hcrm/website/hotelhome/00146/cn/viewNews.jsp? hotelCode=00146&long Code=Chs&id=1146958&type=1）

写作知识

一、讲话稿的含义

讲话稿有广义和狭义之分。广义的讲话稿是人们在特定场合发表讲话的文稿；狭义的讲话稿即一般所说的领导讲话稿，是各级领导在各种会议上发表带有宣传、指示、总结性质讲话的文稿。

二、讲话稿的类型

按照不同的标准，讲话稿可以分为不同的类型。

（1）按内容的不同，有工作会议讲话稿，庆祝、纪念活动讲话稿，礼仪活动讲话稿等。

（2）按讲话目的分，有宣传鼓动性讲话稿、分析指导性讲话稿、总结评论性讲话稿、祝贺性讲话稿等。

（3）按场合分，有集会讲话稿、广播讲话稿、电视讲话稿、会议讲话稿等。

（4）按涉及领域分，有政治的讲话稿、军事的讲话稿、经济的讲话稿、文化的讲话稿、学术的讲话稿、礼节性的讲话稿等。

三、讲话稿的结构和写法

（一）标题

（1）单标题。由讲话人姓名、会议名称和文种组成，如"张金涛总经理在酒店干部培训班上的讲话"。也可以省略讲话人姓名，如"在酒店领导班子考核建设工作会议上的讲话"。

（2）双标题。将主要内容或中心思想概括为一句话作主标题，由会议名称和文种组成副标题，如"把培养选拔中青年干部作为战略性任务抓紧抓实——在酒店集团培养选拔优秀中青年干部会议上的讲话"。

（二）讲话人和日期

将讲话人的职务、姓名和讲话当天的日期，加括号置于标题下方正中央。如果标题中已经含有讲话人的姓名，可以不在此处注明。

（三）称谓

称谓可根据会议的性质、与会者的身份而定，如"女士们、先生们"（国际性会议常用），"同志们"（党的会议常用），"各位代表"（代表大会常用），"各位专家学者"（学术会议常用）等。

（四）正文

正文包含开头、主体和结尾三部分。

（1）开头。讲话稿的开头要紧扣会议精神和主旨，概括主要内容，营造一种气氛，吸引听众。常见的开头如下：强调时间、空间，描述会议场面；由原因和目的到会议中心；开门见山，围绕中心话题，一步步阐述自己的观点；提出问题，循循善诱；由身边的故事引出下文；表示慰问和祝贺等。

（2）主体。主体是讲话稿的核心部分，要主题明确、思想突出、内容充实、层次清楚、表达通畅、文字准确。不同类型的讲话稿，主体部分的具体内容和侧重点不同。

主体部分的结构方式一般有两种：一是并列式结构，就是把主题内容分为几个方面的问题按并列顺序排列起来，如果交换位置，一般不影响意思表达；二是递进式结构，就是围绕中心，逐步将内容展开，各层之间呈现逐层深入的关系。

(3) 结尾。结尾可以在一个意思表达完毕后，自然收尾，也可以采用固定的模式结尾：或总结评论，或提出希望和号召，或含蓄隽永、发人深思。讲话稿结尾时意思表达要完整，但也不赘述，以免让听众感到厌烦。

四、写作提示

（一）避免雷同

领导者参加会议应邀讲话，常常会遇到多位领导人讲同一个问题，如果在这种情况下再重复讲，势必使听众失去兴趣，会场将产生无人关注的局面。起草人员应预先考虑到这一点，在避免雷同上下功夫，使领导讲话既全面又独特，紧紧抓住观众，收到好的效果。

（二）独树风格

领导讲话最忌千篇一律地发表意见，平淡无奇。由于领导人的性格、职务特点、语言习惯不同，讲话风格也必然各具特色。

（三）适当调剂

由于会议不同，领导的讲话有长有短。如果是遇到长一些的讲话，一般来讲任何人都会感到疲劳，精力往往不会像开始那样集中，特别是到会议最后，主要的东西已经讲完，听众的情绪开始松弛下来，台下有人开小会，有人收拾东西准备走，这样讲话就需要调剂情绪和气氛。对这一点，撰稿人也要预先考虑到，适当在较长的讲话中增加一些"调剂品"，激发听众的情绪，吸引听众的注意。

拓展阅读

自拟讲话稿应成为官员自觉

2012年，湖北省委办公厅、省政府办公厅印发《关于进一步精简会议、文件和领导同志事务性活动的规定》（以下简称《规定》）。要求厉行"三短一简"，即开短会、发短文、讲短话、简办事。《规定》提倡领导同志自己起草文件和讲话稿，提倡即席讲话。

如今一些领导干部，大小会议讲话稿十有八九由秘书代笔。这一方面闹出诸多笑话，如个别领导上台后照本宣科，错字百出、胡乱断句，屡屡"穿帮"，严重影响领导干部群体形象，其能力因而被公众质疑。另一方面也让会议号召力和政府执行力大打折扣。正如有论者言：台上领导干部不把讲话稿当一回事来讲，台下听讲话者未必会当一回事来听。

领导干部讲话稿要想让人听起来亲切、真实、有创见，需要"以我手写我心"，而秘书或其他"笔杆子"代笔，是"以我手写他心"，身心分裂已是事实，如何写出有血有肉、真知灼见的讲话稿？当负责领导讲话稿起草成了代笔者分内职责，讲话稿陈述的问题不直接点明要害，更不尖锐，甚至只写就一些四平八稳的"锦文绣字"和"绝妙好词",自然也就"顺理成章"了。公文抄袭背后的懒政思维,值得警惕!

笔者以为,自拟讲话稿,至少自拟一部分,是对为官者最起码的素质要求。古代官员尚讲究"立德立功"之余还要"立言",何况当代官员乎?领导干部自拟讲话稿,要经过深入细致的调查研究,掌握大量一手资料。让公众从讲话中体会到其心灵性格、为官情怀,更应尽量以即席讲话展示真实鲜活的性格。

但愿日后,"提倡领导自拟讲话稿"不再成为新闻。

写作悟语:长期以来,领导的讲话稿往往由秘书代笔,造成了很多空话套话,不少秘书干脆在网上找一篇讲话稿简单修改就交差了事。因此作为领导人,有时不妨自己写讲话稿,这样所写出的讲话稿才更加有特色、有真性情,更能够感染听众。

文体实训

1. 玉都酒店即将开业,酒店总经理要在开业庆典上发表致辞,请你撰写一个讲话稿。

2. 一年一度的消防演习活动即将在酒店拉开帷幕,王经理要在消防演习动员大会上讲话,请你为王经理写一个讲话稿。

3. 小王是酒店新来的行政秘书,他的业务能力总体不错,但就是感觉在写讲话稿时把握不好,每次写后都感觉有很多是套话,缺乏真情实感,有时自然也很难吸引听众。请你为小王指点一下迷津。

第五节 演讲稿

演讲稿

各位领导、同事们:

大家好。

作为酒店的一名员工,回顾酒店的成长历程,我思绪万千,心潮澎湃;面对酒店的未来,我信念坚定,斗志激昂。酒店成长的每一个脚步都与我们相连。

也许,我们曾为被领导批评而心存不满,我们曾为遭无礼客人的辱骂而满腹委屈。但是,不经历风雨,怎能见彩虹?不遭受挫折,怎能赢得宾客的认可和赞同?

当我们几经周折为客人查找到一个电话号码而受到客人的赞美时,我们欣喜万分;当我们因每天叫醒一个住在酒店里的宾客而受到他的感谢时,我们激动不已。总机话务员因此也成了他们未曾谋面的朋友,而他们也成了我店最忠实的客人。

一声亲切的问候、一个友善的微笑,无一不体现了我们对每一位宾客的关怀。

岁月无情,时光的流逝会带走我们的青春美貌,生活的历练会磨淡我们的壮志豪情。但是,这些永远无法熄灭我们始终如一的服务热情。

我们在工作中学习,在学习中进取,在进取中超越自我,创造酒店人最美好的形象。我们赞叹别人才华出众,我们羡慕别人事业有成,但我们绝不会因此看低自己。我们是大树底下的一朵朵小花,散发着自己独特的芬芳;我们是形成大江的一支支细流,欢快地唱着属于自己的歌曲。"不积跬步,无以至千里;不积小流,无以成江海"。这难道不也是体现人生价值的一种形式吗?

节假日通常是酒店工作比较繁忙的日子,为了保持酒店的良好运作,每一位酒店人都孜孜不倦地工作着,放弃了休息日也毫无怨言。有时从本岗位深夜下班后,还得拖着疲惫的身躯到其他部门加班;为了接待大型会议,当了母亲的员工接到临时任务后,顾不上家中啼哭的孩子,匆忙赶到酒店。因为大家都把自己看作是酒店不可或缺的一部分,把酒店当成自己温暖的家。我们始终牢记酒店人誓言:我将始终如一,做一个诚实的人;我将尽职尽责,做好每一件小事;我将以爱心和宽容对待每一位同事;我们将以客人的满意作为自己的工作目标,我们将把酒店的繁荣当作人生奋斗的理想。

为了能让自己跟上时代的潮流,为了避免与外宾交流产生尴尬,我们又开始不断地学习。因为我们知道,只有不断地充实自己,完善自己,才能从根本上提高自身的文化修养。因为我们正年轻,我们有着年轻人特有的朝气与活力,我们有着共同的理想和追求。

此时此刻,我不想用华丽的辞藻来形容每一个酒店人,我只想告诉大家:"这,就是我们——在竞争的浪潮中奋起拼搏的新世纪酒店人!"

并不是有一双翅膀就可以翱翔四方。但我们始终在努力,向着更高远的目标奋飞。我们会用我们的翅膀,在蓝天下划出最美的弧线。我们将成为翱翔的鹰,搏击长空,劲舞苍穹!

(资料来源:http://www.canyin168.com/glyy/cyws/yjgws/201103/28704.html)

一、演讲稿的含义

演讲稿又称演说辞,它是在较为隆重的仪式上和某些公众场所发表的讲话文稿。演讲稿是进行演讲的依据,是对演讲内容和形式的规范和提示,它体现着演讲的目的和手段,演讲的内容和形式。演讲稿的好坏直接决定了演讲的成功与失败。

演讲稿像议论文一样论点鲜明、逻辑性强，但它又不是一般的议论文。它是一种带有宣传性和鼓动性的应用文体，经常使用各种修辞手法和艺术手法，具有较强的感染力。

二、演讲稿的类型

（一）按照体裁划分

按照体裁，演讲稿可以分为叙述式、议论式和说明式三种。

（1）叙述式。向听众陈述自己的思想、经历、事迹，转述自己看到、听到的他人的事迹或事件时使用。叙述当中，也可夹用议论和抒情。

（2）议论式。摆事实、讲道理，既有事实材料，又有逻辑推断，立场坚定、旗帜鲜明。

（3）说明式。对听众说明事理，通过解说某个道理或某一问题来达到树立观点的目的。

（二）按照内容划分

按照内容，演讲稿可以分为政治演讲稿、学术演讲稿和思想教育类演讲稿。

（1）政治演讲稿。是指政治家或代表某一权力机构的要员阐述政治主张和见解的演讲稿。各级领导的施政演说、新当选的领导人的就职演说、政治家的竞选演说等，都属于这一类型。

（2）学术演讲稿。是传播、交流科学知识、学术见解及研究成果的演讲文稿。

（3）思想教育类演讲稿。是针对现实生活中人们的思想动态、思想倾向和思想问题，以真切的事实、有力的论证、充盈的感情来讴歌真善美、鞭挞假恶丑，引导听众树立正确的人生观、世界观，激励听众为崇高的理想、事业而奋斗的演讲稿。这类演讲稿适用于演讲比赛、主题演讲会、巡回报告等。

三、演讲稿的结构和写法

演讲稿的结构分开头、主体、结尾三个部分，其结构原则与一般文章的结构原则大致一样。但是，由于演讲是具有时间性和空间性的活动，因而演讲稿的结构还具有其自身的特点，尤其是它的开头和结尾有特殊的要求。

（一）开头要抓住听众，引人入胜

演讲稿的开头，又称开场白。它在演讲稿的结构中处于显要的地位，具有重要的作用。好的演讲稿，一开头就应该用最简洁的语言、最经济的时间，把听众的注意力和兴奋点吸引过来，这样，才能达到出奇制胜的效果。

1. 开头的技巧

（1）楔子。用几句诚恳的话同听众建立个人间的关系，获得听众的好感和信任。

（2）衔接。直接地反映出一种形势，或是将要论及的问题。常用某一件小事、一个比喻、个人经历、轶事传闻、出人意料的提问，将主要演讲内容衔接起来。

（3）激发。可以提出一些激发听众思考的问题，把听众的注意力集中到演讲中来。

（4）触题。一开始就告诉听众自己将要讲些什么。

2. 开头的方法

（1）开门见山，提示主题。这种开头是一开讲，就进入正题，直接提示演讲的中心。

（2）介绍情况，说明根由。这种开头可以迅速缩短与听众的距离，使听众急于了解下文。

（3）提出问题，引起关注。这种方法是根据听众的特点和演讲的内容，提出一些激发听众思考的问题，以引起听众的注意。

除了以上三种方法，开头的方法还有释题式、悬念式、警策式、幽默式、双关式、抒情式等。

（二）主体要环环相扣，层层深入

主体是演讲稿的主要部分。在行文的过程中，要处理好层次、节奏和衔接等几个问题。

（1）层次。层次是演讲稿思想内容的表现次序，它体现着演讲者思路展开的步骤，也反映了演讲者对客观事物的认识过程，演讲稿结构的层次是根据演讲的时空特点对演讲材料加以选取和组合而形成的。由于演讲是直接面对听众的活动，所以演讲稿的结构层次是听众无法凭借视觉加以把握的，而听觉对层次的把握又要受限于演讲的时间。

那么，怎样才能使演讲稿结构的层次清晰明了呢？根据听众以听觉把握层次的特点，显示演讲稿结构层次的基本方法就是在演讲中树立明显的有声语言标志，以此适时诉诸于听众的听觉，从而获得层次清晰的效果。演讲者在演讲中反复设问，并根据设问来阐述自己的观点，就能在结构上环环相扣、层层深入。此外，演讲稿用过渡句，或用"首先"、"其次"、"然后"等语词来区别层次，也是使层次清晰的有效方法。

（2）节奏。节奏是指演讲内容在结构安排上表现出的张弛起伏。演讲稿结构的节奏，主要是通过演讲内容的变换来实现的。演讲内容的变换，是在一个主题思想所统领的内容中，适当地插入幽默、诗文、轶事等内容，以便使听众的注意力既保持高度集中而又不因为高度集中而产生兴奋性抑制。

鲜明，又要适度。平铺直叙、呆板沉滞，固然会使听众紧张疲劳，而内容变换过于频繁，也会造成听众注意力涣散。所以，插入的内容应该为实现演讲意图服务，而节奏的频率也应该根据听众的心理特征来确定。

（3）衔接。衔接是指把演讲中的各个内容层次联结起来，使之具有浑然一体的整体感。由于演讲的节奏需要适时地变换演讲内容，因而也就容易使演讲稿的结构显得零散。衔接是对结构松紧、疏密的一种弥补，它使各个内容层次的变换更为巧妙和自然，使演讲稿富于整体感，有助于演讲主题的深入人心。演讲稿结构衔接的方法主要是运用同两段内容、两个层次有联系的过渡段或过渡句。

（三）结尾要简洁有力，余音绕梁

结尾是演讲内容的自然收束。言简意赅、余音绕梁的结尾能够使听众精神振奋，并促使听众不断地思考和回味。而松散疲沓、枯燥无味的结尾只能使听众感到厌倦，并随着事过境迁而被遗忘。美国作家约翰·沃尔夫说："演讲最好在听众兴趣到高潮时果断收束，未尽时戛然而止。"这是演讲稿结尾最为有效的方法。在演讲处于高潮的时候，听众大脑皮层高度兴奋，注意力和情绪都由此而达到最佳状态，如果在这种状态中突然收束演讲，那么保留在听众大脑中的最后印象就特别深刻。

演讲稿的结尾没有固定的格式，或对演讲全文要点进行简明扼要的小结，或以号召性、鼓动性的话收束，或以诗文名言及幽默俏皮的话结尾。但一般原则是要给听众留下深刻的印象。

四、写作提示

（一）了解对象，有的放矢

演讲稿是讲给人听的，因此，写演讲稿首先要了解听众对象：了解他们的思想状况、文化程度、职业状况如何；了解他们所关心和迫切需要解决的问题是什么，等等。否则，不看对象，演讲稿写得再花功夫，说得再天花乱坠，听众也会感到索然无味，也就达不到宣传、鼓动、教育和欣赏的目的。

（二）观点鲜明，感情真挚

演讲稿观点鲜明，显示着演讲者对一种理性认识的肯定和对客观事物见解的透辟程度，能给人以可信性和可靠感。演讲稿观点不鲜明，就缺乏说服力，就失去了演讲的作用。演讲稿还要有真挚的感情，才能打动人、感染人，有鼓动性。因此，它要求在表达上注意感情色彩，把说理和抒情结合起来。既有冷静的分析，又有热情的鼓动；既有所怒，又有所喜；既有所憎，又有所爱。当然这种深厚动人的感情不应是"挤"出来的，而要发自肺腑，就像泉水喷涌而出。

（三）语言流畅，深刻风趣

要把演讲者在头脑里构思的一切都写出来或说出来，让人们看得见，听得到，就必须借助语言这个交流思想的工具。因此，语言运用得好还是差，对写作演讲稿影响极大。要提高演讲稿的质量，不能不在语言的运用上下一番功夫。写作演讲稿在语言运用上应注意以下5个问题：要口语化、要通俗易懂、要生动感人、要准确朴素、要控制篇幅。

拓展阅读

激情五月展现风采　酒店员工演讲比拼

　　本报讯　记者李丽琴报道　2009年5月22日，泉美国际酒店13楼会议室里掌声不断，主题为"忠诚打造百年老店，齐心创建泉美品牌"的演讲比赛在这里举行。通过演讲的方式，企业让青年员工们在一起分享他们在泉美成长的故事。

　　为庆祝新中国成立60周年，泉美餐饮服务有限公司特组织全体员工开展此次演讲比赛。旨在传递青春梦想，加强团队建设，凝聚员工士气，创建蓬勃向上、具有泉美公司自身特点的企业文化。

　　比赛组织工作准备充分，气氛和谐融洽。来自泉美国际大酒店、豆捞坊、泉美三部、烙饼拌汤村、农家乐、泉美总部、贵宾楼的员工踊跃参与，用自己饱含深情的演讲诉说在企业成长的历程。员工们纷纷表示，通过举行类似的活动，增加了大家对泉美文化的了解和对酒店的感情，进一步加强了员工的凝聚力和向心力。

　　参赛选手都发挥出了良好的水平。经过紧张的角逐，魏丽萍获得一等奖，赵俊峰、张利星获二等奖，樊华、金宇峰、郑爱清获得三等奖。

（资料来源：李丽琴. 激情五月展现风采 酒店员工演讲比拼. 阳泉晚报，2009-5-25）

写作悟语： 好的演讲有利于调动员工的积极性，增进员工对单位的感情，加强员工的凝聚力和向心力。因此很多单位会根据自己的实际举办主题演讲活动。一些优秀人才也常常通过演讲赛脱颖而出。因而，写好演讲稿非常重要。

1. 以"责任"为主题写一篇演讲稿。
2. 玉都酒店将于3月5日"学雷锋日"举办一次演讲比赛，演讲的主题是"学雷锋，树新风"，请你写一篇演讲稿。
3. 以班级为单位组织一次演讲比赛，可以邀请几位老师做评委。

第六节 会议记录

德阳大酒店2011年1月5日标准化工作会议记录

一、时间：2012年1月5日9：00
二、地点：酒店办公区五楼会议室
三、参加人员：酒店总监、各部门经理
四、会议内容：

（一）酒店执行总监王碧玉女士：酒店前阶段的标准化工作，由于各部门的努力，进展比较顺利。今天会议主要内容是学习2011年的质量管理及考核制度。下面，请人力资源吴总监具体讲一下今年的质量管理及考核制度。

（二）人力资源总监吴漫雪：

1. 今年酒店的质量管理和考核制度在去年的基础上，作了进一步修改，形成了较系统的酒店质量管理和考核体系，并且把标准化工作的考核也加入其中，使考核制度更加全面。

2. 修改后的质量管理制度主要包括《质量管理奖、罚条例》、《质量管理及考核制度》。今天，各部门经理先学习，下来后，各部门要组织员工学习，时间为一周。

（三）各部门经理学习 2011 年酒店质量管理及考核制度。

（资料来源：http://www.dysta.gov.cn/lybzh/gzdt/system/2011/04/20/000123573.html）

一、会议记录的含义

会议记录是由会议组织者指定专人，如实、准确地记录会议的组织情况和会议内容的一种应用性文书。会议记录一般用于比较重要的会议或正式的会议，它要求真实、全面地反映会议的本来面貌。机关、企业、事业单位等，各种会议都离不开会议记录。

二、会议记录的类型

会议记录的分类不在记录上，而在会议的种类上。常见的分类方法有以下四种。
(1) 按性质分，有党委会议记录、群众团体会议记录、企业、事业行政会议记录等。
(2) 按内容分，有工作会议记录、座谈会议记录等。
(3) 按范围分，有大会会议记录、小组会议记录等。
(4) 按记录方法分，有摘要会议记录、详细会议记录等。

三、会议记录的结构和写法

会议记录一般由标题、会议基本情况、会议内容、会议结尾四部分组成。

（一）标题

标题一般由单位名称、会议事由（含届、次）加上"记录"二字组成。例如，"××公司总经理办公会记录"。如果使用的是专用的会议记录本，连"记录"二字也可省略，只写会议名称即可。

（二）会议基本情况

(1) 会议时间。要写明年、月、日，上午、下午或晚上，×时×分至×时×分。
(2) 开会地点。例如，"××会议室"、"××礼堂"等。
(3) 主持人的职务、姓名。例如，"酒店总经理×××"。
(4) 出席人。根据会议的性质、规模和重要程度的不同，出席人一项的详略也会有所不同。有时可以只显示身份和人数，如"各部门经理"、"全体与会代表"等。如果出席人身份复杂，如既有上级领导，又有本单位各部门的主要领导，还有各种有关人员，最好将主要人员的职务、姓名一一列出，其他有关人员则分类列出。
(5) 列席人。包括列席人的身份、姓名，可参照出席人的记录方法。
(6) 缺席人。如有重要人物缺席，应进行记录。
(7) 记录人。包括记录人的姓名和部门，如"×××（××办公室秘书）"。

（三）会议内容

会议内容主要指会议议程、议题、报告和讲话、讨论过程、发言内容、表决情况、会议决定和决议、遗留问题等。这一部分是了解会议意图的主要依据，是会议成果的综合反映，是日后备查的重要部分，要着重记录。

（四）会议结尾

会议记录结尾没有固定的格式。一般要另起一行，空两格写"散会"字样。在会议记录的右下方，由会议主持人和记录人签名，以示负责。

四、写作提示

（一）会议记录的基本要求

（1）准确写明会议名称（要写全称），开会时间、地点，会议性质。

（2）详细记下会议主持人、出席会议应到和实到人数，缺席、迟到或早退人数及其姓名、职务，记录者姓名。如果是群众性大会，只要记录参加的对象和总人数，以及出席会议的较重要的领导成员即可。如果是某些重要的会议，且出席对象来自不同单位，应设置签名簿，请出席者签署姓名、单位、职务等。

（3）忠实记录会议上的发言和有关动态。会议发言的内容是记录的重点。其他会议动态，如发言中插话、笑声、掌声、临时中断，以及其他重要的会场情况等，也应予以记录。

（4）记录会议的结果，如会议的决定、决议或表决等情况。

会议记录要求忠于事实，不能夹杂记录者的任何个人情感，更不允许有意增删发言内容。会议记录一般不宜公开发表，如需发表，应征得发言者的审阅同意。

（二）会议记录应该突出的重点

会议记录应该突出以下内容：会议中心议题及围绕中心议题展开的有关活动；会议讨论、争论的焦点及其各方的主要见解；权威人士或代表人物的言论；会议开始时的定调性言论和结束前的总结性言论；会议已议决的或议而未决的事项；对会议产生较大影响的其他言论或活动。

拓展阅读

当年会议记录证明没有服药　国际田联为刘易斯平反

据新华社马德里电　国际田径联合会及田径联合会反兴奋剂组织2003年16日宣布，根据国际田联的记录，8名参加1988年汉城奥运会的美国田径运动员（包括刘易斯）在当年的药检中没有发现服用兴奋剂的痕迹。

国际田联反兴奋剂组织负责人永奎斯特表示，他们在查阅1988年9月18~19日国际田联在韩国汉城的会议记录文件中发现，"美国奥委会错误地宣布8名运动员没有通过兴奋剂检查"。永奎斯特还在16日召开的新闻发布会上展示了当年会议记录的复印件。

美国奥委会一名前医生透露说，在他任期间有很多美国运动员都有服药的记录，其中有3人在1988年奥运会上赢得田径金牌，其中就有刘易斯。这位医生还向媒体公开了他所保存的相关文件。

（资料来源：《北京娱乐信报》2003年5月18日）

写作悟语：会议记录具有纪实性，必要时可作查阅之用。因此在做会议记录时，要真实准确地记录会议情况。

文体实训

1. 以下是秘书小王的疑问，请代为回答。

"不好意思，我从未写过什么会议记录。可是，踏上了一份全新的工作岗位，写会议记录便要开始成为我的本职工作。请问，会议记录如何写？如何写好？"

2. 选择一次班级的例会写一个会议记录。

3. 下面是一个会议记录表，请利用该表格，做一次校内会议记录。

（会议名称）	
时间	
地点	
出席人	
缺席人	
主持人	
记录人	
会议发言记录：	
主持人（签名）： 记录人（签名）：	

第七节 纪要

节能减排工作研讨会议纪要

时　　间：2011年10月8日
地　　点：行政会议室
主　　持：肖东
参加人员：陈燕、林庆丽、陈钟生、吴其中、傅文星、冯琪
特别邀请：黄海
主要议题：讨论实行无纸化办公的可行性

10月8日，节能减排小组召开第四次会议。

会上，肖东组长传达了周一早会上邹总的讲话，讲话强调从10月份到年底，要把节能工作作为酒店的一项中心工作来抓。主要有以下几个方面的内容：一是员工饭堂不再申购一次性筷子；二是逐步安装节能设备，先从厨房炉具方面的节能做起，将引进炉灶自控安全节能装置，以提高煤气的使用率，达到节能的目的；三是将客房内配置的应急手电筒（通过电池照明）改成充电式手电筒，避免电池污染；四是尽快使用目前已经购置的节能灯，以节约电能。

肖东组长还转达了邹总对节能减排工作的期待，希望酒店在节能减排方面能够做出示范和成效，以期在整个饭店行业进行经验推广，进一步提高福州所有饭店的节能减排意识，促进福州饭店节能减排工作的全面铺开，带动整个行业积极响应国家号召并使节能减排工作走在前列。同时，对员工饭堂在节能减排方面有方法、有措施并实行到位给予了表扬。

与会人员对邹总关心节能减排这项工作都感到鼓舞与信心百倍，对于以上几个方面的工作都表示会尽快实行。通过讨论，与会人员认为手电筒改成充电式，耗能也很可观，不如更换成目前正在推广的LED电筒，不但耗电量低，且使用寿命长。

根据上次会议内容，本次会议的主要议题是讨论酒店实行无纸化办公的可行性，为此，特别邀请电脑部黄海经理做介绍。黄海经理从电脑的管理、连成网络化需要的专业的软件系统、网络的分布、病毒的防患，以及所要投入的资金等几个方面介绍了酒店要实行无纸化办公所必需的硬件、软件条件。

与会人员为此展开了热烈的讨论。首先，目前酒店部门经理所配备的网络均为外网，而网络化应形成内网，内外网的兼容使用将涉及系统的安全问题，病毒防患问题非常突出，且很难彻底解决；其次，投入的资金在网线分布、防火墙的建立、杀毒软件等方面都将是个不小的数目；最后，形成网络化要有非常明确的行业规范程序做支配，对酒店经常遇到的灵活性与应急性方面的做法会较难适应。

综合以上因素，鉴于酒店目前情况，黄海经理提议可先试行文档管理软件的设立与使用。

肖东组长认为，这个提议很好，科学进行文档管理，统一格式化的有效管理，将改变目前酒店各部门纷乱无章的文档归类，不仅达到节约纸张的目的，而且解决了公文长期不用后束之高阁、或遗忘或丢失的问题，在推广适应后将作为无纸化办公的良好开端。这一提议得到与会人员全体通过。

最后，肖东组长还布置了近期的两项工作。

一、对上次会议中提到给各部门大型耗能设备或大功率电器旁加装电表的提议做如下安排：安装4部电表，分别是洗衣房2部，桑拿设备1部，饼房大烤箱1部，对这4部电表实行台账管理，每月抄表，月月对比，同时与营业量挂钩。

二、根据林副总的批文，要求对节电设备——福州科瑞电气有限公司提出的可在空调水泵上安装智能控制器，将节能30%的建议进行研讨。由于这项节能控制器的理论依据该公司无法提供，对该公司提出的节能效果无法考证，仍然需要进一步地详细了解。

酒店节能减排小组
二〇一一年十月九日

写作知识

一、纪要的含义

纪要是一种记载和传达会议基本情况或主要精神、议定事项等内容的规定性公文。纪要具有指导性、纪实性、概括性的效果，对企事业单位、机关团体都适用。

二、纪要的类型

按照会议性质划分，纪要大致有办公会议纪要、专题会议纪要、联席（协调）会议纪要、座谈会议纪要等。

按照表述形式划分，纪要可分为决议式纪要、概述式纪要和记录式纪要。

根据内容划分，纪要可分为决议性纪要和综合性纪要。

三、纪要的结构与写法

（一）标题

纪要的标题有单标题和双标题两种形式。

（1）单标题。一般常用以下两种格式：一是由"会议名称+文种"构成，也就是在"纪要"两个字前写上会议名称，会议名称可以写简称，也可以用开会地点作为会议名称；二是由"主要内容（事由）+文种"组成，把会议的主要内容在标题里揭示出来，类似文件标题。

(2) 双标题。一般由"正标题+副标题"构成。正标题揭示会议主旨，副标题揭示会议名称和文种。

(二) 正文

纪要的正文大多由前言和主体构成。具体写法依会议内容和类型而定。

(1) 前言。主要用于概述会议基本情况。其内容一般包括会议名称、会期、会址、参加人员、主持人、主要议题、会议议程等。具体写法常见的有两种。

① 平列式。将会议的时间、地点、参加人员和主持人、会议议程等基本情况采用分条列出的写法。这种写法多见于办公会议纪要。

② 鱼贯式。将会议的基本情况作为一段概述，使人看后对会议有个轮廓了解，要写得简明、概括。惯用过渡语"会议纪要如下"、"会议确定了如下事项"、"这次会议着重讨论了以下×个问题"等。

(2) 主体。这一部分是纪要的中心部分，是对会议的主要内容、主要精神、主要原则，以及基本结论和今后任务等进行具体的综合和阐述。在写作过程中应当注意以下几个方面。

① 要从会议的客观实际出发，抓中心、抓要点。抓中心就是抓住会议中心思想、中心问题、中心工作；所谓要点，就是会议主要内容。

② 纪要是以整个会议的名义表述的，因此，必须概括会议的共同决定，反映会议的全貌。凡没有形成一致意见的问题，则需要分别论述并写明分歧之所在。

③ 为了叙述方便，眉目清楚，常用"会议认为"、"会议指出"、"会议强调"、"与会人员一致表示"等词语作为段落的开头语。也有用在段中的，仍起强调的作用。

④ 属于介绍性文字，作者可以灵活自由叙述，但属于引用性文字，必须忠实于发言原意，不能篡改，也不可强加于人。

⑤ 小型会议侧重于综合会议发言和讨论情况，并要列出决议的事项。大型会议内容较多，正文可以分几部分来写，常见的有三种。

a. 概括叙述式。这种写法是把会议的基本情况、讨论研究的主要问题、与会人员的认识、议定的有关事项（包括解决问题的措施、办法和要求等），用概括叙述的方法，进行整体的阐述和说明。

b. 分列标题式。即把会议的主要内容分成几个大的问题，然后另写上标号或小标题项来写。这种写法侧重于横向分析阐述，内容相对全面，问题也说得比较细，常常包括对目的、意义、现状的分析，以及目标、任务、政策措施等的阐述。召开大中型会议或议题较多的会议，一般要采取分项叙述的办法。

c. 发言记录式。这种写法是把会上具有典型性、代表性的发言加以整理，提炼出内容要点和精神实质，然后按照发言顺序或不同内容，分别加以阐述说明。这种写法能比较如实地反映与会人员的意见。某些根据上级机关布置，需要了解与会人员不同意见的会议纪要，可采用这种写法。

(三) 结尾

结尾的一般写法是提出号召和希望，但要根据会议的内容和纪要的要求而定。有的是以会议名义向本地区或本系统发出号召，要求广大干部认真贯彻执行会议精神；有的是突出强调贯彻落实会议精神的关键问题,指出核心问题;有的是对会议进行简要评价,结合评价提出希望要求。

（四）落款

如果在标题下方没有写会议召开单位和会议日期的,那么在正文之后可以署上召开会议的领导机关的全称,下面写上成文的年、月、日,加盖公章。

四、写作提示

（一）概括要真实

纪要要忠实于会议的实际内容,不能随主观意图增减或更改会议的内容,或借题发挥、添枝加叶,必须做到真实准确地表达会议内容。

（二）重点要突出

一次会议有时要涉及很多问题,写纪要时要抓住会议明确和解决的主要问题,切不可面面俱到而使中心不突出。

（三）意见要统一

会议对具体问题的讨论必然意见纷繁,想法多种多样,不能把这些意见都纳入会议纪要之中,而要根据会议的中心目的,以大会的总结报告为依据,认真分析各种意见,集中反映符合会议中心要求的多数人的一致意见。同时也要吸收少数人的正确意见。对于有分歧的意见,除学术性会议纪要外,一般不要写入工作会议性质的会议纪要中。

（四）条理要清楚

条理要清楚就是要对会议讨论的意见分类、分层、分序,使人感到问题明显、条理清晰。

（五）准备要充分,写作要及时

要认真做好会议记录,详尽占有材料,并且要认真研究会议的精神,以便对材料正确取舍,合理删减。纪要的写作要快速及时,否则给人"时过境迁"之感,影响公文效果。

拓展阅读

纪要与会议记录的区别

（1）性质上,纪要是法定行政公文;会议记录是机关、单位内部用于记录会议发言的事务文书。

（2）内容上,纪要是经过整理加工的会议上达成的一致认识,是会议内容的要点;会议记录是会议发言的原始记录,基本上要做到有言必录。

（3）形式上,纪要基本上按照行政公文的规范格式;会议记录没有统一的格式,多是各单位自定。

（4）发布方式上,纪要按公文发文程序发布,但没有主送和抄送机关;会议记录仅作为内部资料保存,绝不公开发布。

（5）在提炼加工程度上有区别，会议记录无论详细记录还是摘要记录，都是原始记载，参加会议的人怎么说就怎么记，既不能遗漏重要内容，更不能添枝加叶；纪要则是在记录的基础上，通过执笔人的分析综合，摘其要点，舍其芜杂，按一定的逻辑顺序，编排加工而成。会议记录不是文章，只能写文章的原始材料；纪要则是经过抽象思维，加工制作之后形成的文章。

纪要与会议决议的区别

（1）纪要是根据会议情况写的要点，起草后，只要有关主管负责人审阅同意就可以定稿；而会议决议必须经与会者表决，按照法定程序通过后，才能生效。

（2）一份纪要可以同时写不同方面的毫无关联的几项决定，而一个会议决议只能写某一方面或某一问题。即便像《关于建国以来党的若干历史问题的决议》这样意义重大的宏篇巨制，它的丰富内容，也是紧紧围绕党的指导方针和路线而展开的，前后左右互相关联，浑然一体。

（3）纪要的内容可轻可重、可大可小，只要是会议议定了的就要写进去；而会议决议的内容常常是一个单位或部门、一个地区或系统乃至党和国家的重大问题。

（4）纪要可以反映会议上的不同观点，会议决议则只能反映多数人通过的一种统一的观点。

（5）纪要和会议决议的社会效用也不尽相同。纪要虽然有一定的权威性，但其中有些条文和要求侧重于领会和掌握有关精神，更带有引导、指导的性质；会议决议则是一旦形成，有关方面对各项条款必须严格执行。所以会议决议具有更强的权威性。

纪要和简报的区别

（1）承担的任务不同。简报只是报告和交流情况，供上下左右参考，对阅读对象没有硬性要求，一般也没有什么约束力。会议纪要则有一定的权威性。它的结论可以指导有关方面统一认识，它列入的议定事项，要求有关方面共同遵守执行，它对特定的阅读对象有一定的指导和制约作用。

（2）简报编写者在简报中可以对他所写的事件发议论，谈看法，既可肯定，也可否定；纪要则必须忠实于会议情况，客观地扼要地叙述会议的内容，不允许编写者在纪要中对其内容进行评论。

（3）简报要求文字简短，一般在千字左右，最好不超过两千字；纪要则不受文字长短的限制，该短则短，该长则长。有些内容丰富、问题重大的座谈会纪要，洋洋万言也是常见的。

（4）纪要可以作为一种情况反映，缩写成简报；简报则起不到纪要的作用。

（资料来源：http://www.doc88.com/p954217505473.html）

写作悟语：纪要作为会议文书，具有很强的纪实性。通过纪要可以了解会议的精神、会议落实的内容等，从这个意义上说，纪要具有史料的价值。在写作时，要注意纪要与相似文种的区别。

文体实训

1. 选择一次班级的例会写一个纪要。
2. 请你根据纪要的写作知识，将下面会议记录整理成一份会议纪要。

××厂工会贯彻《企业奖惩条例》座谈会记录

时间：×年×月×日下午3：00。

地点：工会会议室。

出席人：

　　　　秦××（翻砂车间党支部书记）

　　　　赵××（成装车间主任）

　　　　魏××（机修车间钳工段长）

　　　　丁××（制氧车间工人）

　　　　张××（食堂炊事员）

主持人：刘××（工会主席）

记录人：周×（工会秘书）

　　刘××：这次会议关系我们员工的切身利益，我首先宣读《企业奖惩条例》，希望大家认真听，积极参与讨论。（宣读《企业奖惩条例》略）

　　丁××：国务院颁发的《企业奖惩条例》，规定得很具体，给我们指明了目标，应该干什么，不该干什么，说得清清楚楚，能够调动大家的工作积极性，促进工作和生产。

　　秦××：实行奖惩条例很有必要，国有国法，厂有厂规，赏罚严明，有利于改变不良的社会风气，使好人好事受到表彰，歪风邪气受到抵制。这对企业的整顿、职工队伍的建设，都有重要的作用。

　　赵××：老秦说得对，确实是这样，就拿我厂来说吧，大多数的职工能够很好地遵守劳动纪律，但总有一部分人仍然是非不清，不以干好工作为光荣，反把消极怠工看作本事，随便迟到，无故旷工，谁也管不了。以前我们也讲奖惩，实际上奖好说，惩难办，怕得罪人。现在有了明文规定，统一了思想，腰板也更硬了。

　　魏××：条例虽好，贯彻不了也是一纸空文，关键在于怎么执行。奖要拿出个样子来，比如晋级，经过考核，就晋他两个，给大家树立榜样。对违反规章的，就严格处理，再也不能那么软了。

　　张××：在贯彻中要一碗水端平，条例面前人人平等，执法要公平。

　　刘××：今天，大家讲的意见都很好，希望大家做好宣传工作，把《企业奖惩条例》迅速地贯彻下去，对大家提的意见，我们认真考虑，在贯彻中努力做到。

　　散会。

第七章　酒店书信文书写作

第一节　策划书

酒店中秋节营销策划方案

中秋节将要来临,结合本酒店的实际情况和中国传统的民族习俗,为了更好地开展酒店销售服务工作,达到经济效益与社会效益双丰收,特制订此方案。

一、目标市场分析

本酒店的顾客主要是中上层人士和政府机关工作人员,但其中也有不少是私款消费,这要求酒店在提高档次的基础上,必须兼顾那些私款消费者的个人利益。

二、定价策略

1. 饭菜基本上可以保持原来的定价,但要考虑和中秋节相关的一些饭菜的价格,可采用打折或者直接降低价格的办法。

2. 针对价格高的饭菜,建议采用减量和减价相结合的办法。

3. 中秋节的套餐的价格不要偏高,人均消费控制在20~30元(不含酒水)。

4. 其他的酒水价格和其他服务的价格可根据酒店的实际情况灵活变动,在中秋节的前后达到最低价(但要针对酒店的纯利润来制定)。

三、营销策略

1. 制作专门针对中秋节的套餐,可以根据实际的情况分实惠、中、高三等,有二人餐、三人餐等类型,主题要体现全家团圆,可赠送月饼(价格不需要太高)。

2. 如果一家人里有一个人的生日是8月15日,可凭借有效的证件(户口本和身份证),在酒店聚餐享受5~6折(根据酒店的实际决定)的优惠。建议给他们推荐中秋节套餐。

3. 如果手机或固定电话号码尾号是815(临汾地区以内),可凭借有效的证件(户口本和身份证),在酒店聚餐享受5~6折(根据酒店的实际决定)的优惠。建议给他们推荐中秋节套餐。最好是酒店直接联系一下这些人。

4. 由于本酒店暂时没有住宿服务,可和其他的以住宿为主的大型宾馆联合行动,相互介绍客户,这样可以增加客户群,减少一些相关的费用。对这部分客户可用专车接送，同时也建议给他们推荐中秋节套餐。

四、推广策略

1. 在酒店的门口附近、火车站、汽车站放置户外广告（户外广告采用喷绘为主，条幅相结合的形式）。
2. 电视、街道横幅和报纸广告相结合。
3. 可以尝试一下手机短信广告，群发的重点是饭店的老顾客，注意要使用适当的语言，主要介绍酒店的最新活动。
4. 在一家网站上做个弹出框广告或者比较大的Flash动画广告或者是Banner。网页动画和图片的处理必须要和营销的内容相符合。

注意：以上的广告可同时选择几种，推广的重点在市区，也可向周边的县市推广。广告的受众最低要保证15万人。

五、其他建议

1. 在服务大厅配备电脑，随时保存一些重要顾客的资料。
2. 在争取顾客同意的条件下，把顾客的信息输入数据库（关键是顾客的名字和手机号码），为以后的推广服务（以后可以细化这个内容）。
3. 尽快做好酒店的网站。网站必须要由专业的人士制作，域名要简单好记，网页的设计上要体现出酒店的特色，颜色以暖色调为主，主页最好要一个大的Flash动画，还要有新闻发布系统、网上营销系统、顾客留言板、客户论坛、员工娱乐等方面的内容。通过网络营销（最大的优势是受众范围大、花费少）增强酒店的知名度。

××酒店营销部

二〇一二年三月十五日

（资料来源：http://newyear.szhufu.com/1/，略有删改）

写作知识

一、策划书的含义

策划书即对某个未来的活动或者事件进行策划，并展现给读者的文本。策划书是目标规划的文字书，是实现目标的指路灯。

二、策划书的类型

策划书一般分为商业策划书、创业策划书、广告策划书、活动策划书、营销策划书、网站策划书、项目策划书、公关策划书等。本书以酒店最常用的活动营销策划书为主要写作对象。

三、策划书的结构和写法

策划书一般包括标题、活动背景、活动目的和意义、资源需要、活动开展、经费预算、活动应注意事项、活动负责人和参与对象、其他注意事项等。具体要求如下。

（一）策划书标题

尽可能具体地写出策划名称，如"××酒店××活动策划书"，置于页面中央，当然可以写出正标题后将此作为副标题写在下面。

（二）活动背景

这部分内容应首先根据策划书的特点在以下项目中选取内容重点阐述，具体有基本情况简介、主要执行对象、近期状况、组织部门、活动开展原因、社会影响，以及相关目的动机。其次应说明问题的环境特征，主要考虑环境的内在优势、弱点、机会及威胁等因素，对其作好全面的分析，将内容重点放在环境分析的各项因素上，对过去现在的情况进行详细的描述，并通过对情况的预测制订计划。如环境不明，则应该通过调查研究等方式进行分析加以补充。

（三）活动目的、意义和目标

活动的目的、意义应用简洁明了的语言将目的要点表述清楚。在陈述目的要点时，该活动的核心构成或策划的独到之处及由此产生的意义（经济效益、社会利益、媒体效应等）都应该明确写出。活动目标要具体化，并需要满足重要性、可行性、时效性。

（四）资源需要

列出所需人力资源、物力资源，包括使用的地方，如使用活动中心都详细列出。可以列为已有资源和需要资源两部分。

（五）活动开展

作为策划的正文部分，表现方式要简洁明了，使人容易理解，但表述方面要力求详尽，写出每一点能设想到的东西，没有遗漏。在此部分中，不仅仅局限于用文字表述，也可适当加入统计图表等。对策划的各工作项目，应按照时间的先后顺序排列，绘制实施时间表有助于方案核查。人员的组织配置、活动对象、相应权责及时间地点也应在这部分加以说明，执行的应变程序也应该在这部分加以考虑。

这里提供一些供参考的方面：会场布置、接待室、嘉宾座次、赞助方式、合同协议、媒体支持、广告制作、主持、领导讲话、司仪、会场服务、电子背景、灯光、音响、摄像、信息联络、技术支持、秩序维持、衣着、指挥中心、现场气氛调节、接送车辆、活动后清理人员、合影、餐饮招待、后续联络等。可以根据实情自行调节。

（六）经费预算

各项费用在根据实际情况进行具体、周密的计算后，用清晰明了的形式列出。

（七）活动中应注意的问题及细节

内外环境的变化，不可避免地会给方案的执行带来一些不确定性因素。因此，当环境变化时是否有应变措施、损失的概率是多少、造成的损失有多大、应急措施等也应在策划中加以说明。

（八）活动负责人及主要参与者

注明组织者、参与者姓名，嘉宾，单位（如果是小组策划应注明小组名称、负责人）。

（九）需要注意的事项

（1）本策划书提供基本参考方面，小型策划书可以直接填充，大型策划书可以不拘泥于表格，自行设计，力求内容详尽、页面美观。

（2）可以专门给策划书制作封页，力求简单、凝重。策划书可以进行包装，如用设计的徽标做页眉，图文并茂等。

（3）如有附件可以附于策划书后面，也可单独装订。

（4）策划书需从纸张的长边装订。

（5）一个大策划书，可以有若干子策划书。

四、写作提示

（1）耳听八方，要对写作背景、目的、对象和具体手段的有效性有真正的认识。

（2）语言简练有效，切记不要长篇大论、粘贴拼凑。内容要准确，所列举的数字要精确，要扫除套话、空话和大话，语言要精练。

拓展阅读

100%的努力投入到一个策划案

2008年，我大学毕业后，在一家酒店的策划部工作。部长对我们几个新人说："酒店要做个营销方案的策划，时间是一周，董事长要亲自过目。大家都是年轻人，好好抓住这个机会。"

冥思苦想之后，我决定在策划方案的数量上超过别人。在规定的时间里，我把4份策划案交给了部长。几天后，部长告诉我，董事长要我去他办公室。

屋里坐着一个和蔼的老人。"坐下来，小伙子，我有个故事要讲给你听。"

"'森林之王'老虎一胎产下两个宝宝，所有的动物都来祝贺，唯有老鼠不以为然。因为它刚刚产下10只老鼠，觉得'森林之王'不如它。猴子知道了它的心思，说：'老鼠呀，10：2是客观存在，但你忘了，人家的品种比你好得多呀！'"

"我的故事讲完了，你的4个策划案我看了，也看出你尽了100%的努力。但你忘了，当你把100%的努力投入到4个策划案中的时候，每个方案你只有25%的努力；而你把100%的努力投入到1个策划案的时候，你得到的是一个最佳促销策划案！"

（资料来源：http://hi.baidu.com/william/item/110031342f51b44b3075a1cd）

写作悟语： 好的策划书不仅能吸引领导和上司，更重要的是通过对项目的统筹安排，提高自己对于局势的把握能力和对现有事物的协调能力。要站在公司经营者的角度考虑收益，站在专业人员的立场去思考可行性，站在用户和顾客的立场上去思考项目接受度，要保证策划书的科学性、严谨性和可行性。

文体实训

1. 阅读下面的材料,完成训练要求。

在沿海某岛屿上,集团总部计划建设一座五星级休闲商务酒店。其项目特点是既与中心城市若即若离,又可以让宾客暂离城市的喧嚣,有其特有的清幽和私密性。同时,通过当地旅游局、政府的支持与协助,在本地市场以高档脱俗的国际化酒店形象占领新的制高点,在外地市场则做足做透"海洋"文化和"佛教"文化。

要在酒店开业初期,针对形象触目(曝光)率不高,交通不方便等问题,通过精心包装、倾力打造,形成以开业前后的活动为载体,将宾馆全方位地宣传出去,达到受众人群人人皆知的程度,广泛吸引消费者的关注。

请问,如果你是该项目的总负责人,应该将本策划书分为哪几个部分,并大致写出每个部分的主要内容。

2. 临近母亲节,为增强酒店员工的感恩意识和集体荣誉感,酒店决定开展向英雄母亲赠送节日礼品的活动,请写出具体的母亲节策划方案。

3. 网络团购营销已经渗透到了各行各业,酒店网络团购也正在成为一种打开市场、拓展知名度的有效手段。如果你是某新成立酒店的营销负责人,请根据现有条件和市场趋势,做出一份客房网络团购的策划案。

第二节 建议书

范文示例

关于建立会所的建议书

尊敬的董事会:

为提升我公司的整体形象,丰富品牌内涵,增加公司效益新的增长点,结合现代社会对于酒店内会所的要求,我建议在我酒店内部开设高档会所,具体策划如下。

一、会所内涵与市场功能解析

(一)会所产生的原因

会所作为房地产项目开发中的一项新鲜事物兴起并不早,然而其发展却十分迅速。一些发展商大打"会所牌",争相把"豪华会所"、"五星级会所"、"多功能会所"等作为卖点之一进行推销。不管做会所的是非功过如何,但它已成为一个热点、一种趋势。

（二）会所的发展

从会所自身来说，它应该是住宅小区配套的一部分。一个小区多多少少会有一些配套设施，由管理处实行管理，提供相应的服务，如设阅览室、洗熨衣物、代购票务等。会所就是从这些服务项目中分离、独立、集中、强化、提升而来的。

（三）会所的角色、功能

大多数人对会所持这样一种看法，即住客会所是为住宅小区的住户提供娱乐、休闲及其他服务的场所，其特点可以从这样几个方面来考察。

1. 角色。它是小区配套设施的一部分，是住宅项目开发上档次的重要表现。
2. 功能。基本功能是为住户提供娱乐、休闲的场所，创造有益住户身心健康发展的条件。衍生功能在于它代替执行了社会化商业场所的一部分职能。

二、会所设计基本程序

（一）建筑面积及位置：初定为 1 100 m^2（其中室外 650 m^2，室内 450 m^2）。

（二）命名及主要组成部分：初步名为"健康生活馆"。

1. 室外部分：羽毛球场 1 个，150 m^2，全民健身设施 100 m^2，设置在室外中心花园。
2. 半室内部分：老人小孩休闲娱乐场所，设置在 6 号楼端头一部分。
3. 室内部分：儿童游乐场 50 m^2；高标准室内健康活动馆 200 m^2；棋牌活动室 200 m^2，设置在 3 号楼底层大部分。

（三）设计要点。

1. 总体上要按公司的计划分步建设：室外部分—半室内部分—室内部分。
2. 外观上应体现本项目主题——健康的内涵。
3. 注重实用，尽量减少投资成本。

三、本项目周边配套设施说明

本项目周边配套设施可谓非常的齐全，特别是户外运动设施及公园。因本项目处于金山文体中心，又处于金山行政及未来金山交通中心的附近，所以周边配套相当齐全。周边有学校、酒店、医院、公园等。几乎涵盖了所有户外的休闲、生活和运动功能。

但是我们发现，现在地块周边缺乏户内运动、休闲的场所，如茶馆、咖啡吧、室内健身中心房、中型超市等场所。

四、本项目会所内容设置原则

本项目会所的内容设置原则为"多不等于好，我们是贵精不贵多"，提倡"健康生活"的概念。

五、会所经营方式探讨

目前会所的经营方式有 3 种，下面就这 3 种方式进行初步的探讨。

（一）发展商自主经营

目前这种运作方式采用较多，总体运作效果应该是成功的。若发展商采用这种经营思路，具有以下优点：可利用发展商的品牌影响力和每年各种公关接待活动，积聚人气，增加营业收入，提高会所乃至项目的知名度；拥有绝对的经营自主权，便于管理，较容易控制经营成本；发展商可运用会所的丰富资源，举办各种有益、有趣的活动，从而带旺销售，吸引更多的买家。

缺点如下：一次性投入较大，短期内难以回收投资；发展商初涉这一领域，经验不足，经营风险大；分散发展商的精力，加大工作负荷。

（二）以招商形式将会所推向市场

以招商形式邀请专业性公司或个人入场，将会所推向市场。优点如下：节省发展商投资；起点较高，运作时间会加快；发展商风险相对较小。

其不足：前期投资大，在小区人气尚未聚集的情况下，经营压力大，顾虑多，不敢轻易进场；会所由一家公司独家经营的可能性较小，合作方可能较为分散，不易管理。

（三）发展商与专业公司合作经营

这种合作是全方位的，包括共同出资、共同管理、共同受益、发展商与专业公司共担风险。其有以下优点：引进共担风险机制，从一定程度上降低了双方的经营风险；可利用发展商的实力和专业公司的行业经验两方面优势，达到优势互补；充分发挥双方的人才优势。

不足是管理难度大，容易发生扯皮现象。

实施步骤：

1. 充分利用媒介多做宣传，将会所招商信息尽快发布出去；
2. 尽快使小区条件成熟，业主入住，增加区内人气；
3. 尽快完善招商条件，加快工程进度，使会所能在近期内全面完工；
4. 在招商期间，结合各种促销活动，开展会所的专题宣传，增加社会对小区及会所的聚集度。

建议人：李俊
二〇一二年五月六日

（资料来源：http://www.docin.com/p-106472719.html）

写作知识

一、建议书的含义

建议书是为了开展工作、完成任务、进行某项活动等，就某件事情的具体做法或某个问题的解决方法，向领导或上级单位等提出建议性意见的专用文书。

建议书是联系下级和上级、个人和组织、群众和领导的纽带与桥梁，是密切和协调各方面关系的重要手段和途径，对鼓励和提倡人们勇于提出合理化建议，方便和促进领导及上级单位广纳贤言，进而推动各项事业的发展起着积极的作用。

建议书具有针对性、恭请性等特点。

二、建议书的结构和写法

建议书是面对领导和有关部门时，一般是中肯地提出自己对某项工作的意见和自己的建议，必须被有关部门、领导批准认可后才能被实施，没有要求对方去做的意思，不具有号召性。建议书的格式和一般书信大体相同。

（一）标题

建议书的标题通常只写"建议书"三个字，有时为了突出建议的具体内容，可以写《关于×××的建议书》。题目要写在第一行的中间，字体要大些。

（二）称谓

提出的建议希望得到哪些人的注意，称呼就写哪些人。要写在第二行顶格，后面加冒号。

（三）正文

在称谓之下另起一行空两格开始书写，一般由建议原因、建议事项和建议期望三部分内容构成。

（1）建议原因。主要说明为什么提出建议，提建议的出发点是什么。这部分一般应当开门见山、客观透彻地概括建议涉及的问题及现状，并适当论证建议的必要性、合理性和紧迫性，为建议被采纳奠定基础。

（2）建议事项。主要说明针对具体问题提出了什么样的建议，要具体明确地提出解决问题的切实可行的措施和方法。如果建议的事项较多，可以分条列项地写出来，各条内容应当界限分明，便于建议对象逐条考虑，酌情处理。

（3）建议期望。一般用简洁明了的句子表达一下期许和愿望，也借此表示恭敬谦虚的态度，如"以上建议谨供参考"、"诚恳希望×××认真考虑此建议"等。

（四）结语

一般在正文之下另起一行空两格书写"此致"二字，再另起一行顶格书写"敬礼"二字，后面不加标点符号。

（五）落款

在结语的右下方署上建议者的名称。建议者的名称可以是单位名称，也可以是个人姓名。建议者的名称前可以加上"建议人"、"建议者"等字样。在署名的下方写上建议的准确日期。

三、写作提示

（一）条理清楚，有针对性

建议书的写作要求条理清晰、表述明确，对所针对的工作及其出现的问题也要进行较为简明扼要的概括，从而使自己的建议显得有的放矢。

（二）言简意赅，语言精练

建议书的写作要注意篇幅适中，以将自己的建议表述清楚为度，争取让领导或上级部门在最短的阅读时间中，对建议拥有足够的了解。切忌叙述啰嗦，篇幅膨胀，让阅读者产生阅读反感。

拓展阅读

如何写出成功的建议书

建议书是一个沟通的媒介，它最终的目的是希望获得订单。如何能让客户看了您的建议书后马上签约呢？您要能满足以下条件。

（1）让客户感到满足。让客户感受到需求能被满足，问题能够得到解决。

客户花钱进行购买行为时，一定是对现状不满或想要改善现状，当客户心里有了这种想法，正在摸索进行时，若是您能即时地提供给客户一套适合于解决客户问题的建议案，无异于帮了客户的大忙。

如何才能提出上面这种建议案呢？关键是要能正确地分析客户的问题点。

（2）与关键人物的沟通。您还要与承办人、承办单位主管、使用人、预算控制部门、关键人士做有效沟通。

一份建议书不一定会完全经过这五种人过目，此处我们以这五种人做例子，提醒您撰写建议书时如何和这些对象做有效的沟通。

承办人：负责承办的人是代表企业和您沟通的第一线人员，他扮演的角色往往要能替您向企业的上级人员解释说明产品的特性、效用、能改善多少问题、能提升多少效率等，因此，以承办人的立场而言，他对各项细节都希望能获得充分的信息。所以您撰写建议书时，对各个细节部分要严密，不得有破绽，可用附件的方式补充说明，务必要让承办人能回答上级可能提出的问题。

承办单位主管：承办单位的主管，多半对琐碎的细节无暇过目，并且以主管的立场而言，他对结果较注意，至于导出结果的原由细节，他是授权给承办人员去审核的。因此，建议书中的"主旨"、"目的"、"结论"是承办单位主管关心的重点。您在撰写建议书时的"主旨"、"目的"、"结论"要能满足承办单位主管的需求。

使用人：对使用人而言，建议书撰写的重点是针对使用人提出的现状问题点及希望改善的地方，详细地说明采用新的产品后能解决他们的问题。

预算控制部门：预算控制部门人员关心的重点是费用预估，是否合于预算。因此，关于费用部分，您在撰写建议书时，务必清楚明确地写清各项费用状况，并以清楚的报表汇总各明细，让他们能一目了然。

关键人士：关键人士关心的重点有两项，一为效用，另一为优先顺序。

关键人士位处企业的高层，他的判断点多为产生的效用对企业的营运有哪些帮助。例如，您的产品对增加销售人员的业绩有帮助，关键人士将能认同这种效用。

另外，优先顺序也是关键人士判断的重点，因为关键人士是从企业全盘的角度思考事情，他往往面临的不是单一事件。因此，他会权衡完全不相干的两件事情，而作出执行上的优先顺序。因而，若销售人员疏忽了这方面的考虑，往往会被关键人士判定暂缓而前功尽弃。

若您撰写建议书时能巧妙地满足上面的两个条件，相信您的建议书一定具有强烈的说服力，使之能称职地扮演无言销售人员的角色。

（3）建议改善对策。您的对策要能针对问题点的原因进行改善，并能清楚地让客户理解，同时还要有具体的资料证明您的对策是可行的。

（4）比较使用前及使用后之差异。在建议书中，您要比较使用前（现状）及使用后（建议案）的差别，比较时要提出具体的证明，如目前每日产出1000单位，自动化后每日产出1500单位。对购买决定有影响的有利点及不利点都要进行比较，以便客户能客观地判断产生的差异。不过，要注意的一点是，比较时仅提出比较结果，详细原因部分可以用附件做说明。

（5）成本效益分析。建议书的成本计算要正确合理，效益包括有形的效益及无形的效益，有形的效益最好能数值化。效益必须是客户也能认同的。

（6）结论。结论是汇总提供客户的特殊利益及效益，结论要能要求订单。

（7）附件。附件要容易查询，每一个附件都要有标题和页码。

记住撰写建议书时，时刻提醒自己：潜在客户为什么要接受我的建议书？还有哪些点能帮助客户做出迅速、正确的决定？

（资料来源：http://www.zk168.com.cn/fanwen/shuxin/jianyi_285319.html，有删改）

写作悟语：写建议书的目的就是建议、说服别人同意你的计划，支持你的观点。因此，写建议书时，首先要说明你提建议的目的，然后重点阐述建议书的主要内容。同时还要注重语言要精练，紧贴目标人群。

文体实训

1. 假如你是一家酒店的服务人员，在日常工作中发现，顾客很多时候需要使用网络来进行工作和娱乐。你想要写一份关于增加网络客房、甚至是在整个酒店中架设无线局域网的建议书。请根据本书关于建议书的要求，写一份建议书，要求文体符合要求，对问题阐释清晰，建议合理实用。

2. 如果你是一家酒店的人力资源部经理，在招聘过程中发现很多员工的服务意识和酒店品牌意识不够，你希望总经理批准人力资源部对全体酒店人员进行相关培训。请将此建议以书面形式提交总经理，要求文体规范、表述清楚，具体场景可以虚拟，也可针对自身实际情况来写。

3. 下面是一则建议书，请找出其中的错误或不足，并加以改正。

建议书

尊敬的领导：

我酒店作为老牌的集住宿、娱乐、休闲为一体的综合性酒店，其定位档次较高，主要目标消费人群以中上收入的当地人士为主。随着人们收入水平的提高，原有的190

间客房已经无法满足现在的市场需求，经常出现的客满现象就是最好的证据。因此我建议在现有客房的基础上，扩大规模，增加客房80～100间。

希望能够得到您的同意。

此致

敬礼

客房部：×××

二〇一二年三月六日

第三节　倡议书

范文示例

节能环保倡议书

尊敬的客人：

爱护环境、共同维护我们生存的空间是现代人必备的基本素质。营造温馨的住宿环境，不仅有利于每位客人的身心健康，为高效率休息提供保障，还有利于增强各位的环境保护意识，提升个人修养。为倡导节能住店，本酒店特此倡议：

1. 节约用电，外出时将室内电源关闭；
2. 不乱扔垃圾或堆放有碍观瞻物品；
3. 维护厕所卫生，不向便池内扔烟头、纸屑、卫生巾、塑料袋、饮料瓶等易堵塞物品；
4. 经常开窗通风，做到室内整洁、空气流通、无异味。

各位尊敬的客人，优美的环境需要大家共同创造。关爱我们的生活环境，共同维护绿色、节能、和谐的酒店氛围，是我们共同的目标。

××酒店

二〇一二年一月

写作知识

一、倡议书的含义

倡议书是由某一组织或社团拟定、就某事向社会提出建议或提议社会成员共同去做某事的书面文章。它作为日常应用写作中的一种常用文体，在现实社会中有着较广泛的使用。

二、倡议书的类型

从内容上分类，倡议书一般分为倡导性倡议书和抵制性倡议书。

从性质上分类，倡议书一般分为建议性倡议书和反对性倡议书。

三、倡议书的结构和写法

倡议书一般由标题、称谓、正文、结尾、落款五部分组成。

（一）标题

倡议书标题一般由文种名单独组成，即在第一行居中用较大的字体写"倡议书"三个字。另外，标题还可以由倡议内容和文种名共同组成，如"把遗体交给医学界利用的倡议书"。

（二）称谓

称谓一般顶格写在第二行开头。倡议书的称谓可依据倡议的对象而选用适当的称呼。例如，"广大的青少年朋友们："、"广大的妇女同胞们："等。有的倡议书也可不用称呼，而在正文中指出。

（三）正文

倡议书的内容需包括以下一些方面。

（1）倡议书的背景原因和目的。倡议书的发出贵在引起广泛的响应，只有交待清楚倡议活动的原因，以及当时的各种背景事实，并申明发布倡议的目的，人们才会理解和信服，才会自觉地行动。这些因素交待不清就会使人觉得莫名其妙，难以响应。

（2）倡议的具体内容和要求。这是正文的重点部分。倡议的内容一定要具体化。开展怎样的活动，都做哪些事情，具体要求是什么，它的价值和意义都有哪些均需写明。倡议的具体内容一般是分条开列的，这样写往往清晰明确、一目了然。

（四）结尾

结尾要表示倡议者的决心和希望，或者写出某种建议。倡议书一般不在结尾写表示敬意或祝愿的话。

（五）落款

落款即在右下方写明倡议者的单位、集体或个人的名称或姓名，署上发倡议的日期。

四、写作提示

（一）写作针对性要强

一般倡议书要求对良好行为进行提倡，对不文明行为和违反道德法规行为进行抵制。倡议书的针对性要体现在现实表述和倡议内容上。

（二）内容要合乎情理

因为倡议书一般是面向同行甚至是全体社会成员的，因此其内容更要合乎情理，其倡议内容在舆论可承受范围之内，起到倡导好抵制坏的作用。

拓展阅读

文明住店倡议书"住"进酒店客房

本报讯 "我住酒店，洗具都是自带"、"倡议书应该在更多的场合摆放"……市文明办和市饭店与餐饮行业协会联合发出文明住店的倡议书，2010年2月12日在市民和网友中引起不少讨论。温州华侨饭店、维多利亚大酒店等饭店还陆续将倡议书摆进酒店客房。

2月12日下午，温州华侨饭店、维多利亚大酒店、温州国际大酒店等饭店陆续收到倡议书，并承诺会把倡议书摆放到酒店客房里。温州华侨饭店一名大堂经理表示，用烟头烫破床单、把汤汁洒在地毯上，有这样行为的客人他都遇到过。总的来说，近几年来客人的素质有所提高。在客房里摆上倡议书，是倡导文明的理念，希望能起到积极作用。"我们的客房里也有休闲类杂志，就将倡议书跟杂志摆放在一起吧。"维多利亚大酒店行政办公室主任陈婕特地多准备了一些倡议书，"如果倡议书放在客房后消耗了一些，就可以及时补上。"

来自上海的一名客人昨天下午入住温州华侨饭店时，看到倡议书，她表示，上面的这些内容自己都能够做到。也有客人认为，有不文明行为习惯的客人，会不会在看到倡议书后及时停止那些不文明行为，值得商榷。经常出差的市民柯先生则认为，过年时朋友都喜欢到酒店打牌，乱丢烟头等习惯肯定难免。这些习惯一下子改掉也不太现实。不过住店时如果看到倡议书，心里也会提个醒，坚持宣传下去，相信大家会慢慢改过来。

2月12日的文明住店倡议书在网友中也引发讨论。不少网友表示自己确实有过不文明的入住习惯，网友"540"说："呵呵，曾经干过可耻的事情，用毛巾当抹布。"一项调查显示，过半网友支持倡议书，网友"春天的颜色"说，爱护公共环境靠大家自觉。

"如果再简短一些，配点插图，看起来更生动直观，或许更能吸引客人的注意，效果也会更好。"一名酒店行政部负责人还对倡议书提出了建议。温州国际大酒店副总经理戴朝阳则认为，这样的倡议书应该在更多场合摆放，发出倡议是起步，以后可以跟进一些监督的措施。

（资料来源：倪传芳，尤豆豆，朱奕. 文明住店倡议书"住"进酒店客房. 新民网，2010-2-12）

写作悟语：倡议书的写作有利于推进某种良好风尚，在写作的过程中要更加人性化和直观，达到一眼扫去，可知其意，同时给人一种良好的观感。

 文体实训

1. 某酒店经理发现，经常有客人用烟头烫破床单、把汤汁洒在地毯上等不文明行为，请根据这种不文明行为，写一份文明住店倡议书。

2. 下面是一则公共场合禁烟的倡议书，请找出其中的错误或不足，并加以改正完善。

公共场所禁烟倡议书

吸烟有百害而无一利。一支小小的香烟竟含有4000多种化合物，其中主要含有焦油、尼古丁和一氧化碳等有害物质。焦油中含有几十种致癌物，可使吸烟者患上多种疾病；尼古丁是使人成瘾的毒物，一支烟中的尼古丁竟可以毒死一只小白鼠。世界卫生组织报道，有80%的肺癌，75%的慢性阻塞性疾病和25%的冠心病均与吸烟有关。长期吸烟容易引起心血管病变，直接削弱心脏收缩力，损坏脑细胞，导致记忆力衰退、头痛、失眠等。全球每年约有500万人死于与吸烟有关的疾病；中国每天有2000人因吸烟而致病死亡，每年近100万人。我国烟民的数量正以每年2.1%的速率增长，如果按目前的状况持续下去，到2030年中国每年因吸烟而导致死亡的人数将高达200万人。

以上的数据触目惊心，请珍爱生命，远离香烟！为了大家的身心健康，为了让大家拥有一个良好的酒店环境，我们倡议：

（1）自觉远离香烟，倡导文明健康的生活习惯；
（2）主动参与禁烟，给身边的人创造一个健康的学习、生活和工作环境；
（3）不在公共场所吸烟，自觉远离烟草，倡导健康生活方式，争取文明住店；
（4）如果看到他人吸烟，为了自己和大家的健康，请对其进行友好的提醒和劝诫。

为了自身的健康和优良的社会风尚，让我们大家一起行动起来，远离香烟！

3. 为响应国家关于保护环境的号召，酒店决定在全酒店员工开展节能减排的行动，请根据本酒店实际情况，写一份"绿色行动"的倡议书。

第四节　申请书

范文示例

酒店员工转正申请书

尊敬的公司领导：

　　您好！

　　我于2012年3月6日成为公司前台部的试用员工，到今天试用期有三个多月了，根据公司的规章制度，现申请转为公司正式员工。

　　作为一名应届毕业生，初来公司，曾经担心不知该怎么与人共处，该如何做好工作。但是公司宽松融洽的工作氛围、团结向上的企业文化，让我很快完成了从学生到职员的转变，让我适应了公司的工作环境。我深知作为公司的一员，不仅需要有耐心、细心，还要具有较强的责任心，能够为自己所做的工作负全部责任，并在工作中不断进取，努力提高自己的业务素质。在本部门的工作中，我一直严格要求自己，认真及时地做好领导布置的每一项任务。不懂的问题虚心向别人学习请教，不断提高充实自己，希望可以为公司做出更大的贡献。

当然，刚开始在工作中我也出现了一些小的差错和问题，部门经理也及时给我指出，促进了我的成长，今后在处理各种问题时我考虑得会更全面，杜绝类似失误的发生。在此，我要特别感谢部门的领导和同事对我入职的指引和帮助，感谢他们对我在工作中出现的失误进行的提醒和指正。

这是我的第一份工作，这段时间的经历让我学到了很多，感悟了很多。前台是公司对外形象的窗口，一言一行都代表公司。接待来访咨询的客人要以礼相迎；接听电话要态度和蔼；处理出游报名、预订机票、酒店的事务要认真仔细；对待同事要虚心真诚。点点滴滴都让我在工作中不断学习，在学习中不断进步。看到公司业务的不断发展完善，我深感骄傲。在今后的工作中，我会更加努力提高自己的业务服务水平和修养内涵，弥补不足，在新的学习中不断总结经验。

在此，我提出转正申请，恳请领导给我继续锻炼自己、实现价值的机会。我会用谦虚的态度和饱满的热情做好我的本职工作，为公司创造价值，同公司一起展望美好的未来！

此致

敬礼

申请人：×××
二〇一二年六月六日

（资料来源：http://www.gerenjianli.com/shenqing/yuangongzhuanzhengshenqingshu/,略有删改）

写作知识

一、申请书的含义

申请书是个人或集体向组织、机关、企事业单位或社会团体表述愿望、提出请求时使用的一种文书。申请书的使用范围广泛，申请书也是一种专用书信，它同一般书信一样，也是表情达意的工具。申请书要求一事一议，内容要单纯。

二、申请书的类型

根据作者的不同，可以把申请书分为个人申请书和集体申请书。

个人申请根据用途的不同，也可以分为思想政治生活方面的申请、工作学习方面的申请、日常生活方面的申请等。

集体申请根据用途的不同，可以分为资格申请、物资申请、贷款申请等。

三、申请书的结构和写法

（一）标题

标题有两种写法，一是直接写"申请书"三个字，另一种是在"申请书"前加上内容，如"转正申请书"、"调换工作申请书"等，一般采用第二种。

（二）称谓

顶格写明接受申请书的单位、组织或有关领导。

（三）正文

正文在称谓之下另起一行空两格开始书写，一般由申请事项、申请理由和申请期望三部分内容构成。

（1）申请事项。写清所申请的事情是什么，即明确提出自己的愿望和请求，这是申请的目的所在。

（2）申请理由。围绕提出的申请事项，写出申请的充分理由，这是申请的依据所在。具体写作中，根据申请的实际情况，既可以先写出申请事项，再依申请事项阐述申请理由，也可以先阐述申请理由，再由申请理由引出申请事项。

（3）申请期望。一般围绕申请事项表明自己的态度、决心、愿望等，或进行相应的保证和承诺等。

（四）结尾

结尾写明惯用语"特此申请"、"恳请领导帮助解决"、"希望领导研究批准"等，也可用"此致"、"敬礼"等礼貌用语。

（五）落款

个人申请要写清申请者姓名，单位申请要写明单位名称并加盖公章，注明日期。

四、写作提示

（1）申请的事项要写清楚、具体，涉及的数据要准确无误。

（2）理由要充分、合理、实事求是，不能虚夸和杜撰，否则难以得到上级领导的批准。

（3）语言要准确、简洁，态度要诚恳、朴实。

拓展阅读

餐饮业该如何管理？为何申请辞职难？

众所周知，餐饮行业进去门槛低出来门槛高，餐饮的服务人员在工作中会出现多种选择职业的权利，这是用人单位无法阻止的。

工作在南京行宫酒店的小张告诉记者："我是一名从事餐饮服务行业的工作者，在这个行业中辞职真的是一件很难的事情，今年三月份我在南京市九号行馆酒店管理有限公司面试成功，试用期三个月，三个月后考核合格后转正。当时文件上是这样写的'没转正的员工辞职提前一个星期交辞职书，转正后的员工辞职需要提前一个月书面申请辞职'。办理辞职手续时人事部说15个工作日后来领取押金和工资，我是10月29日办理的离职手续，照说11月15日就可以去领取押金和工资了，我

17日过去后人事部说27日来领,现在还没有算出来。这样一推再推,耽搁了很多时间,我只有叫朋友帮忙代领。遇到这样的事情,我也没有办法,只能白白浪费很多时间,那次辞职我就花了近两个月的时间。"

工作在南京雨花区某酒店的小邹告诉记者:"我们工作的这个四星级酒店一般是提前一个月写书面辞职申请,用人单位往往以人手不足等理由来推脱辞职人员的申请书,或者交了辞职书迟迟没有回应,等你追问的时候经理却说从没有收到过辞职信,或者接收你的辞职书已经一个月之久,却依然不批准,还会以这样的话语来要挟员工——哪怕超过了一个月,在我没批准之前如果你不来上班就当你是自动离职。"

以上两个问题在餐饮行业普遍存在,不足为奇,甚至有的大中型酒店餐厅都是这样的管理模式,当劳动者遇到这样的情况应该如何处理是好呢?

(资料来源:王晗. 餐饮业该如何管理?为何辞职难?(上).
慧聪酒店网,2012-2-29)

写作悟语:无论哪一种申请书,都应该按照国家法律规定办事,并遵照双方约定来进行,否则违约的一方不仅仅要承担法律责任,更是拿自己的招牌开玩笑。

 文体实训

1. 如果你在酒店工作,已经经过三个月的实习期,现在你需要提交一份转正申请,请按照要求写一份转正申请。
2. 酒店需要使用某大厦的大型会议厅,需要进行申请,请按照格式要求写一份会议厅的使用申请书。
3. 如果你想要从现在的前台领班换岗到前台主管,请写一份申请书,要求虚拟申请理由和具体环境,并符合写作规范。

第五节 保证书

 **范文示例**

迎宾员区域责任保证书

1. 严格按照《迎宾员岗位观察检查表》指导书规范标准操作。
2. 执行《迎宾员区域卫生标准》的要求,清理卫生工作,保持洁净。
3. 认真完成《岗位自检表》填写,做到严格检查。

4. 遵守岗位制度、团结友爱、禁止出现浪费。
5. 随时接受上级经理的检查指导。

负责人：（签章）王×

立担保书人：（签字）刘××

二〇一二年五月十日

一、保证书的含义

保证书是个人、集体或单位，为响应上级号召开展工作、完成任务，或做错了事、犯了错误并决心改正提出保证时使用的专用书信。

保证书通常具备的一些特点：保证书的誓言特性、保证书的单方特征、保证书的书信体格式。

二、保证书的类型

根据保证书的内容可以将保证书分为响应性保证书、任务性保证书和改错性保证书。前两者是事情没有发生，但是为了保证完成任务，或者响应上级号召而进行发誓完成的一种书面保证，这类保证书往往具有鞭策的誓言性和对方可以不予回应的单方性；改错性保证书则是因为已经发生的错事而进行道歉，同时保证同类事件不再发生的一种书面保证。

三、保证书的结构和写法

通常保证书由标题、称谓、正文、结尾和落款几部分组成。

（一）标题

保证书标题有两种方式构成。其一，单独由文种名构成，即在第一行居中用较大字体写"保证书"字样。其二，由保证内容和文种名构成，如《酒店卫生保证书》。

（二）称谓

保证书称谓在标题下空两行顶格写上送达方的机关组织、团体单位或个人的称呼或姓名，然后加冒号。

（三）正文

正文一般包括写保证书的缘由、保证的具体内容两部分。

（1）保证书的缘由。要阐明为什么写保证书。即要叙述清楚当时的条件和有关情况，使保证的具体内容建立在一定的前提之上。

（2）保证书的内容。主要是指保证人作出保证的具体事项。例如，保证做到什么，在多长时间里，达到什么程度，采取什么具体措施来实现自己的保证等。保证书此部分一般以条例的形式列出。

（四）结尾

保证书的结尾可以再次表示实现目标的决心，如"上述各项保证做到"。也可用"此致，敬礼"等礼貌用语。还可以在正文结束后，什么也不再写，自然结束。

（五）落款

落款即在保证书右下方署上保证的单位或个人的名称或姓名，并署上发文的日期。

四、写作提示

（一）事实表达清晰

在保证书中，对于事实的表述要清晰简要，避免因为事实表述啰嗦导致阅读者反感，或表述过于简洁导致事实不清。

（二）语气诚恳真挚

尤其是在改错性保证书中，对于自身犯错导致的问题，要勇于承担责任，避免假大空和矫揉造作。

（三）措施有力得当

无论是何种保证书，为保证完成任务或者彻底纠正自身错误，提出的保障措施要切实可行，让阅读者感到保证书的保证意味。

（四）内容合法合情

要求顾客签署的保证书，必须经过认真考虑，不得违反人情道德和法律法规。

拓展阅读

凯月酒店有点牛　吃饭要签"保证书"

几天前的晚上 7 : 00 左右，陈小姐和朋友 S 来到了凯月酒店吃饭。"我们和朋友圆圆约好吃完饭一起去唱歌，但圆圆和她的朋友有事要谈，我和 S 不想打搅他们，于是准备分开吃饭。"陈小姐说。然而，此时的大厅内已经没有多余的位置，于是被分开的两桌又被"拼"在一起。"我两次叮嘱服务员有位置立即通知我，两桌人必须分开来就餐。"陈小姐说。

一顿饭吃下来，陈小姐他们也没有等到空位，于是只好结账。两桌人各自拿出了优惠卡，想要享受打折的优惠。然而服务员却说："你们是一桌人，只能用一张优惠卡。"

陈小姐连忙解释："我们虽然认识，但的确是分开进餐的，只是因为没有位子而被'拼'在一起。"然而服务员却坚持只收一张优惠卡。

要么签"保证书"，要么退卡

这时，一位女经理走了过来，说："当时你们是自愿坐到一桌的。"陈小姐描述说："这位女经理是以一种'居高临下'的态度说话的。"

争执的声音越来越大，一位男经理也寻声走来。听完了大家的阐述之后，他拿来两张 A4 纸，说："现在可以分两桌结账，但是为了以后不再发生此事，请两位（指陈小姐和圆圆）各签一份保证书！"

这下子，陈小姐有点懵了，吃了这么多年饭，头一回听说要签保证书！男经理又说："陈小姐，您要么签了保证书，要么退卡。是我们给您造成不便，因此由您选择。"

"我不是为了钱，用一张卡和用两张卡的优惠差额也不过一两百元，我是觉得让我签保证书，是在伤顾客的自尊！"陈小姐说。

凯月答复：我们只是遵守"会员守则"

"最后，是一位总监解决了这件事情。"陈小姐说，这位总监在了解了事情始末之后，批评了两位经理，并向陈小姐等人诚恳地道歉。记者马上联系了凯月餐厅经理 Tony，Tony 告诉记者："我们只是按照会员守则办事。"据 Tony 介绍，凯月餐厅的会员守则中规定：每张桌子只能使用一张会员卡。陈小姐和她朋友的行为，也属于"犯规"的范围之内。"如果是分开就餐，可以先跟我们打声招呼，并且先行结账，这样就不会发生这种误会了。"

当被问到"保证书"有关事宜时，Tony 说："所谓的保证书只是一张小纸条，我们其实也是为了会员的利益着想，因为很多使用会员卡的顾客，并不是会员本人，他们的会员卡都是借来的，真正的会员我们都认识。"

那么，"保证书"上面究竟写了什么呢？Tony 说，"保证书"上的大体内容如下：本人未仔细阅读会员守则，不了解一张桌子只能使用一张会员卡的相关规定，保证下一次能够遵守会员规则。

Tony 说："如果他们不签保证书，那么以后的顾客都可以参照他们的例子，一张桌子使用多张会员卡，我们也不好管理了。当然，对于我们员工的态度及其他问题，我也会进行调查，希望能帮助到客人。"

网友声音

skinarel：现在的服务行业，还是不够人性化。

查理小学：应该给他们普及一下民主与法制的知识。

（资料来源：http://www.hangzhou.com.cn/20090201/ca1670617.htm）

写作悟语：保证书对于顾客而言，要慎用，尤其要注意顾客的接受心理，不能让顾客、员工、下属等人产生反感心理，而保证书的内容更要求是合情、合理、合法的。

文体实训

1. 本市卫生管理部门号召全体酒店业进行卫生自查自纠，请向该部门提交一份关于本酒店的卫生保证书。

2. 某客房服务员上班的时候在涂指甲，被公司领导发现，现在要求其写一份保证书。请按照本书要求，写一份保证书。

3. 分析指出下面一份保证书的问题所在，并修改。

酒店员工试用保证书

兹同意下列条件：

1. 试用期间：自____年____月____日至____年____月____日止，计3个月。
2. 工作单位：在_____担任职务。
3. 工作时间：每日工作10小时，如需加班，不得以任何不当理由拒绝。
4. 薪资：依照双方协议，月支人民币____元，按实际工作日计算，凡缺勤或请假均不给薪。
5. 试用：试用期应遵守公司管理规则，若任何一方对其职不满，则可随时终止试用，均无异议。

此致

人事经理：
立担保书人：
____年__月__日

第六节 责任书

范文示例

格林博雅饭店工程部安全工作责任书

为了进一步落实饭店安全责任，保障员工人身安全及饭店的财产安全，杜绝安全事故的发生，构建"平安博雅"，也为进一步明确水电维修及操作人员的责任和义务，工程部结合水电工技术要求，参照水电管理岗位安全操作规程，按照分级管理、分级负责、层层落实责任的原则，特签订安全工作责任书。

一、服从饭店管理，严格按照国家制定的水电气安全操作规程办事，持证上岗。强化管理，确保饭店水电气安全正常运行。

1. 负责饭店工作场所、餐厅、客房、员工宿舍，以及公共场地照明用电等设施安全管理，及时做好安装、线路维修、灯具更换等工作。
2. 负责管理饭店厨房、餐厅、客房、宿舍、园林等自来水设施，保证运行安全。及时排除一般性的故障，定期检查水表、水管的运转情况，做到经常保养和维修。
3. 配合饭店厨房员工食堂对天然气管道、设施进行不定期检查、维护，与燃气公司保持经常性联系，防止燃气泄漏事件发生。

4. 熟悉饭店水、电及排污线路，管道、设备规格、安装年限，并提出养护、更新、维修、大修报告。

5. 根据饭店的特殊性，每天安排24小时轮班制，经常巡视饭店园区水、电设备使用情况，发现有漏水、漏电和老化的管道、线路要及时修理或更换，保证设备安全、正常、完好，及时排除安全隐患。

6. 严禁私拉乱接电、气线路，杜绝违章用水、用电、用气现象发生，注意节约安全用水、用电、用气。根据各部门的维修单及时完成修理任务。小修不过夜，大修不过一周。

7. 遇停电、停水、停气要及时通知饭店相关部门，同时要提醒各部门注意关灯，关好各处水龙头，尤其要提醒后厨和员工食堂关闭天然气开关。随时到各处检查，减少长流水、长明灯现象发生，防止天然气意外事故发生。

8. 按时完成饭店出租项目的水电气抄表、计费工作。要正确掌握其用水、用电情况，及时向饭店财务部提供水电气款催缴数据。

9. 随时与相关专业部门联系，协助做好园区内音响线路、通信线路、网络和通信设备的维护、维修工作，保证通信畅通，网络正常运行。

10. 负责做好重大节日、集会、活动的环境照明、水景开放、场地布置，以及平时的园区庭院照明、水电气工程安装等的协调、协助。

11. 不断更新知识，提高修理技术，做到小修不出门。严格按操作规程施工或维修，力求安全、可靠，维修完毕必须清理场所。

12. 做好配电房、锅炉房的清洁与安全工作。

13. 爱岗敬业，不谋私利，不徇私情，不大手大脚，不铺张浪费，严格按饭店规定使用、保管好水电气器材及零配件。

二、在工程部指导下，做好锅炉等供热系统的运行与维护。

1. 必须持有锅炉操作许可证，严格按《锅炉安全操作规程》进行操作，经常检查燃烧机、压力表、水位表和安全阀，定期对锅炉进行维修保养，确保安全生产。

2. 锅炉点火前，必须对所有设备认真检查和调试，确认无故障后方能点火升温。平时对自动燃烧机要定时监测，防止燃气泄漏。

3. 锅炉正常运行后，应加强对各种安全环节（水位表、压力表、安全阀）的观察和监控，保持水位和供气正常。

4. 不定时清洗炉体，定时排污。按时参加市特种设备操作培训，接受质量监督局的检查，做好运行记录，每年接受技术监督部门年审。

5. 发生任何安全故障，应立即停炉熄火，报告上级，请专业维修人员检修。

6. 保证饭店的热水和空调用热的供应。每天定期开放员工浴室，并及时清扫及管理好锅炉房内的其他设备。

7. 熟悉消防基本知识，能够熟练运用灭火器材，掌握锅炉房应急处理的基本程序，不断钻研业务，按规定参加有关部门的业务培训。

三、协助相关部门，做好饭店内所有客用电梯、员工电梯、载物电梯的使用与维护，防止安全事故发生。

1. 制定电梯安全使用管理制度，保证电梯安全运行符合饭店及行业管理要求。
　　2. 电梯使用部门发现饭店电梯有严重故障、继续使用有可能发生事故的电梯，要建议暂停使用，并报告饭店负责人，工程部在接到电梯使用故障报告后的10分钟内应赶到现场排险救援，必要时应通知电梯供应商维修。同时按抢险救援预案进行排险、抢救，保护事故现场。
　　3. 掌握电梯运行规律，按照电梯的定期安全检验周期为1年的原则，在年检合格有效期满前，向检验机构提出定期检验申请。
　　4. 做好电梯运行和管理记录，按照保养说明书提供的保养项目、方法和周期要求，制订日常维护保养计划。至少每15日对电梯及安全设施进行一次预防性保养；每月不少于1次对安全装置、钢丝绳、制动器、接触器和其他运转部件的外观和运转情况进行检查；每半年对安全装置、限速器、缓冲器进行1次安全试验；每年进行1次机械制动器的制动能力试验。
　　5. 妥善保管电梯层门钥匙、机房钥匙。对电梯进行日常维护保养，定期检修。
　　6. 与电梯使用部门一道杜绝下列违规乘坐情况发生。
　　（1）违反电梯安全警示使用和操作电梯。
　　（2）乘坐明示处于非安全状态下的电梯。
　　（3）用非安全手段开启电梯层门。
　　（4）拆除、破坏电梯安全警示、标志或者报警装置和安全控制回路等电梯安全部件。
　　（5）运载超重货物乘坐电梯。
　　（6）火灾、地震等紧急情况时使用电梯。
　　（7）其他危及电梯安全运行或者他人安全乘坐的行为。
　　7. 发现电梯故障及时予以排除，对故障难以消除的，书面通知使用单位暂停使用电梯，故障排除前不得使用。
　　四、对饭店中央空调的运行与维护负责，保证饭店四海居、福满楼、迎宾楼的冷（暖）气的适时正常供应。
　　1. 对制冷机房主机制冷剂进行定期检查，对报警装置进行定期检测和维护，与通风系统连锁的应保证联动正常，保证系统安全、正常的工作。
　　2. 不定期检查安全防护装置的工作状态，保证空调系统设备的电气控制及操作系统应安全可靠，电源符合设备要求，接线牢固，接地措施符合《电气安装验收标准》，无过载运转现象。
　　3. 对制冷设备的冷水和冷却水的水流开关应定期检查，对制冷设备、水泵和风机等设备的基础稳固情况，传动装置运转情况进行监测。确保轴承冷却润滑，无过热现象，轴封密封良好，无异常声音或震动，确保工作正常。
　　4. 按照设备要求定期检查冷水机组冷凝器的进出口压差，消除设备内的水垢。
　　5. 定期检查空调通风系统送、回风管的防火阀及其感温、感烟控制元件，保证其正常工作。

6. 机房内严禁放易燃、易爆和有毒危险品。
7. 对电制冷压缩机组，应定期检查，确保下列装置正常工作。
（1）压缩机的安全保护。
（2）排气压力的高压保护和吸气压力的低压保护。
（3）润滑系统的油压差保护。
（4）电动机过载及缺相运行保护。
（5）冷却水套断水保护。
（6）离心式压缩机轴承的高温保护。
（7）蒸发器冷水的防冻保护。
（8）冷凝器冷却水断水保护及蒸发式冷凝器通风机的事故保护。
8. 电制冷设备的安全阀、压力表、温度计、液压计等装置，以及高低压保护、低温防冻保护、电机过流保护、排气温度保护、油压差保护等安全装置必须定期校验，确保正常工作。
9. 按照安全和经济运行的要求，确保各种安全和自控装置的正常运行，如有异常应及时做好记录并上报饭店领导。特殊情况下需要停用安全或自控装置的，应当履行有关审批或备案手续。

五、水电工要认真钻研业务，厉行节约，对技术要精益求精，不定期组织技术交流，参加有关部门的技术及安全培训。

六、服从饭店领导，团结协作，认真履行本责任书的各项义务，发现安全隐患要及时向领导或有关部门报告，适时启动应急预案。对违反相关规定的行为和后果负责，并完成领导交办的其他工作。

七、按照饭店要求，工程部签订的《水电工安全工作安全责任书》要及时上报行政部存查，便于分清和落实责任。

八、本责任书一年一签，有效期一年。签订之日起生效。

九、本责任书一式三份，饭店档案室、工程部、水电工各一份。

格林博雅饭店工程部部门负责人：×××
责任人签字：×××
二〇〇一年一月一日

（资料来源：http://www.wenmi114.com/wenmi/fanwen/mobanfanli/2007-07-11/20070711105284.html）

写作知识

一、责任书的含义

责任书是为了明确在某个领域或某项工作中所承担责任的一种应用文。如果完不成任务，或者出现重大问题，可以追究签订责任书当事人的责任。

二、责任书的类型

责任书主要是为完成工作任务而写的一种保证，从性质上属于保证书的一种。一般对其的分类，没有固定的说法，因此只有根据具体内容的不同进行分类，如安全责任书、岗位责任书、节能减排责任书等。

三、责任书的结构和写法

（1）写明目的和意义，为什么要签订此责任书。
（2）写清楚目标和责任，可以明确规定责任人的权利和义务。
（3）写清楚完不成目标或出了问题谁承担，怎么处理等。
（4）署名和日期。如果署名是某个部门，要求该部门全体成员都要签名。

四、写作提示

（1）责任书要责任到人、分工明确，不得含糊其辞。
（2）责任书虽然一般不具备法律效力，但是应当符合法律法规和公司规定。

拓展阅读

开发区餐饮单位签订责任书　保证食品卫生

烟台大众网 1 月 23 日讯（通讯员　王　辉　记者　胡昌辉）　2010 年 1 月 21 日下午，烟台市开发区卫生局卫生监督所与区内 50 余家大中型餐饮服务单位签订了食品卫生安全责任书，并开展春节前食品卫生培训活动，进一步落实食品安全生产责任制，提升区内餐饮服务行业自身食品安全管理水平。

据介绍，春节将至，为保障群体性聚餐、重大接待活动和旅游接待等活动的食品卫生安全，从源头上杜绝各类食品安全事故的发生。开发区卫生局卫生监督所与区内新时代、阳光酒店等 50 余家大中型餐饮服务单位签订了食品卫生安全责任书。同时，工作人员重点培训了餐饮业和集体用餐配送单位重点卫生知识、餐饮业相关卫生制度、《中华人民共和国食品安全法》简介等内容，要求各单位务必牢固树立安全意识，增强自身责任感，严格落实各项卫生制度、食品采购与进货验收及消毒等内容，为全区人民群众提供一个健康、安全、放心的饮食环境。

写作悟语：责任书的制定要本着推动工作健康发展的原则，符合实际，具有可操作性，利于执行和实现。

 文体实训

1. 为了酒店安保工作的长效发展,公司董事会决定任命张强为安保部主任,请根据酒店安保工作的岗位要求,写一份相关的责任书,供公司董事会与张强签订使用。
2. 为响应国家关于绿色环保和节能减排的号召,酒店决定在各部门开展多种形式的节能减排活动,请结合餐饮部、客房部的工作部门实际,分别撰写节能减排活动的责任书。
3. 如果你是一名酒店的销售部经理,请结合本部门的实际情况,写一份岗位责任书。

第七节 表扬信

 范文示例

表扬信

××学院:

寇楠同学系贵校与本酒店"前半期+后半期"工学交替项目班级学生,自2009年11月16日到本酒店顶岗实习以来,出色完成了3个部门的岗位实习计划,个人表现突出,工作技能的进步和良好的服务意识得到部门的赞许。在酒店季度最佳实习生的评选中,寇楠从几十个学生中脱颖而出,获得第一季度最佳实习生的殊荣。在此,谨代表酒店致函贵校,对该学生的优异表现提出表扬,并借此机会向校方对我酒店一如既往的支持表示感谢。

此致

敬礼

××酒店人力资源部
二〇一〇年三月十二日

 写作知识

一、表扬信的含义

表扬信是对其他单位或个人的先进事迹、模范行为、高尚品格等公开表示赞扬与称颂

的书信体专用文书。

表扬信通过对表扬对象的赞扬与称颂，使相关范围内的人们受到感染和教育，激励人们互相学习，有利于弘扬正气、净化心灵、提高境界。

二、表扬信的类型

根据表扬者与表扬对象的关系，表扬信大体可以分为两类：一类是上级对下级进行表扬，可以称之为下行式表扬信；另一类是群众之间进行表扬，可以称之为平行式表扬信。表扬信可以直接写给表扬对象，也可以写给表扬对象的所属单位，还可以写给报刊社、电台、电视台等新闻媒体。

三、表扬信的结构和写法

表扬信一般由标题、称谓、正文、结语和落款组成。

（一）标题

标题常见的写法主要有以下几种。

（1）只标示文种名称。即在第一行居中用较大字体书写"表扬信"三字，也可以直接书写"表扬"二字。

（2）写明"表扬者＋表扬对象＋文种名称"，如"××公司致××酒店的表扬信"。

（3）写明"表扬对象＋文种名称"，如"致××公司的表扬信"。

（二）称谓

称谓指在标题之下另起一行顶格书写受信者的名称。如果受信者是表扬对象，应当书写表扬对象的个人姓名，前面可以加上"尊敬的"等敬语，后面应当加上"同志"、"同学"等称呼，或书写表扬对象的群体泛称；如果受信者是表扬对象的所属单位，应当书写其单位名称，后面加上"领导"等称呼，前面可以加上"尊敬的"等敬语，或直接书写其单位名称；如果受信者是报刊社、电台、电视台等新闻媒体，则可以书写"编辑同志"等称呼，前面可以加上"尊敬的"等敬语。称谓后加冒号。

（三）正文

正文在称谓之下另起一行空两格开始书写，一般由陈述事实、适度评价和表明态度三部分内容构成。

（1）陈述事实。通过事实来阐明表扬的原因，重点叙述事件的时间、地点、发生、发展和结果。陈述事实要在真实无误的基础上做到简明扼要，突出重点，凸显所要表扬的最本质的内容及意义。平行式表扬信在正文开头一般应当先交待一下表扬者的身份，以免给人突兀之感。

（2）适度评价。赞扬或称颂表扬对象在事件中表现出来的可贵的精神品质，揭示其模范意义，平行式表扬信还可兼表感谢之情。评价要恰如其分、实事求是，不能空讲道理、随意拔高，更不能以点代面、以偏概全。

（3）表明态度。如果是下行式表扬信，一般对表扬对象提出勉励和希望。如果是平行式表扬信，直接写给表扬对象的，一般表达向其学习的决心；如果是写给表扬对象所属单位的，一般建议其对表扬对象予以公开表扬。

(四)结语

在正文之下另起一行空两格书写"此致"、"致以"等表示恭谨之意的词语,再另起一行顶格书写"敬礼"、"崇高的敬意"等表示敬意或祝愿的话,后面不加标点符号。

(五)落款

在结语的右下方署上表扬者的名称。表扬者的名称可以是单位名称,也可以是个人姓名。单位名称应当书写其全称,个人姓名前应当标示其所属单位的名称。在署名的下方写上写信的准确日期。

四、写作提示

(一)内容要凸显本质

凸显本质就要避免两种不恰当做法:一是过于琐细,事无巨细,甚至堆砌大量的"文学化"的细节描写,致使叙述啰嗦,篇幅冗长,文字华而不实;二是过于笼统,三言两语,一言以蔽之,无法从陈述的事实中有力凸显表扬对象的先进、模范、高尚之处。

(二)形式要恰如其分

除了前面说过的对表扬对象的评价要实事求是外,还要注意语言表达要亲切热情,富于感情色彩,不要冷冰冰地纯客观表述,忌讳堆砌溢美之词。表扬信的篇幅不宜太长。

拓展阅读

一季度宾客表扬信大幅度增加

2004年3月25日,来自河北唐山的刘月洲老夫妇给酒店写来一封表扬信,说他们年近80岁,在下榻宝华海景大酒店期间得到了酒店员工热情的帮助与服务,为此表示感谢。

近来,酒店收到类似刘月洲夫妇写来的宾客表扬信明显增多。据总办不完全统计,2004年酒店收到《宾客意见信》279封,同比增长了25%;满意以上的有619人次,同比增长60%。

今年宾客对酒店关注的程度明显提升,并且满意程度成倍增长。酒店自春节启用部分更新改造的新客房后,宾客对硬件设施的投诉下降了98%,对产品特色和服务提出了更高的要求。在更新改造硬件设施的同时,酒店人力资源部和前台各部门加强了新员工的基础知识和服务意识培训;总经理办公室加强了对《宾客意见信》的统计、分析、纠改和通报工作,有效地促进了前台各部门有意识地收集宾客意见,有针对性地进行案例分析,进一步增强了服务意识,提高了服务技能。

(资料来源:http://www.hibaohuahotel.com/news/Read.asp? Artcle_No=503)

归还失物时索要表扬信 餐厅如此做法令失主不爽

荆楚网消息(楚天金报) 顾客进餐后将照相机遗失在餐厅,前往认领时,被要求写封表扬信。2007年7月17日,家住武昌中华路的张先生就遇上了这样的事。

17日傍晚6时许，张先生一行3人在武昌司门口车站旁的德克士脆皮炸鸡店进餐，出店后突然发现自己的数码相机落在了餐桌上，于是赶紧回去寻找。庆幸的是，他的相机被餐厅服务员捡到。张先生连声感谢，请对方将相机还给他，不料店方则称，要取相机，张先生得表示一下感谢，而感谢的方式就是打印一份表扬信。

无奈之下，张先生一行只得到附近打印社花2元钱打印了一份感谢信。

店方管理组一高姓负责人对记者称，之所以让对方先写表扬信再还相机，一是借此证明顾客领回了失物，同时也是借此表扬一下服务员。

张先生则说，对方主动提出索要表扬信的做法让他感觉很不爽。

写作悟语：内部发出的表扬信对于凝聚人心、激发工作热情具有重要作用。而顾客发给公司的表扬信，常常被作为一种优质服务的标志。因而很多公司十分重视客户发来的表扬信。

文体实训

1. 阅读下面的材料，完成训练要求。

12月14日晚，下班的路上，张林看见地上放着一个东西，他捡起一看是钱包，钱包内有人民币近万元和一张身份证。几个同事就说，今天可以好好吃一顿了，可张林说："不行，这不是我自己的东西，而且丢了钱包的人也一定很着急呢！"同事们都以为他要独享这笔意外之财。没想到第二天一大早，他就把钱包和身份证交到了公司办公室，请求公司帮助寻找失主。

15日上午公司办公室和当地派出所联系，张林亲自将钱包和证件交到民警手里，他说："东西丢了，失主很着急的，我们捡了要及时上交，送还人家。"面对金钱，张林表现得很坦然。他的家庭并不富裕，上有老下有小，生活负担比较重，但当民警提出要他留下联系方式时，他说不用了，他交还物品并不需要别人的感谢，这是自己的为人准则。

假如你是该公司的秘书，请写一封表扬信发给全公司员工，号召大家向张林学习。

2. 年终岁尾，在全体员工的努力下，酒店的经营业绩很好。请向销售部的员工发出一封表扬信。具体情节可以虚拟。

3. 以下是一家酒店餐厅经理的疑问，请代为回答。

"我是餐厅的经理，我的员工里有一位员工的工作态度非常好，工作特别积极。我想在早会上特别表扬一下她，请问，这种表扬信该怎么写好呢？"

第八节 慰问信

新年慰问信

倚山商务酒店全体同仁：

鼠去牛来辞旧岁，龙飞凤舞庆新春。值此辞旧迎新之际，酒店董事会、总经办向全体员工致以新年的问候和真挚的祝福！祝大家在新的一年里身体健康、工作顺利、家庭幸福、万事如意！并对大家一年来卓有成效的辛勤工作表示由衷感谢！

即将过去的2008年，是让酒店管理层深深欣慰和感动的一年！也是我们倚山商务酒店谱写华章的一年！在经历了年初的冰灾、五月的地震、年末的金融危机等一系列天灾人祸的情况下，在上半年物价飞涨、下半年全球经济不景气的严峻形势下，我们倚山人同心协力，用我们精诚团结、拼搏进取的"倚山精神"战胜了一切困难，酒店业绩再创新高，再一次用我们的实力铸就了辉煌！

去年我们有太多的欣喜，今年我们又有太多的期待。我们必须戒骄戒躁、精益求精、不断提高、完善自我，让"魅力倚山"魅力永驻！

2009年，或许我们将面临更为严峻的经济形势和更为险恶的发展环境，但是我们坚信挑战与机遇同在！我们有如此卓越的管理团队和如此优秀的员工队伍，倚山定能再续辉煌！

倚山商务酒店董事会、总经办
二〇〇九年一月二十二日

一、慰问信的含义

慰问信是向有关单位或个人表示慰藉、问候、致意的书信体专用文书。

慰问信能够充分地体现人与人之间互相激励、互相帮助的亲密关系，也能够充分地体现组织对个人所给予的关心和温暖。

二、慰问信的类型

慰问信的使用范围比较广泛，大致可以分为三种类型。

一是鼓励性慰问信，即对取得重大成就的单位或个人表示慰勉、鼓励。

二是安慰性慰问信，即对由于某种原因而遭到暂时困难和严重损失的单位或个人表示同情、安慰。

三是节日性慰问信,即在节日之际对有关的单位或个人表示问候、关怀的慰问信。

慰问信的内容具有鼓舞性,无论是哪种类型的慰问信,内容都以激励和鼓舞慰问对象为主。慰问信在表达上具有亲切性,行文热情、诚恳、积极,能够有效地传达出慰问者的深情厚谊。

三、慰问信的结构和写法

(一)标题

(1)只标示文种名称。即在第一行居中用较大字体书写"慰问信"三字。

(2)标明"慰问者+慰问对象+文种名称",如"全国防治非典型肺炎指挥部致奋战在防治工作第一线医务工作者的慰问信"。

(3)标明"慰问对象+文种名称",如"致中国国际救援队的慰问信"。

(二)称谓

称谓指在标题之下另起一行顶格书写慰问对象的名称。慰问对象的名称可以是单位名称,也可以是个人姓名。单位名称应该写其全称,写作实践中大多采用对其成员的统称形式,如"××公司全体员工";个人姓名后应当加上"先生"、"同志"等称呼。成员统称和个人姓名前可以加上"尊敬的"等敬语。称谓后加冒号。

(三)正文

在称谓之下另起一行空两格开始书写正文,正文依据不同的类型有所区别和侧重。

(1)鼓励性慰问信。首先写明慰问背景,一般概括地交待社会形势和慰问对象所取得的成就,顺势表达慰问之情;其次对慰问对象所取得的成就作进一步的较为详尽的叙述,对慰问对象表示慰劳、鼓励;最后表达向慰问对象学习的决心和共同的愿望。

(2)安慰性慰问信。首先写明慰问背景,一般概括地交待社会形势和慰问对象所受到的挫折,顺势表达慰问之情;其次对慰问对象在困境中所表现出来的不畏艰险、战胜困难的可贵精神予以肯定,表达崇敬之情;最后表达与慰问对象共同战胜困难、共同渡过难关的决心。如果有随信附上的钱物等,可以另起一段作附加说明。

(3)节日性慰问信。首先写明慰问背景,一般概括地交待社会形势和具体节日的来临,顺势表达慰问之情;其次集中、概括地总结和介绍慰问对象或与慰问者共同在某一特定时期内所取得的成就,借节日来临之际向慰问对象表达节日的问候;最后表明共同开创未来、争取更大成绩的决心和愿望。

(四)结语

结语指在正文之下另起一行空两格书写"此致"、"致以"、"祝"等表示恭谨之意的词语,再另起一行顶格书写"敬礼"、"诚挚的节日问候"、"取得更大的成绩"等表示敬意或祝愿的话,后面不加标点符号。也可以在正文之下另起一行空两格书写一句完整的表达敬意或祝愿的句子作为结语,后面加句号或感叹号。

(五)落款

落款指在结语的右下方署上慰问者的名称。慰问者的名称可以是单位名称,也可以是个人姓名。单位名称应当写其全称或对其成员的统称,个人姓名前可以酌情标示其身份或所属单位。如果慰问者不止一个,要一一写上。在署名的下方写上写信的准确日期。

四、写作提示

（一）内容要有针对性

要根据所慰问的不同对象，确定信的内容。对在建设中有贡献的集体和个人，应侧重于赞颂他们的巨大成绩；对遭到暂时困难的集体和个人，则应侧重于向他们表示关怀和支持。

（二）感情要真挚自然

字里行间要洋溢着深厚感情，要充分体现组织的关心和温暖，使受慰问者在精神上得到安慰和鼓励，增强其克服困难的勇气和继续前进的信心。慰问信的抒情性较强，语言亲切、生动。

拓展阅读

伍城家园大酒店举办母亲节员工父母慰问信活动

每年母亲节，儿女们总会给母亲精心准备象征母爱的康乃馨、可口美味的饭菜抑或手工贺卡等精美礼物，以此来表达对母亲的尊敬和孝敬。2010年是伍城家园大酒店大力推进"关怀行动"的重要一年，"用心关怀，用爱行动"已经成为所有员工的共识，在总经理谢英俊的倡导下，伍城家园大酒店全体员工日前共同参与了"我给父母的感恩信"活动。

在邮寄给父母的信封中包含两张信纸，其中一张是谢英俊总经理致所有父母的慰问信。谢英俊在信中不仅介绍了公司的发展现状，同时向所有的父母表达了诚挚的感谢和问候。他说，正是在父母们的精心养育和栽培下，公司才能拥有一百多名员工，才能储备不断向前发展的原动力。谢英俊希望所有的父母都能放宽心，对酒店及自己的子女充满信心，每天都能健康、开心，那就是子女们最大的幸福！

而在另一张信纸上，每位员工都亲笔写下了自己对父母的想念和感谢。一句句饱含深情的话语，一个个透露出浓浓情意的字眼，把大家心底对父母的爱描述得淋漓尽致。

2010年5月6日，一百多封信件被发往全国各地，在这小小的信封内，承载着谢英俊总经理和全体员工对父母们的真情实意，是"关怀行动"融入所有父母心中的新里程，更是酒店大家庭更加紧密地拥抱在一起的真实体现。

（资料来源：http://www.dysta.gov.cn/rdzx/tpxw/system/201010612/000115455.html）

写作悟语：慰问信是向他人表达安慰、关切、问候之意，要根据不同的对象、不同的情况，表达真挚的、自然的、真切的慰问之情。只有打动人心，才能达到目的。

文体实训

1. 五一劳动节即将到来，请按照要求给全体酒店工作人员写一封慰问信，具体情境可以虚拟。

2. 如果酒店开业即将五周年，你是酒店的总经理助理，请代表酒店总经理写一封慰问信。

3. 认真阅读下面一篇文章，分析其存在的问题，并改正。

致玉树人民的慰问信

闻你们招致强烈的地震灾害，我们酒店立感惊悸；看到你们英勇救灾的可歌可泣事迹，我们肃然起敬；看到你们家园被毁，无家可归，我们感到无比痛惜；看到你们失去亲人，我们极致悲切，并向遇难者致以沉痛的悼念。

灾区的兄弟姐妹们，你们不要悲伤，要振奋起来，发扬艰苦奋斗的精神，在全国人民的支持和援助下，定能战胜一切困难，会很快地重建你们的家园。

大江连锁酒店
2012年4月2日

第九节 道歉信

 **范文示例**

道歉信

尊敬的王海涛先生：

本月11日，您在我酒店就餐，本店对您的信任表示十分的感谢。由于本店工作的失误，给您带来不便，我代表酒店向您表示真挚的歉意！

我们会认真检讨，并对您提出的要求予以研究。我们会在第一时间给您一个满意的答复，也希望您能配合和谅解我们。

随信赠送您一张一百元的餐饮代金券。

再一次向您表示最为诚挚的歉意！

方唐酒店经理：吕勇
二〇一二年三月十三日

写作知识

一、道歉信的含义

道歉信是因为工作失误，引起顾客或对方的不快，以表示赔礼道歉、消除曲解、增加友谊和信赖的信函。

二、道歉信的类型

道歉信根据受众的不同，可以分为私人道歉信和公开道歉信。前者主要针对某一顾客，后者则针对一批顾客。私人道歉信的受众较小；公开道歉信则受众较广，很多时候需要在报纸、电视或网络上进行公开发表。

三、道歉信的结构和写法

（一）标题

标题可以直接写"道歉信"三字，也可以写为"致×××的道歉信"。

（二）称谓

称谓应表示尊敬，如果写单位要写全称；如果写个人，要在姓名之后加上称呼，如"同志"、"先生"之类。后边用冒号。在个人姓名前边，往往还要加上"敬爱的、尊敬的、亲爱的"等字样，以表示尊重。

（三）正文

正文要诚恳说明造成对方不快的原因，表示歉意，请予以理解和见谅。在正文的开头要简明扼要交待就何事道歉，在正文中解释事情发生的原因，从而消除误会和矛盾。正文结尾处可以再次表示遗憾和歉意，表明愿意补救的愿望，提出建议和安排。

（四）落款

落款一般写在右下角，先写姓名，在姓名下写日期。

四、写作提示

（1）事情原委要解释清楚，说明情况与理由，要实事求是，简明扼要。
（2）态度要诚恳真挚，用词委婉，语气温和，语言得体。
（3）要提出合理的补救措施和提议。

拓展阅读

开普敦酒店的道歉信

开普敦酒店坐落在开普半岛上。开普半岛西濒大西洋，南临印度洋，背山面海，是南非的立法首都，也是这个国家最大的旅游城市，这里有被誉为"上帝之餐桌"

的桌山，更有印度洋和大西洋的交汇点——好望角，风光旖旎，美不胜收。

上个月，我随团去南非旅游，在开普敦酒店住了三个晚上。

我们入住的酒店共32层，6部观光电梯全部设在室外，升降时可见开普敦美丽的夜景，顶层有健身房、游泳池等配套设施。这里的客房干净整洁，桌上有个插座，可以直接给相机、手机充电，省去了用转换插座的麻烦。酒店的黑人服务员不论男女都很友好，老远就微笑招手，会用汉语"你好"跟人打招呼。一楼的自助餐厅环境优美，食物品种多样，服务周到，让人感觉非常舒适。

第二天，我们的行程安排是游览植物园、爬桌山、观鸵鸟园、品葡萄酒。大自然的美景养心，身体的疲累却需要向外释放。回来后，我准备好好泡个澡，却发现没有热水，打电话询问，原来是酒店的中央热水供应系统坏了，正在检修中。好在南非虽正值秋天，却依然炎热，冷水洗浴也无所谓，加上实在是累，我们也无暇去理论。第三天早上又意外地没有接到电话叫早铃，好在睡前大家都设置了手机闹铃，并无太大影响，只是心里有些许不快。

不过，我们的郁闷很快就被那成群可爱的海豹、憨态可掬的企鹅一扫而光。在浩渺无边的好望角，我们争着购买当地的小工艺品，寄南非的风光明信片给国内亲友，回到酒店已是晚上8：00多了。

刚进房间，就听到门铃响。打开门，一名黑人服务员提了个大箱子，递给我一封信，还有一个漂亮的盒子和一瓶葡萄酒，连声说："Sorry！Sorry！"

我不明所以，只得接过来。他转身又摁响其他团友的房间门铃。

盒子小巧玲珑，黑色带子扎了个蝴蝶结，打开，里面是各种颜色的袋泡茶，茶叶细碎精致，甚是好看。拆开信封，信是这样写的：

亲爱的客人：

首先，请允许我对您遇到的无热水供应和未收到起床铃的问题，致以真诚的歉意。

我可以向您保证，这不是我们管理的正常标准。我们会尽一切努力做好，以确保您以后再不会有如此不便之处。

请接受这个小礼物作为我们最诚挚的歉意。

并祝您过得愉快！

您忠诚的客户部经理：甘特

下面是一个优雅的手写签名。

这是一封道歉信。惊讶之余，有一种感动直达我心。

曾经到过不少地方旅游，住过多家酒店，诸如忘记叫早之类的情况也偶尔遇到，我怎么都没有想到在异国他乡会收到如此正式的道歉信及礼物。这封信充满真诚，表达了酒店对客人的恭敬和尊重，也体现了酒店管理层严谨认真的工作态度。

我不禁想到，尊重别人是一种美德，受到别人尊重更是一种幸福。

（资料来源：翁秀美，开普敦酒店的道歉信．扬州晚报，2009-5-11）

写作悟语：道歉信的写作基础是对于顾客真诚的歉意，要用词恳切，不能矫揉造作或弄虚作假，改正措施更要切实可行，不能敷衍了事。真诚的道歉信带来的不仅是某些顾客的原谅，还有酒店本身良好的口碑，这些原则在服务行业都是通用的。

文体实训

1. 一名顾客在入住你所在的酒店时，发现自带的毛巾在客房打扫之后丢失。经查，确定是清洁员误将顾客自带毛巾当作客房配备毛巾带走清洗了。请根据以上情景，给顾客写一封道歉信。

2. 如果你是一家酒店的经理，由于热水系统出现故障，导致众多客房昨天无法使用热水。请你给顾客写一封道歉信，该道歉信要在酒店网站的首页上进行公开发表。

3. 如果你是酒店经理，就以下材料给黄先生写一封道歉信。

3日晚上，黄先生在市区金谷大酒店宴请朋友，席间，黄先生的朋友叶先生接过酒店服务员开掉的一瓶某知名品牌纯生啤酒，一边和其他人说话一边倒入杯中，并端起来喝下，谁知道却有一股酸味，他立马感到恶心。叶先生一查看，才发现那瓶啤酒很混浊，瓶底还有黑乎乎的不明物体。

黄先生随即与酒店交涉，该酒店联系上了青岛啤酒代理商。当晚一名自称该品牌啤酒代理公司的林姓业务代表来到现场，在查看该瓶啤酒后称，由于该瓶啤酒的瓶口有一个缺口，可能漏气，导致啤酒氧化后出现混浊状况。

第十节 贺 词

范文示例

新年贺词

又是一年春来早，祥龙迎春气象新。伴随着新年的钟声，承载着艰辛和喜悦，我们共同迎来了充满希望的2012年。

值此辞旧迎新、欢乐祥和的美好时刻，我代表集团公司，向辛勤工作在各个岗位上的广大员工致以真挚的问候！对各级领导和朋友长期以来给予金陵的理解、关心和支持表示衷心的感谢！

回望2011，我们走过不平凡的一年。全体金陵人同心同德，携手奋进，努力实现了金陵"十二五"发展的精彩开局。一年来，我们围绕"改进管理方式、提高工作效率、提升服务品质、增加员工收入"的工作方针，积极创建人尽其才、各得其所、高质高效、稳定和谐的科学发展新局面。一年来，我们传承艰苦奋斗的优良传统，坚持创新创优，从容应对挑战，致力于经营打造"中国服务"新标杆，品质制胜助推酒店连锁跃上新台阶。一年来，我们坚定改革发展的目标信念，加快转型升级、聚力攻坚克难，天泉湖畔全面开发展露生态文明新面貌，扩建工程铸造精品树起"金陵饭店"品牌新形象……

　　开启2012，我们满怀期待与憧憬。在江苏又好又快推进"两个率先"、弘扬"创业创新创优、争先领先率先"新时期江苏精神的感召下，金陵全面发展的新飞跃即将灿烂呈现。此刻，一年来付出艰辛收获成果的欣喜与自信、肩负做大做强"金陵饭店"民族品牌的使命与责任，犹如阵阵清新暖人的春风，交汇融化在金陵人心中，又凝聚成新的、更强劲的前进力量。

　　金陵人，让我们一起春风借力共扬帆，为建设具有国际影响力、跨地区、多领域连锁发展的大型旅游集团再做新贡献，再书新华章！

金陵饭店集团公司董事长：汤文俭
二〇一二年元旦

（资料来源：汤文俭. 春风借力共扬帆（金陵饭店集团公司董事长2012新年贺词）. 金陵连锁酒店网站，2012-1-1）

写作知识

一、贺词的含义

　　贺词是在喜庆的仪式上所说的表示祝贺的话，是正式场合使用的一种文体形式。单位、团体或个人应邀参加某一重大会议、节日或活动时，常常要即兴发表讲话，表示对主人的祝贺、感谢之意，这就被称为贺词。贺词是祝贺喜庆之事的一类应用文。

二、贺词的类型

　　以函件形式送达的贺词通常被称为贺信，借助电报发出的贺词通常被称为贺电。贺信和贺电都是贺词。

三、贺词的结构和写法

（一）标题

贺词的标题通常由文种名构成，如在第一行居中书写"贺词"二字。

（二）称谓

称谓指顶格写明被祝贺单位或个人的名称或姓名。写给个人的，要在姓名后加上相应的礼仪名称，如"同志"、"先生"等。有时，称谓也可以省略。称谓后要用冒号。

（三）正文

正文要另起一行，空两格写贺词的内容。这是贺词的主体部分。

贺词的正文要交待清楚以下几项内容。

（1）简略叙述当前的形势，说明取得成绩的社会背景，或者某个重要会议召开的历史条件等。

（2）概括说明在哪些方面取得了成绩，分析成功的主客观原因。总之，这一部分是贺信的中心部分，一定要交待清楚祝贺的原因。

（3）表示热烈的祝贺。要写出自己祝贺的心情，由衷地表达自己真诚的慰问和祝福。

（4）热情的鼓励、殷切的希望。

以上内容可分若干段落表述。

（四）结尾

结尾要写上祝愿的话，如"此致敬礼"、"祝争取更大的胜利"、"祝您健康长寿"、"祝取得更大成绩"、"祝大会圆满成功"、"顺颂台祺"、"顺颂商安"、"顺问近祉"等。

（五）落款

落款要写明发文的单位或个人的名称、姓名，并署上成文的时间。署名要另起一行，在右下方写发文单位名称或个人姓名。署名下面写年、月、日。

四、写作提示

（1）贺词的篇幅可长可短，少则几十字，多则几百甚至上千字。

（2）贺词种类繁多，风格多样。根据不同的场合和节日要用不同的贺词，如乔迁贺词、开业贺词、节日贺词、活动贺词、新春贺词等。

（3）贺词要求感情真挚，契合身份和场合，用词要精准。

拓展阅读

贺信与贺词、贺电的区别

在日常生活和具体写作过程中，人们常常把贺信与贺词、贺电混为一谈，实际上，三者是有区别的。

为庆贺重大胜利、节日、寿辰、重要会议等而写的文章、书信和电报，分别被称为贺词、贺信和贺电。

贺词一般是在隆重的集会上，当着受祝贺者的面宣读的，是祝词的一种。如果距离较远，则用贺信。如果要表示慎重，而且要快，则用贺电。

贺信是对他人取得的成就、获得某种职位、组织的成立、纪念日表示祝贺的文书。它与贺词有所不同，不要将贺信写成贺词。贺词可以内容篇幅较长，而贺信要求简单短小，不宜长篇大论。贺信的写法与贺词基本相同。

贺电是通过电报向人表示祝贺，与贺信、贺词的区别在于以极少的文字来表达祝贺的内容和祝贺者的感情。贺电要发得及时，慢了就失去意义。

对取得巨大成绩，做出卓越贡献的集体或个人表示祝贺；有什么大的喜事发生，如结婚、大型庆典、晚会或其他庆祝活动等；国家选出新的领导人时友好国家发电祝贺等；对重要人物的寿辰表示祝贺等，都可以使用贺电。

贺电的写法与贺信、贺词不同，贺电的结构由收报人住址姓名、收报地点、电报内容、附项4部分构成。拍发礼仪电报，要用电信局印制的礼仪电报纸按栏、按格写。贺电篇幅不能太长，一般用百余字即可。

写作悟语： 贺词需要根据实际情况来写作，不能生搬硬套，更不能一抄了事。根据祝贺对象的不同，要用不同的内容及相关的修辞手法。而酒店的贺词更要因地制宜，不能为了扩大名声而造成不必要的麻烦。

 文体实训

1. 年终岁尾，在全体员工的努力下，酒店的经营业绩很好。请向销售部员工发出一封贺词。具体情节可以虚拟。

2. 认真阅读下面的文章，分析并改正其存在的错误之处。

酒店开业贺词

各位来宾，各位朋友：大家好！

今天四海宾朋齐聚一堂，共同庆祝四海酒店开业大吉。借此机会，我谨代表金城环保炊具公司全体员工向四海大酒店红火开业表示热烈的祝贺！

作为酒店厨具的供应商，我们将一如既往地支持酒店餐饮各项事业的发展，实实在在做好产品及服务，为酒店的宏伟蓝图提画龙点睛之笔、约锦上添花之盟。在今后的合作中，愿携诸位之手，借各位之威，共同将酒店及餐饮事业做强、做大！

谢谢大家！

金城环保炊具公司
2011年11月21日

第八章 酒店职场文书写作

第一节 招聘启事和招聘简章

范文示例

××大酒店招聘启事

××大酒店是高升集团旗下的四星级涉外酒店，曾由××国际饭店管理公司管理，是我市率先获得ISO9001质量管理体系和ISO14001环境管理体系双论证的酒店。

为适应企业发展需要，2010年高升集团投资1.2亿元按五星级标准扩建国际商务综合大厦，装饰豪华、设备完善、功能齐全，集大型餐饮、会议和娱乐为一体，为各界人士提供至尊的服务。因商务综合大厦开业在即，现诚邀酒店精英加盟。

一、招聘岗位

营销部：

1. 餐厅前台3名，男女不限，薪资面议。
2. 餐厅经理、餐厅主管、餐厅领班若干名，男女不限，薪资面议。
3. 迎宾员、西餐厅服务员、餐饮服务员若干名。要求女性，身高164 cm以上；男性，身高172 cm以上；有一年以上的餐饮服务经验，技能熟练，面貌端庄。服务员月薪：1700～2300元。

厨房：

1. 会特色菜制作，有技术和管理专长的厨师及领班、主管若干名，薪资面议。
2. 红炉、切配、点心、冷菜间厨师若干名。
3. 要求有3～5年工作经验，月薪2000～3000元。

洗碗工、跑菜员

1. 洗碗工，月薪1000～1200元。
2. 跑菜员，要求男性，身高172 cm以上；月薪1000～1300元。

二、福利待遇

提供免费工作餐，提供配备空调、淋浴设备的员工公寓。一经录用，按国家规定为员工缴纳社会保险，并享有酒店各类福利待遇。

三、注意事项

应聘者户籍不限，应聘时携个人简历、本人身份证及其他有效证件的原件及复印件，近期免冠照片2张，即日起至2011年8月10日到酒店人力资源部报名面试，亦可通过电话或书面报名。

联系电话：××××××××

联系人：郭经理

酒店地址：××市××路××号

写作知识

一、招聘启事和招聘简章的含义

招聘启事是各类机关单位、企业集团或个体经营者面向社会公开招聘有关人员时使用的一种应用文书。

招聘启事和招聘简章的区别在于招聘简章更正式些，内容更全面更详细。

二、招聘启事和招聘简章的类型

招聘启事和招聘简章从征招的人员来看可分为两类：一是招贤类，二是招工类。

招贤类启事指用人单位需要招的人员要求素质高、能力强，具有别人无法替代的经营、管理、组织领导等能力，这类招聘启事又称"招贤榜"或者"招贤启事"。

招工类启事则只是需要一般的工作人员，一般不需具有什么特殊的才能或技能，用工的条件一般要求也不严，这类启事可称为"招工启事"。

三、招聘启事和招聘简章的结构和写法

招聘启事和招聘简章的写作格式一般有三项内容。

（一）标题

招聘启事可以简单地由事由和文种名称构成，如"招聘启事"或"招工启事"，有的写作"招贤榜"。

较为复杂的招工启事还可以加上招聘的具体内容，如"招聘抄字员"、"招聘科技人员启事"；还有的招聘启事在标题中写明招聘的单位名称，如"××酒店招聘启事"。

（二）正文

招聘启事和招聘简章的正文较为具体，一般而言，需着重交待下列一些事项。

（1）招聘方的情况。包括招聘方的业务、工作范围及地理位置等。

（2）对招聘对象的具体要求。包括招募人员的工作性质、业务类型，以及招募人员的年龄、性别、文化程度、工作经历、技术特长、科技成果、户籍等。

（3）招聘人员受聘后的待遇。该项内容一般要写明月薪或年薪数额，写明执行标准工

休情况、缴纳社会保险情况、是否解决住宿、是否安排家属等。

（4）其他情况。应聘人员须交验的证件、应办理的手续、应聘的手续、应聘的具体时间、联系的地点、联系人、电话号码等。

（三）落款

落款要求在正文右下角署上发表启事的单位名称和启事的发文时间。题目或正文中已有单位名称的可不再重复。

四、写作提示

（1）要遵循实事求是的原则，对所招聘的各项内容，均应如实写出，既不可夸大也不可缩小。

（2）各项内容可标项分条列出，使之醒目，也可用不同的字体列出以求区别。

（3）语言要简练得体又重点突出、要庄重严肃又礼貌热情。

拓展阅读

"遥控招聘"借优厚待遇骗钱　女大学生被骗500元

荆楚网消息　根据网上一则招聘信息，一名女大学生来酒店应聘服务员，并在对方"遥控面试"下交了300元"内部手机话费"和200元"红包"，随后才惊觉自己上当了。

这名金姓女孩是武汉某高校大三学生。因家庭经济困难，她想找份兼职减轻家庭负担。不久前，她在网上看到一则招聘启事，称洪广大酒店招聘服务员，待遇优厚。金某拨打招聘启事上的手机，接电话的男子约她于4月17日到酒店面试。

金某按约来到酒店后，在大堂里坐等很久，一直没人接待。正当她要离开时，那名男子打来电话，称她已通过面试，只要交300元"内部手机话费"，很快就能上班。金某按对方要求购买了300元手机话费卡，并将卡号和密码报给了对方。过了两天，那男子又来电称，为"打点"上级，要金某再交500元"红包"。经讨价还价，金某向该男提供的银行账户汇了200元。不久，该男子再次来电，要金某再交410元体检费。这时，金某感到不对劲了，连忙向酒店求证，被告知该酒店根本就没有招聘一事。

2010年4月24日，记者经过查询，发现那名男子的手机号13234351988归属地为吉林通化。该号码在网上发布了大量酒店招聘信息，招聘地点遍及全国各地。

招工现新风向：女性"已婚已育"越来越受用工方青睐

鲁中网张店2011年12月5日讯　近日，记者在张店一饭店门前看到一张招聘启事，除了正常的招聘条件外，"已婚女性优先录取"的字样吸引了不少市民的眼球。"难道招聘'风向'变了？"

今天上午，记者来到这家饭店与店主闲聊，店主孙女士告诉记者，她的早餐店已经开业一段时间，刚开业的时候找了4名未婚的女性，可是，干了不到10天，那3名年轻点的就都跳槽了，只剩下一名40岁左右的女性。"马上到年关了，我的店又缺人手了，所以，就赶紧招人。"孙女士说，这次招聘她调整了重心，想招一些35岁左右已婚已育的女性，因为这部分人群比年轻人沉稳，而且，有些人是靠这份工作维系着一个家庭，所以，对工作更珍惜、负责。

和孙女士有一样想法的店主还真不少。在潘南路上，一家洗车店的老板告诉记者，以前他们店里都找了些小伙子擦车洗车，年轻人吃不了苦，经常跳槽，有的时候一甩手走了，耽误他的生意，后来，他招聘了一些35岁左右已婚已育的女性，试用一段时间后发现，她们不仅干活麻利、吃苦，还很有责任心。所以，现在只要招人他都会写上一条"已婚女性优先录取"。

就此，记者咨询了一名从事人力资源工作多年的刘女士。据介绍，现在很多用人单位都会关注员工的心理稳定因素，"已婚已育"优先或是只招已婚人士，放入招聘条件中已经不稀奇了。任何单位都希望能够稳定、有序的发展，频繁的人事变动对企业发展也不利，所以，建议年轻人戒除浮躁心态、踏踏实实工作。

（资料来源：1. http://hb.qq.com/a/20100425/000367.htm.
2. http://news.lznews.cn/2011/1205/471800.html）

写作悟语：招聘启事仅仅是用工、就业双方交流的媒介之一，它背后的双方真实情况才更重要，更该引起对方重视。

文体实训

1. 阅读下面的材料，分析其不足之处，请改正。

西安××酒店招聘启事

一、酒店介绍

西安××酒店是坐落在西安古城墙内的一家五星级酒店。位于东大街大差市商业中心地段，交通快捷、旅游便利。酒店拥有各类客房500间，自1990年开业至今接待了包括美国总统、新加坡总统、克罗地亚总统、日本天皇、挪威总理等重要国宾的到访。

二、招聘需求

1. 职位：食品卫生专员 2. 人数：1人

三、工资待遇

1. 此职位属酒店基层管理岗位，将按照"领班"级别待遇，并享有相关福利；
2. 提供制服（包括鞋、袜）及每天两次工作餐；
3. 提供更衣柜、淋浴及临时倒班宿舍等设施；
4. 每周四十小时（双休），每个工作日为九小时（其中包括一小时用餐时间）；
5. 可免费使用酒店医疗室，酒店按照国家相关规定为其购买各项保险。

四、联系方式

联系电话：××××××××

联 系 人：人力资源部张女士
地　　址：陕西省西安市东大街××号
邮政编码：710001

五、注意事项

如有意向，请于5月5日前与石颖老师联系。

2. 张先生是一位酒店老板，新年刚过，店内急需3名服务员，请你代他写一则招聘启事。要求格式完备，具体细节自拟。

3. 请查阅招聘启事和招聘简章各两篇，从中体会两者的相同点和不同点。

第二节　个人简历

范文示例

个人简历

姓名：张×× 　　民族：汉族 　　户口所在地：广州
身材：175 cm　88 kg　婚姻状况：已婚　年龄：44岁

求职意向
应聘职位：宾馆酒店管理总经理或副总经理、饮食娱乐管理总经理或副总经理
个人工作经历：工作年限：23年
　　　　　　2005年某上市集团四星级酒店　总经理
　　　　　　2003年福建明园大酒店（新加坡投资）　副总经理
　　　　　　2001年广东开平丰泽园酒店　副总经理
　　　　　　2000年湖南岳阳中讯大酒店　驻店总经理
　　　　　　1999年广东高要丽晶大酒店　驻店总经理
　　　　　　1996年广州总统潮粤海鲜楼　副总经理
　　　　　　1989年武汉中日合资王子沙龙酒店　总经理
　　　　　　1986年北京明珠海鲜酒家　经理
　　　　　　1982年广州中国大酒店　开业后任宴会部中方经理

教育背景
毕业院校：香港理工大学　　　最高学历：硕士
毕业日期：2002-11-01　　　　专业：酒店及旅游业管理
受教育培训经历：
1980—1982　广州外国语学院　英语　结业证
2000—2002　香港理工大学　酒店管理　硕士学位

语言能力
　　外语：英语优秀　　国语水平：优秀　　粤语水平：精通
工作能力及其他专长
　　善于筹建、培训、制度流程编写、开业策划、开业后管理。
　　擅长中文写作、中医推拿、营销推广、扬琴独奏。
　　出版了《家常鸡尾酒》、《家常西厨》，编写了《现代酒店管理学》及《酒店服务》、《酒店管理流程》。2002年应邀到美国进行全英文酒店学术演讲。论文著作《中国酒店督导员在职培训现状》已在美国编入论文集，并被香港理工大学、浙江大学图书馆收藏。
详细个人自传
　　工作认真负责，具有团队精神，能够较快融入企业文化。有以员工为本、顾客至上的经营理念。
个人联系方式
　　通信地址：××市××路××号　　　邮政编码：××××××××
　　联系电话：××××××××　　　　E-Mail：××××@163.com
　　　　　　（资料来源：http://jianli.yjbys.com/jianlifanwen/gezhuanyejianlifanwen/
　　　　　　　　　　　　jiudianguanli/374984.html）

写作知识

一、个人简历的含义

个人简历是求职者给招聘单位发的一份简要介绍，包含自己的基本信息，如姓名、性别、年龄、民族、籍贯、政治面貌、学历、联系方式，以及自我评价、工作经历、学习经历、荣誉与成就、求职愿望、对这份工作的简要理解等。

二、个人简历的类型

（1）根据写作形式，可将个人简历分为条文式和表格式。

（2）根据性质，可将个人简历分为以下五种。

① 时间型简历。它强调的是求职者的工作经历，大多数应届毕业生都没有参加过工作，更谈不上工作经历了，所以，这种类型的简历不适合毕业生使用。

② 功能型简历。它强调的是求职者的能力和特长，不注重工作经历，因此对毕业生来说是比较理想的简历类型。

③ 专业型简历。它强调的是求职者的专业、技术技能，也比较适用于毕业生，尤其是申请那些对技术水平和专业能力要求比较高的职位，这种简历最为合适。

④ 业绩型简历。它强调的是求职者在以前的工作中取得过什么成就、业绩，对于没有工作经历的应届毕业生来说，这种类型不适合。

⑤ 创意型简历。这种类型的简历强调的是与众不同的个性，目的是表现求职者的创造力和想象力。这种类型的简历不是每个人都适用，它适合于广告策划、文案、美术设计、从事方向性研究的研发人员等职位。

三、个人简历的结构和写法

个人简历的写作格式比较简单，主要有以下内容。

（一）标题

个人简历的标题一般直接写成"个人简历"，有时还可以写成"××求职简历"、"个人求职简历"，有的简写成"简历"两字。

（二）正文

正文一般按照以下顺序一一列出。

（1）个人资料。必须有姓名、性别、联系方式（固定电话、手机、电子邮箱、固定住址），而出生年月、籍贯、政治面貌、婚姻状况、身体状况、兴趣爱好等则视个人及应聘的岗位情况，可有可无。

（2）学业有关内容。毕业学校、学院、学位、所学专业、班级、城市和国家，然后是获得的学位及毕业时间，学过的专业课程（可把详细成绩单附后），以及一些对工作有利的辅修课程及毕业设计等。

（3）本人经历。主要是学习和从事社会工作的经历，有些用人单位比较看重你在课余参加过哪些活动，如实习、社会实践、志愿工作者、学生会、团委工作、社团等其他活动。切记不要列入与自己所找的工作毫不相干的经历。

（4）荣誉和成就。包括"优秀学生"、"优秀学生干部"、"优秀团员"及奖学金等方面所获的荣誉，还可以把你认为较有成就的经历（如自立读完大学等）写上去。或者是参加国家学术性竞赛、国际比赛获得的荣誉等。

（5）求职愿望。表明你想做什么，能为用人单位做些什么。内容应简明扼要。

（6）个人技能。专业技能、IT技能和外语技能。同时也可以罗列出你的技能证书。

（7）第三方推荐。通过专业的职业测评系统，出具详细客观的测评报告，作为第三方推荐信，附在简历后面作为求职推荐的形式。一方面说明求职者的职业性格、职业兴趣，另一方面有利于用人单位判断求职者与岗位的匹配情况（如果有条件，最好附上）。

四、写作提示

（1）一份合格的个人简历，应该用词准确、内容完整、条例清晰、简明扼要，不能拖泥带水，也不能过于简单。

（2）要仔细检查已成文的个人简历，绝对不能出现错别字、语法和标点符号方面的低级错误。如果用人单位发现你的简历上有错别字，你就会立刻被淘汰。

（3）个人简历最好用A4标准复印纸打印，字体最好采用常用的宋体或楷体，尽量不要用花里胡哨的艺术字体和彩色字，排版要简洁明快，切忌标新立异。当然，如果你应聘的是排版工作则例外。

（4）要记住个人简历必须突出重点，它不是个人自传，与申请的工作无关的事情要尽量不写，而对申请的工作有意义的经历和经验绝不能漏掉。个人简历越短越好，因为招聘人没有时间或者不愿意花太多的时间阅读一篇冗长空洞的个人简历。要保证简历会使招聘者在30秒之内，即可判断出你的价值，并且决定是否聘用你。最好在一页纸之内完成，一般不要超过两页。

（5）不要仅仅寄个人简历给应聘的公司，附上一封简短的应聘信，会使公司增加对你的好感。否则，成功的概率将大大降低。

（6）要尽量提供个人简历中提到的业绩和能力的证明资料，并作为附件附在个人简历的后面。一定要记住是复印件，千万不要寄原件给招聘单位，以防丢失。

拓展阅读

应聘败在个人简历上

小黄是一个重点大学的学生，学的专业是酒店管理，但大四前她并不为工作的事着急。大学前3年小黄都在一家酒店做兼职，部门经理曾对小黄许诺：毕业后直接来上班就行！大四求职到高峰时，小黄与他联系，可他却告诉小黄，自己已经离开那家酒店了。

看着不知所措的小黄，宿舍的姐妹们告诉她尽快制作个人简历。好朋友陈蓝还千万叮嘱小黄一定要把个人简历做得华丽漂亮些，哪怕数量少点也没关系，见到合适的酒店一定要递上去，绝对不能错过任何机会。没有求职经验的小黄点头称是，拿出1 000元做了10套装潢华丽的个人简历，仅一套就是厚厚一叠。

招聘会热火朝天，要人的单位多，等着人要的大学生更多。小黄把个人简历一份份递上，可得到的回答不是专业不对口，就是需要有两年以上工作经历。虽然小黄极力辩解有3年酒店兼职经历，却因招聘会上太过吵闹淹没在喧闹的人声里。

小黄终于看中一家酒店。负责招聘的工作人员快速翻着小黄的简历，皱着眉头说："你什么专业的，到底要应聘什么部门，有什么特长啊，写这么多干吗！等电话吧！"说完"啪"的一声把简历扔进一大摞个人简历堆里，高声叫到："下一个！"

来回走了一圈，工作的事仍没着落，可个人简历却一份也不剩。正当小黄沮丧地准备离开时，却意外看到会场尽头角落里的环亚酒店公司。小黄兴奋地走过去，负责招聘的中年男子笑着问小黄："小姐，你的个人简历呢？"

小黄才意识到自己手里一份简历都没了，匆忙把姓名、学校、专业、特长填在一张空白纸上递给负责人，他皱着眉头收下，挤出笑容说："好的，那你等通知吧。"

一个礼拜过去了，小黄没接到任何面试的电话。打电话到环亚酒店公司，耐心报了自己的学校、专业和姓名，可电话那头却冷着嗓子说："我们从来没收到你的简历！"

而此时和小黄一个专业的某男生却成功应聘到心仪的那家大酒店。他告诉小黄，他的个人简历只做了两页，一页介绍自己的基本情况（包括各科成绩），一页是大学4年的社会活动简介。他一说完小黄顿时傻眼了。

写作悟语：一份卓有成效的个人简历是开启事业之门的钥匙，简练而不简单会给人留下能干的良好印象。

文体实训

1. 请指出下列简历的不当之处，并修改。

个人简历

姓名：×××　学历：大专　工作年限：1年　邮箱：450000

求职意向：酒店、销售、市场推广、行政助理、秘书、网络编辑

学习经历：

2002—2006　××学院酒店管理专业

所学课程：餐饮服务与管理、酒店营销学等

所获荣誉：

担任学生会宣传部长，每周召开例会；参加院辩论比赛，获二等奖；主持、筹备大学生艺术表演；参加校篮球比赛，班级荣获一等奖，个人获优秀投篮手。

工作经历：

1. 2006.09—2007.07　××公司销售
2. 2007.10—2008.10　××公司销售助理
3. 2008.11—2010.08　××公司行政助理

证书：英语四级、计算机能力一般、导游证。

2. 假如你是省旅游职业学院酒店管理专业大三毕业生，请写一份你的个人简历，要求使用表格式简历，具体情况自拟。

3. 小张正在写一份个人简历，但对于"工作经历"一项很困惑，不知道怎么写才好，因为他曾换过几个工作，也待业近一年。请给出处理意见。

第三节　求职信

范文示例

求职信

××经理：

我从《××晚报》上招聘广告中获悉贵酒店欲招聘一名经理秘书，特冒昧写信应聘。

两个月后，我将从工商学院酒店物业管理系毕业。身高165 cm，相貌端庄，气质较佳。在校期间，我系统地学习了现代管理概论、社会心理学、酒店管理概论、酒店财务会计、酒店客房管理、酒店餐饮管理、酒店前厅管理、酒店营销、酒店物业管理、物业管理学、住宅小区物业管理、应用文写作、礼仪学、专业英语等课程。

成绩优秀,曾发表论文2篇。熟悉电脑操作,英语通过国家四级,英语口语流利,略懂日语、粤语、普通话运用自如。

去年下半学期,我曾在××五星级酒店实习半个月,积累了一些实际工作经验。我热爱酒店管理工作,希望能成为贵酒店的一员,和大家一起为促进酒店发展竭尽全力,做好工作。

我的个人简历及相关材料一并附上,如能给我面谈的机会,我将不胜荣幸。

联系地址:××工商学院酒店物业管理系　邮编:510507

联系电话:××××××

此致

敬礼

求职人:江玲

二〇一二年四月六日

一、求职信的含义

求职信又称"自荐信"或"自荐书",是求职人向用人单位介绍自己情况以求被录用的专用性文书。

大多数用人单位都要求求职者先寄送求职材料,由他们通过求职材料对众多求职者有一个大致的了解后,再通知面试或面谈人选。因此,求职信写得好坏将直接关系到求职者是否能进入下一轮的角逐。

二、求职信的类型

根据有无具体目标,求职信的类型主要有以下两种。

(一)定向求职信

定向求职信是指毕业生在搜集到需求信息后,有目的地向某个用人单位做的自我介绍。这种求职信是在求职者已经知道了某单位用人的前提条件下写的,因此具有高度的针对性。适用于求职者已充分了解用人单位的各种情况,包括单位性质和名称、主要经营项目、人员需求概况、负责人姓名、阅读人心态等。

(二)非定向求职信

非定向求职信是指无具体的求职目标,不分职业、单位和对象。因为它不针对具体的求职目标,因此可适用于不同的对象。但是,正是由于这种做法带有一定的盲目性,所以命中率相对来说也比较小。在人才市场招聘会上,大学毕业生普遍使用的是这一种求职信。这种类型的求职信主题在于向用人单位介绍自己的概况,让对方对自己感兴趣。

三、求职信的结构和写法

求职信一般有标题、称谓、正文、结语、落款和附件组成。

（一）标题

可写成"求职信"、"自荐信"或"自荐书"，或者省去不写。

（二）称谓

称谓是对受信人的称呼，写在第一行，要顶格写受信者单位名称或个人姓名。单位名称后可加"负责同志"；个人姓名后可加"先生"、"女士"、"同志"等，在称谓后写冒号。

求职信不同于一般私人书信，受信人未曾见过面，所以称谓要恰当，郑重其事。

（三）正文

正文要另起一行，空两格开始写求职信的内容。正文内容较多，要分段写。

（1）写求职的原因。首先简要介绍求职者的自然情况，如姓名、年龄、性别等。接着要直截了当地说明从何渠道得到有关信息及写此信的目的。这是正文的开端，也是求职的开始，介绍有关情况要简明扼要，对所求的职务，态度要明确。而且要吸引受信者有兴趣将你的信读下去，因此开头要有吸引力。

（2）写对所谋求的职务的看法，以及对自己的能力要进行客观公正的评价，这是求职的关键。要着重介绍自己应聘的有利条件，要特别突出自己的优势和"闪光点"，以使对方信服。语言要中肯，恰到好处；态度要谦虚诚恳，不卑不亢，达到见字如见人的效果。要给受信者留下深刻印象，进而相信求职者有能力胜任此项工作。这段文字要有说服力。

（3）提出希望和要求，向受信者提出希望和要求。例如，"希望您能为我安排一个与您见面的机会"或"盼望您的答复"或"敬候佳音"之类的语言。这段属于信的内容的收尾阶段，要适可而止，不要啰嗦，不要苛求对方。

（四）结语

另起一行，空两格，写表示敬祝的话，如"此致"之类的词，然后换行顶格写"敬礼"、或祝"工作顺利"、"事业发达"相应词语。这两行均不点标点符号，不必过多寒暄，以免"画蛇添足"。

（五）落款

写信人的姓名和成文日期写在信的右下方。姓名写在上面，成文日期写在姓名下面。成文日期要年、月、日俱全。

（六）附件

有说服力的附件是对求职者的鉴定的凭证。所以求职信的附件是不可忽视的组成部分。附件可在信的结尾处注明，也可放在正文之下。然后将附件的复印件单独订在一起随信寄出。附件不需太多，但必须有分量，足以证明你的才华和能力。

四、写作提示

（一）求职信的写作原则

语言和句子要简单明了。写信就像说话一样，语气可以正式但不能僵硬。语言直截了当，不要依靠词典。写作时要考虑读者对象的知识背景，不要使用生僻词语、专业术语。

在重点突出、内容完整的前提下，尽可能简明扼要，切忌面面俱到。不要使用模糊、笼统的字眼，多使用实例、数字等具体的说明。

(二) 写求职信的三个误区

通过写信求职是一常见方式，但必须避免以下三种失误以提高求职命中率。

(1) 不够自信，过于谦虚。求职者应当在信中强调自己的强项，即使不可避免地要说明自己的弱项，也没有必要那么坦率。

(2) 主观意愿，推理不当。多数求职者为了取悦招聘单位，再三强调自己的成绩，而不知有关经验与能力对职位的重要性。

(3) 语气过于主观。对于招聘单位来讲，大都喜欢待人处世比较客观与实际的人，因而求职者在信中尽量要避免用"我认为，我觉得，我看，我想"等字眼。

拓展阅读

求职信发件人是"听话小乖乖"

每次公司发出招聘启事，我的邮箱都会收到几百封求职信，夹杂着各种广告和垃圾邮件，两三天就能把邮箱撑到爆掉。这些邮件标题长短不一，内容格式各异。明明在招聘启事中说了标题里应该注明哪些信息，却每次都有人要挑战你的眼力。没办法，我只能高度集中注意力，把眼球盯住了一行一行挨个扫描，同时大脑保持高速运转，分辨出哪些是需要的信息。

让人匪夷所思、哭笑不得的是，数以百计的求职信，邮件标题正儿八经地写着"××应聘××公司××职位"，特别严肃认真的样子，对应的发件人却是"听话小乖乖"、"孤独诱惑"、"灰太狼2012"之类。

附带的照片特别容易出状况，我经常能看到出人意料的内容。最夸张的一次，照片里一个女生身穿睡衣在阳台上摆了个劈叉的动作，眼神非常霹雳，我当时就被雷得外焦里嫩、意识模糊。有时候会看到大学女生的自拍照，还是用手机拍的，做着剪刀手，撅着美丽的嘟嘟嘴，有的还拿着酒杯。还有一张照片让我印象深刻：一个女孩穿着职业套装，五官端正，头发很整齐，对着镜头甜美地微笑。看起来一切都很好，除了背景——大学宿舍的门背后，可以清晰地看到韩国明星的海报、脏兮兮的毛巾及课程表……

亲爱的同学们，简历里的照片是招聘官对你的第一印象，请你放一张衣着得体、乐观阳光、清晰的照片吧。如果你确实没有合适的，索性就别放照片好了。一定不要放怪异的照片，否则你简历里的文字全都白写了。

文字内容里让人诧异的地方很多。我曾看过一份简历，"兴趣爱好"一栏写到："看书、写作、运动、少量饮酒却不影响工作。"我们招的不是销售，也没有在招聘启事里提到需要应酬——求职者主动把饮酒的话题提出来，其实没有必要。

有些人喜欢写血型、星座，甚至还有人写自己如何疯狂地喜欢某位明星。求职简历不是校友录，这些项目除了有可能给你减分之外，一点意义都没有。

有些人为了表明自己的优秀，在获奖经历里写"参加新生运动会，获得踢毽比赛第一名"；为了表明知识渊博，在个人介绍里写"勤于动笔，阅读广泛（附2009年至今部分阅读书目，数据来源：中国人民大学图书馆）"，"喜欢心理学，阅读了《内向者优势》、《遇见未知的自己》、《秘密》等书"；还有人为了证明自己爱好广泛，加上这么一段——"曾见证琉森音乐节在国家大剧院的首演，欣赏指挥大师阿巴多的指挥风采，精通东西方经典名著、西洋古典音乐、奇闻怪谈（毒物学、神话传说等）、天文地理、科学知识，此外还有一些高科技武器装备知识"。此类描述证明，在这个职位需要的能力领域，你实在没有什么东西可写，所以才把看了什么书、听了什么音乐会都写进来。又或者，你根本就不知道这个岗位需要怎样的能力架构。

在求职简历的最后，有人喜欢加上几十字的自我描述。我看的次数最多，也最没说服力的一句话："给我一个机会，我将还您一个惊喜。"过去的能力如此没有说服力，你还希望招聘官期待未来的惊喜吗？还有人写："我不是最好的，但我是最自信的，我相信只要期待就会成真，只要努力就会成功。"这种千篇一律的套话，并不会给你带来任何加分，反而会让人感觉这是个随大流、缺乏独立思考的人。

求职者简历里出现的错误很多，看了成百上千的简历，你才会明白什么叫"生活比小说更精彩"。其实，很多错误都是可以避免的，只要求职者写简历时稍微站在招聘官的角度考虑一下，马上就会明白哪些是该写的，哪些是不该写的。

（资料来源：梁萧. 求职信发件人是"听话小乖乖". 现代快报，2011-4-12）

写作悟语："世事洞明皆学问，人情练达即文章"。只要求职者在写求职信时能站在招聘方的角度认真考虑一下，很多错误是可以避免的。增强求职信的针对性，十分有必要。

文体实训

1. 认真阅读下面的资料，分析指出其存在的问题。

求职信

亲爱的范董事长：

看到贵公司的招聘广告后，我决定向你们应聘系统程序员的职位，尽管我很讨厌程序员。过去两年来，我在本地的一间社区学校学习了用电脑计算加减乘除和电脑打字等课程，我能很快地在键盘上找到26个字母、数字和其他一些符号，并用它们组合出你们需要的 MVS/SP、JES2、ACF/VTAM、NCP、CICS 和 IDMS 等知识。

我认为你们会很需要我。你们强调应聘者应对 IBM 系统非常熟悉，这正是我的强项。我多年来一直使用 IBM 出品的家用电器，我办公室的墙上就挂着 IBM 的挂钟。我现在的老板说，我把那只挂钟照看得比任何人都好。至于编程，我想大概就像排字那样简单吧,你们只需简单地训练我一周,我一定比其他人干得出色。

你们声称将提供有竞争性的薪水,我希望能达到与我现在的薪水能竞争的程度,否则我将无法接受你们的职位,因为程序员的薪水应该很高才是。信后附上我的地址和电话号码,如果你们希望我早日上班,就不必面试了,请派人买好机票在机场等我即可,希望是阿拉斯加航空公司的头等舱。

最后,顺便问一下,什么是系统程序员?

你忠实的小宝

2011 年 9 月 20 日

2. 谢梓涵是学院酒店管理专业 2011 届毕业生,请以她的身份向龙翔大酒店写一封求职信。

第四节　述职报告

范文示例

酒店领班述职报告

尊敬的各位领导、各位同事:

　　大家好!

转眼间,进入富豪大酒店工作已经一年多了,在这一年多的工作中要感谢各级领导及各位同事的指导和关心。是你们让我学到了许多宝贵的东西,让自己在平时的工作中不断改进,不断提高自身的做事能力。在这一年,我通过不懈努力得到了领导的认可,完成了一次角色的转变。

作为一名餐饮部6楼的领班,我进入了一个全新的工作环境。在新的环境中,我深知自己扮演的是一个承上启下、协调左右的角色,每天做的也是些琐碎的工作,尽快理顺关系投入到工作中去是我最重要的任务,全力配合好主管日常工作是我的职责。这就要求我工作意识要强,工作态度要端正,工作效率要高,力求周全。本着顾客就是上帝的宗旨,我们不允许自己的工作出现任何失误,这就要求我们各方面都做到最好,把任何可能出现的问题想周全并解决,严格要求自己。为了餐中服务顺利,餐前准备一定要充分,客人就餐时一定与后堂好好配合,掌握好上菜速度。每次接待我们都会非常重视,餐后会及时记录下领导们的用餐习惯和对菜肴的喜好,方便下次用餐时有针对性地服务。我们的服务就是体现在人性化服务,要精益求精,为客人营造出一种家的感觉。我现在拥有的经验还较少,前面还有很多东西等着我学习,也难免出现失误之处。出现的问题我会引以为戒,要想取得好的成绩就要靠自己脚踏实地地去做,就要加倍的努力与付出,我始终坚信靠运气不如靠实力。

平时工作的顺利开展与酒店领导的关心和同事们的支持是分不开的,酒店就是个大家庭,成绩是靠大家努力得来的。在今后的工作中,我一定会全力以赴,和同事们一起为酒店的辉煌贡献自己最大的力量。

最后,衷心感谢各位领导对我的信任和帮助。我将认真总结经验,发扬成绩,克服不足,以百倍的信心、饱满的工作热情与同事们一起勤奋工作,开拓创新,为酒店的发展和壮大作出应有的贡献。

一、述职报告的含义

述职报告是指各级各类工作人员把自己履行职责的情况进行汇报的一种报告。它是工作人员就任职一定时期内所做工作,向上级机关或群众进行汇报并接受审查和监督的陈述性文案,内容包括履行岗位职责,完成工作任务的成绩、缺点、问题、设想,以及自我回顾、评估、鉴定等。

二、述职报告的类型

述职报告可以从几个不同的角度进行分类,因而存在着交叉现象。从内容上划分,有综合性述职报告、专题性述职报告和单项工作述职报告;从时间上划分,有任期述职报告、年度述职报告、临时性述职报告;从表达形式上划分,有口头述职报告、书面述职报告。

三、述职报告的结构和写法

述职报告的外在结构是格式化的,包括标题、称谓、正文和落款四部分。

(一) 标题

(1) 单行标题。可以直接写上"述职报告"或者"在……(上)的述职报告"。

(2) 双行标题。正题写主题,或者写述职报告类型;副题写述职场合。

(二) 称谓

称谓是报告者对听众的称呼。称谓要根据会议性质及听众对象而定,如"各位领导、代表"。称谓放在标题之下正文的开头,有时根据需要在正文中间适当穿插使用。称谓一般采用提行的写法。

(三) 正文

述职报告的写法依据报告的场合和对象而定,一般来说共分五部分。

(1) 基本情况。履行职责的基本情况,用平直、概括、简短、精练的文字概括地交待主要情况、时间、地点、背景、事件经过等。

(2) 成绩经验。可以将总结出来的规律性的认识、主要的经验或教训、主要的成绩或存在的问题用简短概括的文字写出来。

（3）问题教训。要实实在在，有条理，不避重就轻。

（4）今后计划。包括目标、措施、要求三要素，要切实可行。这部分与总结不同，数量少一些，占全文五分之一以下为好。

（5）结语。报告结束时要用称谓礼貌用语，如"以上述职报告妥否，请予审议，谢谢大家"之类。

（四）落款

述职报告的落款要写明自身姓名及单位名称，最后写报告年、月、日。

四、写作提示

（一）要充分反映出自己在任期内的工作实绩和问题

述职报告应该充分反映出自己任期内的工作实绩和问题，即写出自身在岗位上办了什么实事，结果怎么样，有哪些贡献和不足，包括工作效率、完成任务的指标、取得的效益等。

（二）要实事求是地评价自己

对自己的评价要实事求是，不夸大，不缩小，要准确恰当，有分寸，不说过头话、大话、假话、套话、空话。要做到这样，应注意处理以下几个关系。

（1）处理好成绩和问题的关系，就是要理直气壮摆成绩，诚恳大胆讲失误。

（2）处理好集体与个人的关系，不能把集体之功归于个人，也不要抹杀了个人的作用，必须分清个人实绩和集体实绩。

（3）在表述上要处理好叙和议的关系，就是要以叙述为主，把自己做过的工作实绩写出来，不要大发议论，旁征博引，议论也只是对照岗位规范，根据叙述的事实，引出评价，不能拔高。

（三）要抓住重点，突出个性

述职报告，如果用口头报告表述，一般宜用30分钟，如果用书面报告表述，一般以3 000字以内为宜。因此，表述的内容应抓住重点，抓住最能显示工作实绩的大事件或关键事写入述职报告。凡重点工作、经验、体会或问题等，一定要有理有据，充实具体，而对一般性、事务性工作，宜概括说明，不必面面俱到。还应突出自己的特色，突出自己独有的气质、独有的风格、独有的贡献，让人能分辨出自己在具体工作中所起的作用。

拓展阅读

都市118连锁酒店第三届店长述职大会圆满结束

2011年1月25日，都市118连锁酒店第三届店长述职大会圆满结束。本次会议于2011年1月24～25日在青岛举行，此次年会的主要内容是都市118连锁酒店各筹开店店长做上一年度的工作总结，并提出下一年度的销售和运营计划。

本次会议由来自连锁酒店的数十位店长和部分加盟商代表参加。会议首先由各位店长对2010年度的工作进行了系统和完整的总结,并提出下一年度的销售计划和运营方案。随后分别对各位店长及加盟商代表进行了客房、前厅、工程和系统的培训,充实而实用的培训内容进一步加深了与会人员对酒店行业的进一步认识,深化了对经济型酒店的认识。

都市118连锁酒店总经理表示:"都市118连锁酒店作为2010年的品牌新秀,在一年的时间里有了四家直营店及几十家加盟店的好成绩。这个成绩来之不易,既有加盟商的信任和支持,也有公司员工的辛勤付出。都市118连锁酒店预计在2011年继续新增直营店,并计划增加加盟店共60家,进一步扩大都市118连锁酒店的品牌知名度和影响力,让都市118连锁酒店在全国各地逐步扩张,最终形成全国较大的连锁品牌。"

参加会议的加盟商代表表示,参加本次店长述职大会感觉非常值得,会议中,通过与各位店长的深入交流和参加的客房、前厅、工程、系统的培训,进一步了解了本店存在的不足和需要注意的各种事项,对以后单店的运营提供了很大的帮助。廊坊和平路店加盟商田总说:"非常感谢总部给我机会参加本次店长述职大会,在这次会议中,我通过培训学到了很多东西,希望总部在以后举行更多类似的培训,通过与我们加盟商定期和不定期的沟通,让加盟商更加深入和细致地了解总部对加盟商的支持和鼓励。"

经济型酒店在中国经过十几年的快速发展,市场占有率正在不断提高,但是仅不到10%的市场占有率与国外70%以上的市场占有率仍有较大差距,中国经济型酒店的发展空间仍然十分巨大。因此,都市118连锁酒店在新的一年必将更加全力开拓中国二三线城市的经济型酒店市场,将优秀的服务和经营理念传遍中国的经济型酒店行业。

(资料来源:品牌通网,2011-1-26)

写作悟语:撰写述职报告既是完善干部管理制度的一项重要措施,又是广大群众评议干部的依据,同时撰写述职报告又有利于干部的自我提高,所以在那些管理科学、操作规范的酒店里定期举行述职会就是一项非常重要的工作内容。

文体实训

1. 下面是一篇在酒店全体职工大会上的述职报告的开头,请指出不足之处。

"已经过去的2010—2011年度,是我店历史上的第10个年度,是'三三'设想的最后一年。在上级领导的关怀下,全体员工拼搏奋进,基本实现了'三三'设想的目标。在此,我向为酒店发展付出了无数心血的领导们、同志们道一声:谢谢!现在,我向大会作2010—2011年度述职报告,请予审议。"

2. 请搜集酒店各岗位的述职报告,分析比较其差异。

第五节　辞职信

辞职信

尊敬的领导：

　　当我拿着这份辞呈的时候，心情十分沉重。来到公司已经3个月了，在这3个月里，我得到了酒店各位同事的多方帮助，我非常感谢酒店各位同事。正是在这里，我有过欢笑，也有过泪水，更有过收获。酒店平等的人际关系和领导开明的工作作风，一度让我找到了依靠的感觉，在这里我能开心地工作，开心地学习。或许这真是对的，由此我开始了思索，认真地思考。但是最近我感觉到自己不适合做这份工作，同时也想换一下环境。我也很清楚这时候向酒店辞职，于酒店于自己都是一个考验。酒店正值用人之际，对此我表示深深的歉意，以我现在的状态只能为酒店带来损失，为了不让酒店因我而造成损失，我郑重向酒店提出辞职。

　　我考虑在此辞呈递交之后的2～5周内离开酒店，这样您将有时间去寻找适合人选，来填补因我离职而造成的空缺，同时我也能够协助您对新人进行入职培训，使他尽快熟悉工作。

　　能为酒店效力的日子不多了，我一定会站好自己最后一班岗，做好交接工作，尽力让酒店的损失减到最小。离开了酒店，离开这些曾经同甘共苦的同事，很舍不得，舍不得领导们的谆谆教诲，舍不得同事之间的那片真诚和友善。

　　短短的3个月时间，我们酒店已经发生了可喜的变化，我很遗憾不能为酒店辉煌的明天贡献自己的力量。我只有衷心祝愿酒店的业绩一路飙升！公司领导及各位同事工作顺利！

　　此致
敬礼

张俊芳
二〇一二年三月十日

一、辞职信的含义

辞职信，又称辞职书或辞呈，是辞职者向原工作单位辞去职务时写的书信。

员工提出辞职，一般情况下，是需要向单位递交正式的辞职信的。辞职信作为员工结束与单位之间劳动关系的意思表示，具有法律效力，并且会对劳动关系结束的性质、双方责任的划分产生具有决定性的影响。因此，员工在写辞职信时，需要慎重思考。

二、辞职信的类型

从提出申请人员的身份角度来看，辞职信可分为两种：一种是一般工作人员提出的辞职申请，一种是机关干部或单位部门领导提出的辞职申请。

从辞职人员的意愿考虑的话，辞职信可以分为主动提出的辞职申请和被动提出的辞职申请。

三、辞职信的结构和写法

辞职信通常由标题、称谓、正文、结语、落款等部分构成。

（一）标题

标题指在辞职信第一行居中写上辞职信的名称。一般辞职信标题直接写"辞职信"三字即可，有时还可以写成"辞职申请书"、"辞职报告"、"辞呈"等。标题要醒目，字体稍大。

（二）称谓

要求在标题下一行顶格处写出接受辞职申请的单位组织或领导人的名称或姓名称呼，并在称呼后加冒号。

（三）正文

正文是申请书的主要部分，正文内容一般包括三部分。

首先要提出申请辞职的内容，开门见山，让人一看便知。

其次申述提出申请的具体理由。该项内容要求将自己有关辞职的详细情况一一列举出来，但要注意内容的单一性和完整性，条分缕析，使人一看便知。

最后要提出自己提出辞职申请的决心和个人的具体要求，希望领导解决的问题等。

（四）结语

结尾要求写上表示敬意的话，如"此致敬礼"等。

（五）落款

辞职申请的落款要求写上辞职人的姓名及提出辞职申请的具体日期。

四、写作提示

（一）理由要充分、可信

写辞职信，一定要充分考虑辞职的理由是否充分、可信。因为只有理由充分、可信，才能得到批准。但陈述理由的文字应扼要，不必展开。

（二）措辞要委婉、恳切

用委婉、恳切的言词来表明辞职的诚意，以便能够辞职成功。

拓展阅读

辞职信莫找网上模板　夺眼球当心弄巧成拙

　　以文言文写就的辞职信，听起来相当别出心裁，夺人眼球。不过，如果被发现这封才华横溢的辞职信竟是从网络上复制的，那就尴尬了。在网上各类辞职信模板泛滥的情况下，网友提醒不要为了追求眼球效果而"借鉴"范文，否则很可能弄巧成拙。

　　收到同事给全公司群发的辞职信，刚看了一个开头"诸君钧鉴：悔之凄凄将别，憾之切切难去。吾思之再三，决意就此辞去，另就他途"，网友"贬值的公积金"就震惊了，因为这是一封以文言文写就的辞职信。佩服之余，他把这封信放到网上与网友共赏，却有网友一眼看出这封才华横溢的辞职信居然是从网上抄来的。记者搜索发现，目前网络上的辞职信范文相当多，中文的、英文的、古文的、白话的，抒情的、粗鲁的、文艺的、恶搞的……种类繁多，不一而足。其中大部分都是分三步走：谢谢领导的栽培、同事的帮助，道明辞职缘由，抒发离开的不舍。陈述的事实虽然简单，但大多辞职信均使用了华丽的辞藻和繁复的修辞来表达，看起来确实很有文采。

　　不过，这样华丽的辞职信并非在所有单位都吃香。有网友透露，自己的同事就是拿了这样一封辞职信去见部门经理的，然而经理看过之后却打了回票，要求重写。另有网友表示，如今网络发达，一搜就可以知道是否原创，之前有同事把抄来的辞职信发给老板，老板直接回复："转帖请注明出处，否则就是抄袭。"如此一来，本想在最后留个好印象，却反而弄巧成拙了。

　　　　　　　　　　（资料来源：李元珺. 辞职信莫找网上模板　夺眼球当心弄巧成拙. 新闻晨报，2012-2-29）

　　写作悟语：通过辞职信虽可以看出个人的写作能力，但毕竟辞职信不是显露文采的地方，它要求的是用委婉、恳切的言词来表明辞职的诚意。

 文体实训

1. 请问下面这封辞职信有什么不足的地方？

辞职信

尊敬的公司领导：

　　您好！

　　非常遗憾在这个时候向您提出辞职。

　　来酒店已时逾寒暑，曾面对几易其主的朋友同事仍不改初衷，坚守一岗。看岁月变迁，人事变化，我心恒定。大华酒店乃是我正式踏入工作领域的第一站，对您给予的这一平台我甚为感激。良好的工作与学习环境令我成长甚多。然则入职时之雄心、之斗志、之热血在公司业务的匮乏之中已渐远去。且与我的观念：不断的发展、进步、完善相背离。我也曾努力去改变，以便更好地发挥自己的作用，但自我觉得在大华无有甚大的突破，亦无有较多的自我提升。这么说并不是否认大华酒店，只是我认为酒店已不再适合于我。除此之外，更有其余众多不便一时集聚，不便赘叙。

　　蒙公司惠人之政，部门兄弟姐妹各司其职，在领导们的带领下将部门建设得日趋完善，而继替者又较之我勤恳能干数倍，如今我的离去已不会对部门产生多大损失，我终于能开口向您道明辞职一事，而心无忧。

　　一年间，自身的成长没有机会向领导们道谢，同事的情谊也是三言两语难以言尽，一别之后，他日或偶遇茫茫人海之中，再与君等谈笑风生！

　　愿公司与日长虹，愿领导健康，愿朋友开心！

　　即此

以致！

　　2. 张琳是光辉酒店的销售经理，一年来在她的努力下酒店销售业绩提高了近50%，但丝毫不见总经理有加薪的意思，于是她决定辞职。请以她的情况写一封辞职信，提出辞职。

第六节　岗位职责

范文示例

餐饮部经理岗位职责

1. 督导餐饮部各部门日常工作。
2. 与市场营销经理合作制订酒店餐饮市场营销计划，长短期经营预算，并负责督导所属部门实施。
3. 建立餐饮工作的各项工作制度和规章、操作程序与标准，并督导实施。
4. 与财务经理合作完成酒店餐饮成本控制工作，建立健全成本控制制度，并督导实施。
5. 经常深入所属部门检查工作，听取汇报并进行指导、协商、协调工作，以保证对客服务的总体质量。
6. 负责审定菜单、菜谱、餐饮价格，监督、检查采购和盘点，控制餐饮收支情况。
7. 深入各班组检查工作状况，负责督导、检查餐厅服务质量，对服务工作的改进提出建议，并组织落实。

> 8. 负责餐饮与其他部门的工作沟通、协调，实现密切配合，以大局为重，保证酒店整体利益最大化。
> 9. 参加总经理工作例会，主持餐饮工作例会，完成上传下达。
> 10. 负责组织、落实对本部门人员培训，提高员工素质。
> 11. 考核、评定直接下级的工作绩效，决定直接下级管理人员的任免并向总经理提出建议。
> 12. 协助、完成总经理分配的其他工作。

写作知识

一、岗位职责的含义

岗位职责是指一个岗位所要求的需要去完成的工作内容，以及应当承担的责任范围。岗位是组织为完成某项任务而确立的，由工种、职务、职称和等级内容组成。职责，是职务与责任的统一，由授权范围和相应的责任两部分组成。

二、岗位职责的类型

凡有岗位的地方就有相对应的岗位职责，岗位职责一般根据岗位名称划分。例如，总经理岗位职责、行政总监岗位职责、客房经理岗位职责、餐厅经理岗位职责、商务中心经理岗位职责、迎宾员岗位职责等。

三、岗位职责的结构和写法

岗位职责一般有标题、基本部分和主要职责三部分组成。

（一）标题

岗位职责的标题一般格式是"岗位名称＋文种名称"，如"餐饮部主管岗位职责"等，位于第一行居中。

（二）基本部分

这一部分主要阐述本岗位隶属关系及性质，包括部门名称、直接上级、下属部门、部门性质、管理权限、管理职能等内容，各项内容分段列出。这一部分也可以根据实际省略。

（三）主要职责

此部分为岗位职责的核心所在，要求条例清晰，以条文形式列出。制定岗位职责应遵循以下原则。

（1）应明白岗位的工作性质。岗位工作的压力不是来自他人的压力，而是此岗位上的工作人员发自内心自觉自愿地产生，从而转变为主动工作的动力，推动此岗位员工参与设定岗位目标，并努力激励他实现这个目标。因此此岗位的目标设定、准备实施、实施后的评定工作都必须由此岗位员工承担，让岗位员工认识到这个岗位中所发生的任何问题，并由自己着手解决。

（2）单位在制定岗位职责时，要考虑尽可能一个岗位包含多项工作内容，以便岗位员工个人充分发挥其各种才能。丰富的岗位职责内容，可以促使一个多面手的员工充分发挥各种技能，也可以激励员工主动积极工作。

（3）在企业人力资源许可的情况下，可在有些岗位职责里设定针对在固定期间内出色完成既定任务之后，可以获得转换到其他岗位工作的权利。通过工作岗位转换，丰富企业员工整体的知识领域和操作技能，同时营造企业各岗位员工之间和谐融洽的企业文化氛围。

四、写作提示

（一）明确岗位及职责

要根据工作任务的需要确立工作岗位名称及其数量，根据岗位工种确定岗位职务范围，根据工种性质确定岗位使用的设备、工具、工作质量和效率，明确岗位环境和确定岗位任职资格，确定各个岗位之间的相互关系，根据岗位性质明确实现岗位目标的责任。

（二）充分认识岗位职责在管理中的作用和意义

岗位职责对于日常管理意义重大，起草必须慎重。它可以最大限度地实现劳动用工的科学配置；有效地防止因职务重叠而发生工作扯皮现象；可以提高内部竞争活力，更好地发现和使用人才。同时，岗位职责也是组织考核的依据，有利于提高工作效率和工作质量，规范操作行为，减少违章行为和违章事故的发生。

 拓展阅读

如何撰写岗位职责

我在企业咨询服务的过程中，发现牵涉写作的事对企业员工而言有两难：一难是用文字描述流程运行的目标难，二难是岗位职责写作难。

岗位职责写作难，难度之大超乎我的想象。流程目标界定虽然难，但企业员工还能写出10%，岗位职责写作难，难在企业人员几乎没有一人能独立写出一份合格的岗位职责。可能有人会说，是不是夸张了一点？或者说你所到过的企业人员素质差？不是！这两者都不是！我负责地说，一点不夸张！我到过的企业，都有名校MBA毕业的，但是他们首次写出的岗位职责仍然过不了关。不是过不了我的关，而是过不了企业负责人的关。因为他们没有清楚明白地表述出自己工作的内容，他们把工作要达到的要求堆砌在一起，而应该主抓的工作却遗漏了。他们使用了太多的修饰词，甚至表决心的话语也夹杂其中。有的岗位职责就像决心书。另外，将岗位职责与工作标准混杂在一起也不可取。

为什么多数人写不好自己的岗位职责？因为他不了解自己的职责是什么。为什么许多人写出来的岗位职责让人理解不了？因为太多教科书给出的范本不规范。为什么其他企业的岗位职责不可参考？因为不同的企业对同名岗位的职责要求不一样。

岗位职责很好写，它的用语普通得不能再普通，它不能使用修饰词，不能用形容词，不能用比喻，不能用夸张。它必须客观理性、平白直说，所谓"有一说一，有二说二"，用在岗位职责写作上最为贴切。

岗位职责要写好也很难，多一字不行，少一语有误，多一项不行，少一项更不行。多一字工作变性，少一项工作落空。写岗位职责不需要生花妙笔，写岗位职责需要朴实文风，不能矫揉造作，必须字斟句酌。

古人讲写诗功夫在诗外，看来，写岗位职责功夫也在写作之外，那就是你必须清楚该岗位负责的全部事项。也就是说确定岗位职责在前，写好岗位职责在后。

如何确定岗位职责呢？那还得从企业战略目标分解开始，然后进行企业决策分类，再从组织架构设置到岗位配置入手，进行职能细分和流程梳理，才能搞清楚该岗位承接的事项和承担的工作。职责明确是写好岗位职责的前提和基础。

（资料来源：http://wenku.baidu.com/view/bc96f8c189eb172ded63b7c7.html）

写作悟语： 不管是国家机关还是企事业单位、组织甚至个人都十分重视岗位职责，因为它界定了一个岗位的工作内容和性质，甚至分配了权力的大小。因而，在写作时，必须结合企业实际和岗位实际。

文体实训

1. 阅读下面的岗位职责，指出不足之处。

迎宾员岗位职责

一、指挥并疏导门前车辆，做好宾客迎送服务工作。

二、注意站立姿势，重视酒店形象，站立要端正、自然，要礼貌待客，不能做出有损酒店形象的一切不良行为。

三、开车门时要面带笑容，躬身向客人致意，并用手挡住车门上沿，以免客人碰头，如客人是孩童、老人或行动不便者，要扶助其下车。

四、提卸行李时要请客人清点，并检查有无物品遗留在车上（注意出租车号）。

五、客人离店时要帮助客人提行李上车，关车门时不要让车门夹住客人的衣裙及物件，车辆开出后要向客人挥手致意。

六、观察出入门厅人员动向，做好防窃工作，并协助保卫人员做好宾客抵离时的保卫工作。

2. 小张大学刚毕业，有幸被一家星级酒店聘用，担任酒店总经理助理一职。上班头一天总经理就让她写一份岗位职责，请替她写出。

第七节 岗位说明书

××酒店工作岗位说明书

一、岗位资料
岗位名称：××美食城经理　　岗位编号：××××
岗位人数：1人　　职务等级：××
所属部门：餐饮公司　　直属上司职位：××公司总经理，副总经理
临时替代岗位：餐饮公司经理
可轮调岗位：商务中心经理、客房经理
可升迁岗位：××公司副总经理

二、汇报程序及督导范围
直接汇报对象：××公司总经理，副总经理
直接督导岗位：6个，共6人
间接督导岗位：9个，共12人

三、岗位职责
1. 主持餐饮发展有限责任公司日常工作和经营管理、人事管理。
2. 掌握各餐饮部门近期经营情况，与解决经营中的困难。
3. 控制整个饮食部门耗资，开资状况正常。
4. 做好每日工作统计和汇报，制作日报、周报、月报表。
5. 做好一切安全检查、劳动、卫生等主题工作。
6. 了解餐饮经营市场发展状况，创建新的经营目标和经营市场。

四、权限范围
主控餐饮公司各经营部门、服务部门、生产部门人员安排，以及重要岗位的人事安排。

五、使用设备
常规办公设施

六、任用资格
受教育程度：大专
年龄：××
经验：酒店专业管理5年以上
基本技能：××烹饪协会认证一级烹调技师
基本素质：良
特殊要求：与时代并进，与集团公司共创未来

七、业务接触对象
公司外（部门外）：社会广大消费群体

公司内（部门内）：后勤中心、客服中心

填写人：×××
二〇一二年四月八日

一、岗位说明书的含义

岗位说明书又称职位说明书、职务说明书，是对岗位目的、指挥关系、沟通关系、职责范围、负责程度、考核评价内容和任职条件给予的定义性说明。

它是根据岗位分析的各种调查资料，加以整理、分析、判定所得出的结论，是岗位工作分析的结果。

二、岗位说明书的类型

岗位说明书根据外在形式，可分为表格式和条文式。一般表格式采用的较多，优点是条理清晰，一目了然。较大的公司或企业往往统一制表，不同的岗位再分别填写。

根据用途的不同，岗位说明书通常分为内部管理用途的岗位说明书和招聘用岗位说明书两种。

三、岗位说明书的结构和写法

岗位说明书主要包括两个部分：一是职位描述，主要对岗位的工作内容进行概括，包括岗位设置的目的、基本职责、组织图、业绩标准、工作权限等内容；二是岗位的任职资格要求，主要对任职人员的标准和规范进行概括，包括该岗位的行为标准，胜任岗位所需的知识、技能、能力、个性特征及对人员的培训需求等内容。岗位说明书的这两个部分并非简单的罗列，而是通过客观的内在逻辑形成一个完整的系统，在具体写作中可按以下顺序进行描述。

（一）岗位基本信息

岗位基本信息又称工作标识，包括岗位名称、岗位编号、姓名、所属部门、直接上级、职等职级、定员等。

（二）工作内容描述

这是最主要的内容，此栏具体描述该岗位所从事的具体工作，应全面、详尽地写出完成工作目标所要做的每一项工作，包括每项工作的综述、活动过程、工作联系、工作职责和权限等。同时，在这一项中还可以同时描述每项工作的环境和工作条件，以及在不同阶段所用到的不同的工具和设备。

（三）责权范围

责任指此项工作所担负的职责和应当按时完成的任务。权力指一定的工作岗位要承担一定的责任外,必须要有相应的人、财、物上的支配权。

(四)任职资格

(1)教育背景。此项填写从事该职位目前应具有的最低学历要求。

(2)经验。此项反映从事该职位之前,应具有的最起码的工作经验要求,一般包括两方面:一是专业经历要求,即相关的知识经验背景;另一个需要的是本组织内部的工作经历要求,尤其针对组织中的一些中高层治理职位。

(3)技能要求。此项反映从事该职位应具有的基本技能和能力。某些职位对专业技能要求较高,没有此项专业技能就无法开展工作。而另一些职位相比之下则对某些能力要求更为明确。

(4)个性特质。指从事该岗位通常需要从业人员具备何种性格特征。

(5)培训经历。此栏反映从事该职位前,应进行的基本的专业培训,否则将不批准上任或不能胜任工作。具体是指员工在具备了教育水平、工作经验、工作技能之后,还必须经过哪些培训。

(6)其他。例如,反映该岗位通常表现的工作特性,在流水线上可能需要三班倒;在高科技企业中需要经常加班;建筑施工人员经常出差;一般治理人员则正常上下班等。

(五)职业生涯发展规划

职业生涯发展规划包括职位关系与理论支持。职位关系又分为直接晋升的职位,相关转换的职位,升迁至此的职位。理论支持是指学习和培训所达到的相关要求。

此外,岗位说明书不存在标准格式,岗位说明书的内容可依据岗位工作分析的目标加以调整,内容可繁可简,次序可稍有不同。

四、写作提示

(一)符合实际,通俗易懂

岗位说明书最好是根据各企事业单位的具体情况进行制定,而且在编制时,要注重文字简单明了,并使用浅显易懂的文字填写;内容要越具体越好,力求避免形式化、书面化。

(二)与时俱进,不断更新

在实际工作当中,随着单位规模的变化,岗位说明书在制定之后,还要在一定的时间内,有必要给予一定程度的修正和补充,以便与单位的实际发展状况保持同步。

拓展阅读

企业如何编写职务说明书

一、职务说明书的编写

企业应该把职务说明书的编写工作作为企业现有岗位的一次大盘点,或者说是一次业务流程的重组,从而明确各岗位的职责与权限,规范工作流程,以实现科学管理的目的。职务说明书编写的过程,其实是对企业业务流程重新认识的过程。一套科学、规范的职务说明书能对企业的各项工作及人力资源管理的其他工作提供依据。根据企业的发展战略来进行组织结构设计，根据组织结构设计来进行职能分解，根据职能分解来做岗位设置，根据岗位设置来做工作分析和岗位研究，最后形成职务说明书。

在开展职务说明书的编写工作之前，人力资源经理应和高层领导进行讨论，使高层领导率先树立岗位责任意识，对各项工作实行归口管理，改变自由随意的管理风格。编写过程中，各部门的主管和员工应积极配合，人力资源部为其提供编写技术的培训、指导和审核。人力资源部可灵活选用问卷调查法、面谈法、工作日志法、实地观察法等方法，进行认真的工作分析和调查，了解每一个岗位的工作任务、工作目标、工作条件、上下级关系、对内对外的联系、任职资格等要素。行业的发展、企业的变革会给岗位提出新的要求。因此，企业编写出规范的职务说明书后，还应建立起职务说明书的动态管理制度，由专人负责管理更新。

在与高层领导取得共识、进行必要的宣教后，接下来要做的就是岗位信息的调查。岗位调查是以工作岗位为对象，采用科学的调查方法，收集各种与岗位有关的信息的过程。岗位调查必须采用科学方法认真进行，确保材料的真实性、可靠性和完整性。岗位调查是职务说明书编写工作的重要组成部分，只有做好这项工作，职务说明书的编写才能顺利进行。

岗位调查的主要方式有面谈、现场观测、书面调查等形式。

二、职务说明书的主要内容

有了岗位信息以后，我们就可以着手制定职务说明书了，大多数情况下，职务说明书应该包括以下主要内容。

（1）工作标识：包括岗位名称、岗位编号、所属部门、直属上级、纵向晋升岗位、横向轮换岗位、岗位系列、岗位级别。

（2）管理幅度：为该岗位所直接管理的人数。它包括直接管理的岗位名称和人数，也就是直接向该岗位汇报工作的员工人数。

（3）岗位目的：简要说明工作的主要内容，设置此岗位的意义。

（4）岗位责任：指该岗位所承担的责任，着重强调必须完成的任务，一旦发生过失应受到惩罚，责任性质需要加以界定，包括领导责任、全部责任、主要责任和次要责任。

（5）岗位权限：指为完成该岗位工作内容，而赋予该岗位的权限范围，包括业务权限、人事权限和财务权限。

（6）工作关系：指该岗位与公司内外其他岗位之间的关系，包括与上级、同级和下级的沟通，以及公司外部组织等。

（7）任职要求：指对从事该岗位员工的身体素质、教育背景、工作经验、专业知识、职业资质、工作能力的要求。

职务说明书根据公司的具体情况进行制定，而且在编制时，要注意文字简单明了，使用浅显易懂的文字；内容要越具体越好，避免形式化和书面化。随着公司规模的不断扩大，职务说明书要在一定的时间内给予修正和补充，以便与公司的发展保持同步。

（资料来源：http://wenku.baidu.com/view/26e73c174431b90d6d85c701.html，有删改）

写作悟语：岗位说明书的制定前期需要深入各岗位认真调研，在掌握第一手资料的基础上提出符合岗位实际的说明，便于今后执行和工作开展。

文体实训

1. 请指出下面一则岗位说明书的不足之处。

岗位说明书

岗位编号：009　　岗位名称：客房部副经理　　直属部门：客房部
直接上级：酒店副总经理（分管经营）　　直接下级：客房部主管
任职条件：
① 自然条件：身体健康，相貌端正，年龄25～40岁
② 工作经历：3年以上酒店客房管理工作经验
③ 文化程度：大学专科学历或同等学力及以上
④ 语言水平：良好的公文写作能力和表达能力，英语口语水平优秀
⑤ 其他能力：熟悉酒店客房各项业务的流程，具有较强协调沟通能力，对客房物资成本能够合理控制，对设备设施维护保养有较丰富的经验
岗位职责及工作内容：
① 主持客房部的整体工作，传达、执行上级下达的经营管理指令；
② 制定年度、月度的工作计划和部门工作目标，并组织实施，掌握部门营业收入等各项经营指标的完成情况，控制成本，力争获得最佳经济效益；
③ 负责制定和完善部门各项规章制度，不断改进工作方式及服务程序，努力提高服务质量；
④ 检查、督导各管区的管理工作，确保各项计划指标、规章制度、工作程序、质量标准的落实；
⑤ 主持本部门的工作例会、听取汇报，审查各管区每天的业务报表，督促工作进度，解决工作中的实际问题；
⑥ 进行现场督导，巡视所属各营业场所和区域，发现问题及时处理；
⑦ 负责检查落实VIP的接待工作，处理客人投诉；
⑧ 跟其他相关部门协调、沟通，密切合作；
⑨ 按照酒店相关人事用工制度和要求，决定本部门员工的调配、录免，督导实施部门培训计划，提高员工整体素质；

⑩ 定期走访住店客人，了解客人需求，提供个性化服务，建立良好的公共关系。

2. 请查找表格式岗位说明书和条文式岗位说明书各一篇，比较两者优劣。

3. 小敏从旅游学校毕业后应聘到一家酒店担任客房领班。一天，客房主管根据公司要求，要求每位员工写自己的岗位说明书，小敏在学校从没写过这种文章，怎么办呢？请帮她完成这个任务。

附录一 《党政机关公文处理工作条例》

（二〇一二年四月十二日）

第一章 总 则

第一条 为了适应中国共产党机关和国家行政机关（以下简称党政机关）工作需要，推进党政机关公文处理工作科学化、制度化、规范化，制定本条例。

第二条 本条例适用于各级党政机关公文处理工作。

第三条 党政机关公文是党政机关实施领导、履行职能、处理公务的具有特定效力和规范体式的文书，是传达贯彻党和国家方针政策，公布法规和规章，指导、布置和商洽工作，请示和答复问题，报告、通报和交流情况等的重要工具。

第四条 公文处理工作是指公文拟制、办理、管理等一系列相互关联、衔接有序的工作。

第五条 公文处理工作应当坚持实事求是、准确规范、精简高效、安全保密的原则。

第六条 各级党政机关应当高度重视公文处理工作，加强组织领导，强化队伍建设，设立文秘部门或者由专人负责公文处理工作。

第七条 各级党政机关办公厅（室）主管本机关的公文处理工作，并对下级机关的公文处理工作进行业务指导和督促检查。

第二章 公文种类

第八条 公文种类主要有：

（一）决议。适用于会议讨论通过的重大决策事项。

（二）决定。适用于对重要事项作出决策和部署、奖惩有关单位和人员、变更或者撤销下级机关不适当的决定事项。

（三）命令（令）。适用于公布行政法规和规章、宣布施行重大强制性措施、批准授予和晋升衔级、嘉奖有关单位和人员。

（四）公报。适用于公布重要决定或者重大事项。

（五）公告。适用于向国内外宣布重要事项或者法定事项。

（六）通告。适用于在一定范围内公布应当遵守或者周知的事项。

（七）意见。适用于对重要问题提出见解和处理办法。

（八）通知。适用于发布、传达要求下级机关执行和有关单位周知或者执行的事项，批转、转发公文。

（九）通报。适用于表彰先进、批评错误、传达重要精神和告知重要情况。

（十）报告。适用于向上级机关汇报工作、反映情况，回复上级机关的询问。

（十一）请示。适用于向上级机关请求指示、批准。

（十二）批复。适用于答复下级机关请示事项。

（十三）议案。适用于各级人民政府按照法律程序向同级人民代表大会或者人民代表大会常务委员会提请审议事项。

（十四）函。适用于不相隶属机关之间商洽工作、询问和答复问题、请求批准和答复审批事项。

（十五）纪要。适用于记载会议主要情况和议定事项。

第三章　公文格式

第九条　公文一般由份号、密级和保密期限、紧急程度、发文机关标志、发文字号、签发人、标题、主送机关、正文、附件说明、发文机关署名、成文日期、印章、附注、附件、抄送机关、印发机关和印发日期、页码等组成。

（一）份号。公文印制份数的顺序号。涉密公文应当标注份号。

（二）密级和保密期限。公文的秘密等级和保密的期限。涉密公文应当根据涉密程度分别标注"绝密""机密""秘密"和保密期限。

（三）紧急程度。公文送达和办理的时限要求。根据紧急程度，紧急公文应当分别标注"特急""加急"，电报应当分别标注"特提""特急""加急""平急"。

（四）发文机关标志。由发文机关全称或者规范化简称加"文件"二字组成，也可以使用发文机关全称或者规范化简称。联合行文时，发文机关标志可以并用联合发文机关名称，也可以单独用主办机关名称。

（五）发文字号。由发文机关代字、年份、发文顺序号组成。联合行文时，使用主办机关的发文字号。

（六）签发人。上行文应当标注签发人姓名。

（七）标题。由发文机关名称、事由和文种组成。

（八）主送机关。公文的主要受理机关，应当使用机关全称、规范化简称或者同类型机关统称。

（九）正文。公文的主体，用来表述公文的内容。

（十）附件说明。公文附件的顺序号和名称。

（十一）发文机关署名。署发文机关全称或者规范化简称。

（十二）成文日期。署会议通过或者发文机关负责人签发的日期。联合行文时，署最后签发机关负责人签发的日期。

（十三）印章。公文中有发文机关署名的，应当加盖发文机关印章，并与署名机关相符。有特定发文机关标志的普发性公文和电报可以不加盖印章。

（十四）附注。公文印发传达范围等需要说明的事项。

（十五）附件。公文正文的说明、补充或者参考资料。

（十六）抄送机关。除主送机关外需要执行或者知晓公文内容的其他机关，应当使用机关全称、规范化简称或者同类型机关统称。

（十七）印发机关和印发日期。公文的送印机关和送印日期。

第十条　公文的版式按照《党政机关公文格式》国家标准执行。

第十一条　公文使用的汉字、数字、外文字符、计量单位和标点符号等，按照有关国家标准和规定执行。民族自治地方的公文，可以并用汉字和当地通用的少数民族文字。

第十二条 公文用纸幅面采用国际标准 A4 型。特殊形式的公文用纸幅面，根据实际需要确定。

第四章 行文规则

第十三条 行文应当确有必要，讲求实效，注重针对性和可操作性。

第十四条 行文关系根据隶属关系和职权范围确定。一般不得越级行文，特殊情况需要越级行文的，应当同时抄送被越过的机关。

第十五条 向上级机关行文，应当遵循以下规则：

（一）原则上主送一个上级机关，根据需要同时抄送相关上级机关和同级机关，不抄送下级机关。

（二）党委、政府的部门向上级主管部门请示、报告重大事项，应当经本级党委、政府同意或者授权；属于部门职权范围内的事项应当直接报送上级主管部门。

（三）下级机关的请示事项，如需以本机关名义向上级机关请示，应当提出倾向性意见后上报，不得原文转报上级机关。

（四）请示应当一文一事。不得在报告等非请示性公文中夹带请示事项。

（五）除上级机关负责人直接交办事项外，不得以本机关名义向上级机关负责人报送公文，不得以本机关负责人名义向上级机关报送公文。

（六）受双重领导的机关向一个上级机关行文，必要时抄送另一个上级机关。

第十六条 向下级机关行文，应当遵循以下规则：

（一）主送受理机关，根据需要抄送相关机关。重要行文应当同时抄送发文机关的直接上级机关。

（二）党委、政府的办公厅（室）根据本级党委、政府授权，可以向下级党委、政府行文，其他部门和单位不得向下级党委、政府发布指令性公文或者在公文中向下级党委、政府提出指令性要求。需经政府审批的具体事项，经政府同意后可以由政府职能部门行文，文中须注明已经政府同意。

（三）党委、政府的部门在各自职权范围内可以向下级党委、政府的相关部门行文。

（四）涉及多个部门职权范围内的事务，部门之间未协商一致的，不得向下行文；擅自行文的，上级机关应当责令其纠正或者撤销。

（五）上级机关向受双重领导的下级机关行文，必要时抄送该下级机关的另一个上级机关。

第十七条 同级党政机关、党政机关与其他同级机关必要时可以联合行文。属于党委、政府各自职权范围内的工作，不得联合行文。党委、政府的部门依据职权可以相互行文。部门内设机构除办公厅（室）外不得对外正式行文。

第五章 公文拟制

第十八条 公文拟制包括公文的起草、审核、签发等程序。

第十九条 公文起草应当做到：

（一）符合国家法律法规和党的路线方针政策，完整准确体现发文机关意图，并同现行有关公文相衔接。

（二）一切从实际出发，分析问题实事求是，所提政策措施和办法切实可行。

（三）内容简洁，主题突出，观点鲜明，结构严谨，表述准确，文字精练。

（四）文种正确，格式规范。

（五）深入调查研究，充分进行论证，广泛听取意见。

（六）公文涉及其他地区或者部门职权范围内的事项，起草单位必须征求相关地区或者部门意见，力求达成一致。

（七）机关负责人应当主持、指导重要公文起草工作。

第二十条　公文文稿签发前，应当由发文机关办公厅（室）进行审核。审核的重点是：

（一）行文理由是否充分，行文依据是否准确。

（二）内容是否符合国家法律法规和党的路线方针政策；是否完整准确体现发文机关意图；是否同现行有关公文相衔接；所提政策措施和办法是否切实可行。

（三）涉及有关地区或者部门职权范围内的事项是否经过充分协商并达成一致意见。

（四）文种是否正确，格式是否规范；人名、地名、时间、数字、段落顺序、引文等是否准确；文字、数字、计量单位和标点符号等用法是否规范。

（五）其他内容是否符合公文起草的有关要求。需要发文机关审议的重要公文文稿，审议前由发文机关办公厅（室）进行初核。

第二十一条　经审核不宜发文的公文文稿，应当退回起草单位并说明理由；符合发文条件但内容需作进一步研究和修改的，由起草单位修改后重新报送。

第二十二条　公文应当经本机关负责人审批签发。重要公文和上行文由机关主要负责人签发。党委、政府的办公厅（室）根据党委、政府授权制发的公文，由受权机关主要负责人签发或者按照有关规定签发。签发人签发公文，应当签署意见、姓名和完整日期；圈阅或者签名的，视为同意。联合发文由所有联署机关的负责人会签。

第六章　公文办理

第二十三条　公文办理包括收文办理、发文办理和整理归档。

第二十四条　收文办理主要程序是：

（一）签收。对收到的公文应当逐件清点，核对无误后签字或者盖章，并注明签收时间。

（二）登记。对公文的主要信息和办理情况应当详细记载。

（三）初审。对收到的公文应当进行初审。初审的重点是：是否应当由本机关办理，是否符合行文规则，文种、格式是否符合要求，涉及其他地区或者部门职权范围内的事项是否已经协商、会签，是否符合公文起草的其他要求。经初审不符合规定的公文，应当及时退回来文单位并说明理由。

（四）承办。阅知性公文应当根据公文内容、要求和工作需要确定范围后分送。批办性公文应当提出拟办意见报本机关负责人批示或者转有关部门办理；需要两个以上部门办理的，应当明确主办部门。紧急公文应当明确办理时限。承办部门对交办的公文应当及时办理，有明确办理时限要求的应当在规定时限内办理完毕。

（五）传阅。根据领导批示和工作需要将公文及时送传阅对象阅知或者批示。办理公文传阅应当随时掌握公文去向，不得漏传、误传、延误。

（六）催办。及时了解掌握公文的办理进展情况，督促承办部门按期办结。紧急公文或者重要公文应当由专人负责催办。

（七）答复。公文的办理结果应当及时答复来文单位，并根据需要告知相关单位。

第二十五条　发文办理主要程序是：

（一）复核。已经发文机关负责人签批的公文，印发前应当对公文的审批手续、内容、文种、格式等进行复核；需作实质性修改的，应当报原签批人复审。

（二）登记。对复核后的公文，应当确定发文字号、分送范围和印制份数并详细记载。

（三）印制。公文印制必须确保质量和时效。涉密公文应当在符合保密要求的场所印制。

（四）核发。公文印制完毕，应当对公文的文字、格式和印刷质量进行检查后分发。

第二十六条　涉密公文应当通过机要交通、邮政机要通信、城市机要文件交换站或者收发件机关机要收发人员进行传递，通过密码电报或者符合国家保密规定的计算机信息系统进行传输。

第二十七条　需要归档的公文及有关材料，应当根据有关档案法律法规以及机关档案管理规定，及时收集齐全、整理归档。两个以上机关联合办理的公文，原件由主办机关归档，相关机关保存复制件。机关负责人兼任其他机关职务的，在履行所兼职务过程中形成的公文，由其兼职机关归档。

第七章　公文管理

第二十八条　各级党政机关应当建立健全本机关公文管理制度，确保管理严格规范，充分发挥公文效用。

第二十九条　党政机关公文由文秘部门或者专人统一管理。设立党委（党组）的县级以上单位应当建立机要保密室和机要阅文室，并按照有关保密规定配备工作人员和必要的安全保密设施设备。

第三十条　公文确定密级前，应当按照拟定的密级先行采取保密措施。确定密级后，应当按照所定密级严格管理。绝密级公文应当由专人管理。公文的密级需要变更或者解除的，由原确定密级的机关或者其上级机关决定。

第三十一条　公文的印发传达范围应当按照发文机关的要求执行；需要变更的，应当经发文机关批准。涉密公文公开发布前应当履行解密程序。公开发布的时间、形式和渠道，由发文机关确定。经批准公开发布的公文，同发文机关正式印发的公文具有同等效力。

第三十二条　复制、汇编机密级、秘密级公文，应当符合有关规定并经本机关负责人批准。绝密级公文一般不得复制、汇编，确有工作需要的，应当经发文机关或者其上级机关批准。复制、汇编的公文视同原件管理。复制件应当加盖复制机关戳记。翻印件应当注明翻印的机关名称、日期。汇编本的密级按照编入公文的最高密级标注。汇编，确有工作需要的，应当经发文机关或者其上级机关批准。复制、汇编的公文视同原件管理。复制件应当加盖复制机关戳记。翻印件应当注明翻印的机关名称、日期。汇编本的密级按照编入公文的最高密级标注。

第三十三条　公文的撤销和废止，由发文机关、上级机关或者权力机关根据职权范围和有关法律法规决定。公文被撤销的，视为自始无效；公文被废止的，视为自废止之日起失效。

第三十四条　涉密公文应当按照发文机关的要求和有关规定进行清退或者销毁。

第三十五条　不具备归档和保存价值的公文，经批准后可以销毁。销毁涉密公文必须严格按照有关规定履行审批登记手续，确保不丢失、不漏销。个人不得私自销毁、留存涉密公文。

第三十六条　机关合并时，全部公文应当随之合并管理；机关撤销时，需要归档的公文经整理后按照有关规定移交档案管理部门。

工作人员离岗离职时，所在机关应当督促其将暂存、借用的公文按照有关规定移交、清退。

第三十七条　新设立的机关应当向本级党委、政府的办公厅（室）提出发文立户申请。经审查符合条件的，列为发文单位，机关合并或者撤销时，相应进行调整。

第八章　附　则

第三十八条　党政机关公文含电子公文。电子公文处理工作的具体办法另行制定。

第三十九条　法规、规章方面的公文，依照有关规定处理。外事方面的公文，依照外事主管部门的有关规定处理。第四十条其他机关和单位的公文处理工作，可以参照本条例执行。

第四十一条　本条例由中共中央办公厅、国务院办公厅负责解释。

第四十二条　本条例自 2012 年 7 月 1 日起施行。1996 年 5 月 3 日中共中央办公厅发布的《中国共产党机关公文处理条例》和 2000 年 8 月 24 日国务院发布的《国家行政机关公文处理办法》停止执行。

附录二　常用校对符号及其用法

常用校对符号及其用法

编号	符号名称	符号形态	符号说明	用法示例
1	改正号		表明需要改正错误，把错误之处圈起来，再用引线引到空白处改正	
2	删除号		表明删除掉。文字少时加圈，文字多时可加框打叉	
3	增补号		表明增补。文字少时加圈，文字多时可用线画清增补的范围	
4	对调号		表明调整颠倒的字、句位置。三曲线的中间部分不调整	
5	转移号		表明词语位置的转移。将要转移的部分圈起，并画出引线指向转移部位	
6	接排号		表明两行文字之间应接排，不需另起一行	

续表

编号	符号名称	符号形态	符号说明	用法示例
7	另起号		表明要另起一段。需要另起一段的地方，用引线向左延伸到起段的位置	我们今年完成了任务。明年……
8	移位号	或 或	表明移位的方向。用箭头或凸曲线表示。使用箭头，是表示移至箭头前直线位置；便用凸曲线是表示把符号内的文字移至开口处两短直线位置	锦州印刷厂 锦州　印刷厂
9	排齐号		表明应排列整齐。在行列中不齐的字句上下或左右画出直线	认真提高 提高质量印刷质量， 缩短出版周期
10	保留号	△	表明改错、删错后需保留原状。在改错、删错处的上方或下方画出三角符号，并在原删除符号上画两根短线	认真摘好校对工作

主要参考文献

［1］阳晴．新编实用文体大全［M］．2版．北京：气象出版社，1999．

［2］徐中玉．应用文写作（修订版）［M］．北京：高等教育出版社，2000．

［3］郭冬．秘书写作［M］．2版．北京：高等教育出版社，2007．

［4］陈少夫，丘国新．应用写作教程［M］．5版．广州：中山大学出版社，2005．

［5］杨文丰．现代应用文书写作［M］．北京：中国人民大学出版社，2006．

［6］夏德勇；杨峰．当代大学写作［M］．广州：暨南大学出版社，2007．

［7］杨元华．秘书写作［M］．上海：复旦大学出版社，2007．

［8］方小强．秘书写作创新论［M］．成都：西南交通大学出版社，2009．

［9］陈功伟，范兰德．应用写作学教程［M］．广州：广东经济出版社．2006．

［10］张德实．应用写作［M］．2版．北京：高等教育出版社，2003．

［11］吴欢章．秘书写作［M］．上海：上海文化出版社，2007．

［12］李展，温昊．秘书写作实务［M］．北京：北京大学出版社，2010．

［13］吴良勤，李展．新闻写作［M］．北京：中国人民大学出版社，2010．

［14］吴良勤，李展．民间礼仪常识与应用文书写作［M］．南宁：广西人民出版社，2010．

［15］李展．职场文书写作［M］．北京：北京大学出版社，2011．